교양으로 읽는 뇌

교양으로 읽는 논어

박기봉 역주

비봉출판사

머리말

지금처럼 변화의 속도가 빠른 정보화 시대에 2천 5백년 전에 살았던 공자의 언행(言行)들을 기록해 놓은 『논어』란 책을 새삼스레 소개하려는 것은 시대착오적인 발상이 아닌가 하고 의아해 할 사람들도 있을 것이다. 그러나 이에 대한 본인의 생각은 이렇다.

본래 장구한 세월의 흐름은 모든 것을 변화시키고 모든 것을 녹슬게 한다. 그것이 자연이든 인공 건조물이든, 학문이든 사상이든 예외가 없다. 그래서 우리는 시간의 흐름이란 단련과정을 거치고서도 별로 변하거나 녹슬지 않고 본래의 아름다움을 유지하고 있는 것들을 보고는 감탄하게 되고, 그것들을 더욱 소중히 여기게 된다. 비록 그 일부가 녹슬었다고 하더라도, 그 때문에 그 전체를 가치 없는 것으로 무시하거나 매도하지 않고, 여전히 녹슬지 않고 남아 있는 부분들을 정성스레 갈고 닦아 후대에 전해 주고자 노력하는 것이다.

우리가 『논어』뿐 아니라 동서양의 많은 고전들을 귀중하게 여기는 것은 바로 이런 이유에서이다.

이런 점에서 『논어』야말로 우리가, 아니 전세계인 모두가 소중히 갈고 닦으면서 가슴 속에 간직하고 실천해 가야 할 고전 중의 고전이라 생각한다.

소수의 세습귀족과 절대다수의 농노(農奴)들로 이루어진 고대 봉건신분제 사회에서는, 절대다수의 인간들은 교육이나 문화는 말할 것도 없고, 오늘날 우리가 당연하게 생각하는 인간으로서의 초보적인 권리도 존엄성도 갖지 못한 채 비참한 삶을 살아가고 있었다. 그러한 고대 봉건신분제 사회에서, 공자는 일찍이 천민 부랑아였던 자로(子路)를, 비천한 출신의 원헌(原憲)을, 항상 쌀 뒤주가 텅텅 비어 있을 정도로 가난뱅이였던 안회(顔回)를, 하급 말단관리였던 증삼(曾參) 등을 가르쳐서 큰 인물들로 키워냈던 것이다.

그들을 가르치는 과정에서, 그리고 자신의 이상을 추구하는 과정에서, 공자는 당시의 상층 지배계급들이 멋대로 권력을 휘둘러 백성들을 해치는 것을 방지하기 위하여 덕치(德治)와 예(禮)를 강조하였고, 세습 귀족들의 전유물이던 교육을 전체 인민들에게까지 확대시킴으로써 그후 동양 문화가 찬란하게 꽃필 수 있는 기초를 놓았다. 인(仁)의 사상과 배움(學)의 중요성을 강조함으로써 그후 인간으로서의 개인과 사회 문화의 발전에 튼튼한 초석을 놓았던 것이다.

『논어』는 바로 이런 공자의 생각과 언행을 기록해 둔 책으로, 그 속에 담겨진 내용들은 21세기를 살아가는 우리에게도 여전히 큰 교훈을 주고 있다.

『논어』 전편을 읽어 보면, 공자의 주장은 크게 '인'(仁)과 '학'(學) 두 가지로 압축된다. 그가 주장한 '인'(仁)은, 간단히 말하자면, "사람을 사랑하고(愛人)"(<學而篇>), "자기가 싫어하는 것은 남에게 행하지 말고(己所不欲, 勿施於人)"(<衛靈公篇>), "자기가 서고자 하는 곳은 남들도 함께 서게 하고, 자기가 이루고자 하는 것은 남들도 같이 이루도록 하라(己欲立而立人, 己欲達而達人)"(<雍也篇>)는 인간 사랑, 인간 존중, 인간 중심의 사상이다. 이러한 인(仁)의 사상이 그 바탕에 깔려 있지 않은 한, "한 사회의 문화도(禮) 예술도(樂) 아무 소용이 없다(人而不仁, 如禮何, 人而不仁, 如樂何?)"(<八佾篇>)고 했다. 공자의 이러한 사상은 오늘날 시민사회의 윤리 도덕의 근간이 되기에도 전혀 부족함이 없는 것이 역주자의 생각이다.

그리고 이러한 인(仁)의 정신을 체득, 실천하기 위해서 현인(賢人), 선인(善人), 군자(君子)가 되는 공부를 하고, 정치를 배우고, 학문과 지식을 배우고, 수신(修身)을 배우고, 올바른 인간관계를 배우는 데 평생 동안 게을리해서는 안 된다고 했다. 배우고 실천하는 과정에서는 항상 자신의 (그리고 사회나 국가의) 잘못을 반성하고, 잘못이 있으면 그것을 고치는 데 (그리고 사회나 국가의 경우에는 잘못된 제도나 관행을 개혁하는 데) 주저해서는 안 된다고 했다.

만약, "인(仁)의 실천에 있어서는 스승에게조차 양보하지 않고"(<衛靈公篇>), "반성하고 배우는 데 있어서는 어느 누구에게도 뒤지지 않겠다"(<公冶長篇>)는 그러한 자세로 노력한다면, 그러한 개인과 사회에는 발전만 있을 뿐, 퇴보하거나 망하는 일은 결코 있을 수 없을 것이다. 그런데도 우리의 역사에서, 우리 사회에서 볼 수 있는 과오나 병리현상들을 잘못된 공자의 가르침 때문이라고 생각하는 사람들이 적지 않은데, 그것은 공자의 가르침을 왜곡하거나 그의 가르침과는 거꾸로 행동해 왔기 때문일 뿐, 공자의 사상이나 가르침에 그 원인이 있는 것은 결코 아니다.

  윤리와 도덕의 실종으로 인한 인간성 상실과 사회 기반의 와해 등 오늘날 우리 사회가 안고 있는 수많은 문제점들을 치유하는 데 공자의 가르침은 큰 도움이 될 수 있을 것으로 확신하면서, 그리고 『논어』의 일부만이라도 더 많은 사람들이 읽고 마음에 새겨 실천한다면 국민 한 사람 한 사람이 국제화 시대에 걸맞는 격조높은 문화인으로 변모하는 데 큰 도움이 되리라고 생각하면서, 본인의 천학(淺學)과 우둔(愚鈍)함을 무릅쓰고 본서의 집필을 자임하였다.

  앞으로도 계속 노력하고, '틈을 훔쳐서'라도 본서의 부족함을 보완하고, 잘못된 부분을 찾아 고쳐 나갈 것을 약속하면서, 끝으로, 독자 여러분의 기탄없는 질정(叱正)을 진심으로 고대하고 있음을 밝혀 둔다.

하루 속히 南과 北이 하나 되기를 기원하면서
2000년 6월 15일
朴 琪 鳳

일러두기

1. 본서는 지면의 제약 때문에 『논어』 전체를 완역하지 못하고, 지금도 여전히 우리의 가슴에 생생하게 와 닿는 부분들만을 골라서 평이하나 정확하게 번역한 것이다. 그러나 본서를 읽는 것만으로도 충분히 논어 전체를 읽는 것과 동일한 효과를 거둘 수 있도록 하였다.
2. 한문 공부를 겸하고자 하는 독자들의 편의를 위하여 원문에는 주(注)를 달았고, 본문 내용의 보충 해설이 필요한 곳은, 역자 자신의 말은 최대한 절제하고, 관련된 해설을 동양의 여러 고전들이나 주석서들 중에서 찾아 번역하여 소(疏)로서 실었다.
3. 주(注)는 가급적 문법 위주로 하여, 초보자도 모르는 한자만 옥편에서 찾으면 원문 해석과 한문 학습이 가능하도록 하였다. 주(注)나 소(疏)에서 역자가 불가피하게 부연 설명한 것은 *로 표시하였다. 그러나 일반 독자들의 경우에는 이 주(注) 부분은 읽지 않고 넘어가더라도 내용 이해에 전혀 지장이 없을 것이다.
4. 가능한 한 동양 3국에서 현재까지 도달한 『논어』 및 공자 연구의 성과를 모두 반영하고자 했다. 그러나 각각의 주석서들이 갖는 비중을 감안하여 반영했는데, 주로 참고한 책들은 다음과 같다(시대순으로 배열).

1) 『論語注疏』(何晏, 『論語集解』, 刑昺, 『論語義疏』, 中華書局)
2) 『四書集注』(宋, 朱熹, 中華書局)
3) 『朱子四書語類』(宋, 朱熹, 上海古籍出版社)
4) 『四書訓義』(明, 王夫之, 嶽麓書社)
5) 『論語古今注』(朝鮮, 丁若鏞, 全州大出版部)
6) 『論語正義』(淸, 劉寶楠, 中華書局)
7) 『論語集釋』(淸, 程樹德, 中華書局)
8) 『論語疏證』(中, 楊樹達, 上海古籍出版社)
9) 『論語』(日, 吉田賢抗, 明治書院)
10) 『論語譯注』(中, 楊伯峻, 中華書局)
11) 『論語』(韓, 金學主, 서울大出版部)
12) 『孔子文化大典』(中, 孔範今 外, 中國書店)
13) 『孔子誕辰2540周年紀念與學術討論集』(中, 中國孔子基金會編, 上海三聯書店)
14) 『金文詁林』(中, 周法高主編, 中文出版社)
15) 『甲骨文字詁林』(中, 于省吾主編, 中華書局)

4. 이번 개역판에서는 초판에서의 잘못된 부분을 수정하였고, 책 말밀에 논어에 나오는 한문 원문을 찾기 쉽도록 문항 색인과 인명, 서명 색인을 첨가하였다.
5. 색인의 페이지는 현재의 숫자에서 2를 더해야 함
    (예: 가인(可忍)/63⇒65)

차례

1. 學而(학이) ……… 13
2. 爲政(위정) ……… 37
3. 八佾(팔일) ……… 64
4. 里仁(리인) ……… 85
5. 公冶長(공야장) …112
6. 雍也(옹야) ……… 137
7. 述而(술이) ……… 164
8. 泰伯(태백) ……… 182
9. 子罕(자한) ……… 204
10. 鄕黨(향당) ……… 226

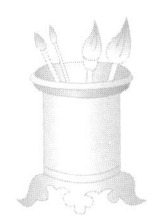

11. 先進(선진) ……… 239
12. 顔淵(안연) ……… 256
13. 子路(자로) ……… 285
14. 憲問(헌문) ……… 310
15. 衛靈公(위영공) … 324
16. 季氏(계씨) ……… 357
17. 陽貨(양화) ……… 379
18. 微子(미자) ……… 402
19. 子張(자장) ……… 415
20. 堯曰(요왈) ……… 443
* 논어 문항·내용색인 … 455
* 논어 인명·서명색인 … 477

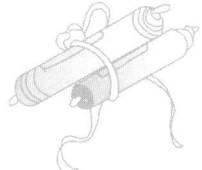

"學而時習之, 不亦說乎"의 갑골문자 인각(印刻)

"己欲立而立人, 己欲達而達人"의 갑골문자 인각(印刻)

1. 學而(학이)

■ 공자께서 말씀하셨다. "배우고 그 배운 것을 수시로 익힌다면 기쁘지 않겠느냐! 벗이 먼 곳에서 찾아온다면 즐겁지 않겠느냐! 남들이 자기를 알아 주지 않더라도 성내지 않는다면 군자라 할 수 있지 않겠느냐!"

子曰: "學而時習之①, 不亦說乎? 有朋自遠方來②, 不亦樂乎? 人不知而不慍, 不亦君子乎?"

✿ 주(注)

① 學而時習之(학이시습지): "배우고(學) 그리고(而: and) 그 배운 것을(之) 수시로(時) 익힌다(習)."

'時習'에서 '時'에 대한 해석은 다양하다. 그 중요한 것들을 예로 들면, ㉠ 배움에는 때가 있으므로 그 때를 놓치지 않고 익혀야 한다. ㉡ 학습할 일정한 시간을 정해 놓고 그 때에 맞추어 해야 한다. ㉢ '習'은 배운 것을 실천해 가는 과정에서 익히는 것이므로, 배운 것을 실천할 상황이 발생했을 때마다 수시(隨時)로 그것을 익혀야 한다는 해석이 있는데, 여기서는 ㉢을 택한다.

그리고 '習'의 고문자형 '쎃'은 밝은 '대낮에'(日) 새가 '날개짓을 하는'(쒸) 모습으로, 본래의 뜻은 '낮 동안에 익히다'이다. 따라서 '習'에는 '시기를 놓치지 않고 제때에 한다'는 의미가 더 많이 내포되어 있다. '習'의 아래에 있는 '白'은 사실은 '日'이 변형된 것인데, 이를 '百'(일백)의 뜻으로 보아서 '鳥數飛也'(새가 여러 차례 날개짓하다)라고 해석한 『설문해자』(說文解字)의 설명을 그대로 따라서 '되풀이 연습'에 비중을 둔 주자(朱子)의 해석은 옳다고 보기 어렵다.

② 有朋自遠方來(유붕자원방래): 문장의 구조는 '타동사(有)+명사(朋)+동사(來)'로 되어 있는데, 여기에서 '명사'(朋)는 동사 '有'의 빈어(賓語:목적어)가 되는 동시에 뒤에 오는 동사(來)의 주어가 된다. 이러한 형식의 문장에 대해서는 흔히

㉠ 벗이(朋) 있어(有) (먼 곳으로부터<自遠方>) 온다(來)
㉡ (먼 곳으로부터<自遠方>) 오는(來) 벗이(朋) 있다(有)
㉢ 벗이(朋) (먼 곳으로부터<自遠方>) 온다(來)

와 같이 세 가지 방식으로 해석하고 있으나, '有'를 무시하고 ㉢처럼 해석하는 것이 가장 자연스럽다(예: "有顏回者好學"<雍也>).

그리고 '朋'의 고문자형 '丮'은 여러 개의 조개(貝: 돈 또는 재물)를 실로 꿴 모습으로, 본래의 뜻은 '한 줄에 다섯 개씩 꿴 두 줄의 조개'이다. 이 본래의 뜻에서 '한 스승(또는 교실, 학과)

밑에서 함께 공부한 벗들'이란 뜻이 생겨났다. 따라서 '朋'은 반드시 복수인 경우에 쓰인다. 이에 반해 '友'의 고문자형 '𠂇'는 두 손이 같은 방향을 향하고 있는 모습으로, 본래의 뜻은 '같이 손잡고 같은 일을 하는 사람,' 곧 마음 속으로부터 정을 주고 받고 지향하는 바가 같은 친구란 뜻이다. 따라서 '友'는 꼭 복수를 의미하지 않고 단수를 가리킬 수도 있다.
③ 人不知而不慍(인부지이불온): "남들이(人) 자기를(己) 알아주지 않아도(不知) 그러나(而:but) 화를 내지 않는다(不慍)."
'而'가 연사(連詞:접속사)로 쓰일 때는 순접(順接:and), 역접(逆接:but), 가정(假定:if) 등 여러 가지 뜻을 나타낼 수 있다. 이것은 "人不(己)知而自不慍"의 생략형이다.

❋ 소(疏)

① 「혼자서 배우고 벗이 없으면 고루해지고 듣는 것이 적어진다.」

(『禮記』<學記>)

② 「한 고을의 뛰어난 인물은 한 고을의 뛰어난 인물을 벗으로 사귀고, 한 나라에서 뛰어난 인물은 한 나라에서 뛰어난 인물을 벗으로 사귀며, 천하의 뛰어난 인물은 천하의 뛰어난 인물을 벗으로 사귄다. 그렇게 하고서도 성에 차지 않을 때는 다시 옛날로 거슬러 올라가서 옛날의 훌륭한 인물들을 연구하고 그들에게서 배운다.」

(『孟子』<萬章下>)

③ 「군자는 스스로 귀하게 될 수는 있으나 남들이 반드시

자기를 귀하게 여기도록 할 수는 없고, 스스로 믿음성 있게 될 수는 있으나 남들이 반드시 자기를 믿게 할 수는 없으며, 스스로 쓰일 수 있게 될 수는 있으나 남들이 반드시 자신을 쓰게 할 수는 없다. 그러므로 군자는 스스로 수양하지 못함을 부끄럽게 여길 뿐 남들로부터 욕먹는 것을 부끄럽게 여기지 않으며, 스스로 성실하지 못함을 부끄럽게 여길 뿐 남들이 믿어 주지 않음을 부끄럽게 여기지 않으며, 스스로 능력 없음을 부끄럽게 여길 뿐 쓰이지 못함을 부끄럽게 여기지 않는다. 그러므로 그는 명예에도 유혹당하지 않고, 비난도 두려워하지 않으며, 바른 길을 따라 자기 몸을 단정하게 지니며, 외부의 사물로 인하여 기울어지지 않는다. 이렇게 할 때 비로소 진정한 군자라 할 수 있다.」

(『荀子』<非十二子>)

■ 유자(有子)가 말했다. "그 사람됨이 부모에게 효도하고 형에게 공순(恭順)하면서도 윗사람을 무시하거나 해치기를 좋아하는 사람은 드물다. 윗사람을 무시하거나 대들기 좋아하지 않으면서도 반란을 도모하기 좋아한 사람은 없었다. 군자는 근본에 힘쓰나니, 근본이 확립되어야 도(道)가 생겨난다. 부모에게

효도하고(孝) 형에게 공순하는(弟) 것이야말로 인(仁)을 실천하는 근본일 것이다."

有子曰: "其爲人也孝弟①, 而好犯上者, 鮮矣; 不好犯上, 而好作亂者, 未之有也。君子務本, 本立而道生。孝弟也者, 其爲仁之本與②!"

✤ 주(注)

① **其爲人也孝弟**(기위인야효제): "그의(其) 사람됨이(爲人) 효성스럽고(孝) 공순하다(弟)."

'其'는 3인칭 대사(代詞)의 소유격으로 '그의'(其之·他之)란 뜻이고, '也'는 주어와 술어(述語) 사이에서 말을 잠시 정돈시키는 역할을 하는 어기사(語氣詞)이다. "孝弟也者"에서의 '也者'도 같다.

② **其爲仁之本與**(기위인지본여): "아마도(其) 인(仁)을 실천하는(爲) 근본일(本) 것이다(與)."

여기서 '其'는 추측을 나타내는 부사이며, '與'는 구(句)의 끝에서 감탄이나 의문을 나타내는 조사(助詞)이다. 또한 『효경』(孝經)의 관점을 좇아서 '爲'를 '是'(…이다)의 뜻으로 보고 '인의 근본(仁之本)이다(爲)'로 해석하기도 하나(丁若鏞), '孝弟'를 '仁'의 근본이라기보다 '仁'을 실천하는 출발점으로 보는 것이 타당할 것이다.

소(疏)

① 「효(孝)는 덕(德)의 근본이다.」

(『孝經』)

② 「무릇 천하를 경영하고 나라를 다스릴 때는 반드시 근본에 힘쓰고 말단적인 것은 뒤로 해야 하는데, 근본에 힘쓰는 데는 효(孝)보다 귀한 것이 없다.」

(『呂氏春秋』<孝行覽・孝行>)

■ 공자께서 말씀하셨다. "말을 교묘하게 잘 하고 얼굴빛을 보기 좋게 꾸미는 사람 가운데는 참으로 인(仁)한 자가 드무니라."

子曰: "巧言令①色, 鮮矣仁②!"

주(注)

① 令(령): '시키다,' '법'이란 뜻과, "아름답다,' '착하다'란 뜻이 있다.
② 鮮矣仁(선의인): 본래의 뜻은 "드물도다(鮮矣)! 인한 자가(仁)"로서, 감탄문이다. 이것은 평서문(平敍文) '仁鮮矣'(인선의: 인한 자가 드물다)의 도치형(倒置形)이다.

✤ 소(疏)

① 「이치(理)란 시비(是非)를 가리는 기본이 된다. 정(鄭)나라의 부자 한 사람이 큰 강에 빠져 죽었는데, 어떤 사람이 그 시체를 건져 올렸다. 그 시체를 부잣집 사람들이 돈을 주고 인수하려 하자 그가 너무 많은 돈을 요구하였으므로, 그들은 등석(鄧析)이란 사람을 찾아가 상의했다. 그러자 등석이 말했다. "걱정마시오! 다른 사람들은 아무도 그 시체를 사려 하지 않을 테니."

그러자 이번에는 시체를 건져 올린 사람이 걱정이 되어 등석에게 찾아가 상의했다. 그러자 등석이 말했다. "걱정마시오! 그들이 당신한테서 말고 어디서 그 시체를 사겠소?"라고.」

(『呂氏春秋』<審覽·離謂>)

② 「군자는 얼굴 빛으로 사람을 친하게 사귀지 않는다. 정(情)은 소원하면서 얼굴 빛으로 친해지는 것, 소인들이 이렇게 하는 것은 마치 담장에 구멍을 뚫고 몰래 들어가는 도둑질과 같다.(君子不以色親人. 情疏而貌親, 在小人則穿窬之盜也與.).」

(『禮記』<表記>)

■ 증자가 말했다. "나는 날마다 여러 차례 나 자신을 반성한다. 다른 사람을 위하여 일을 도모(圖謀)하면서 성의를 다하지 않은 적은 없었던가? 벗들과 사귀면서 신실한 자세로 임하지 않은 적은 없었던가? 선생님으로부터 전수(傳受)받은 것을 제대로 익히지 않은 적은 없었던가?"

曾子曰: "吾日三省吾身①; 爲人謀而不忠乎? 與朋友交而不信乎? 傳不習乎②?"

✿ 주(注)

① **吾日三省吾身**(오일삼성오신): "나는(吾) 나의 몸을(吾身) 날마다(日) 세 차례씩(三) 반성한다(省)." 여기서 동사는 '省'(반성한다)이고, 빈어(목적어)는 '吾身'(나의 몸)이다. '日'과 '三'은 각각 '省'을 수식하는 부사이다.

한문에서 "三省"에서처럼 동사(省) 앞에 있는 수사(三)는 반드시 동사의 회수를 나타낸다. 이를 "세 가지를 반성한다"고 한 해석은 잘못이다. 그리고 한문에서 '三'은 반드시 '셋'을 의미하지 않고 '여럿,' '많이'란 뜻을 나타내는 경우가 많다.

② **傳不習乎**(전불습호): '傳'은 여기서 '所傳'의 뜻이다. "전수받은 것을(所傳) 익히지 않았는가(不習乎)." 의문문에서 빈어(목적어)인 '所傳'과 동사인 '習'이 도치(倒置)된 문장형식이다. 평

서문(平敍文)으로는 '不習所傳'이다. 이것을 '스스로 익히지 않은 것(不習)을 전했는가(傳乎)'의 뜻으로 해석하는 것은 앞의 문장들과도 어울리지 않고, 반성의 문장형식에도 부합되지 않는다.

✤ 소(疏)

① 「군자는 널리 배우고 날마다 자기 자신을 헤아려 보고 반성하는데, 그렇게 함으로써 아는 것이 분명해지고 행동에도 잘못이 없게 된다.」

(『荀子』<勸學>)

■ 공자께서 말씀하셨다. "전쟁 때 전차 일천대를 동원할 수 있는 규모의 나라, 즉 제후(諸侯)의 나라를 다스릴 때는, 일을 함에 있어서 엄숙하고 진지한 태도로 임하고, 신실(信實)하고 거짓이 없어야 하며, 모든 비용을 아껴서 절약하고, 모든 사람들을 사랑하고, 백성들을 부리되 때에 맞추어 해야 한다."

子曰: "道千乘之國①, 敬事而信, 節用而愛人②, 使民②以時."

✤ 주(注)

① 道千乘之國(도천승지국) : '道'는 '導'와 같은 뜻으로 '인도하다,' '다스리다' 등의 뜻이다. '乘'(승)은 수레를 세는 단위로, '千乘'은 곧 '수레 1천대'의 뜻이다. '千乘之國'은 전쟁 때 수레 1천대를 동원할 수 있는 나라, 곧 제후국을, '萬乘之國'은 천자의 나라를 가리킨다.

② 人(인)과 民(민) : '人'과 '民'을 구별해서 쓰는 경우, '人'은 주로 지배계급의 사람을, '民'은 피지배계급의 사람, 즉 일반 백성을 가리킨다. 그러나 여기서는 모두 '일반 백성'으로 보는 것이 옳다.

✤ 소(疏)

①「진(晉)의 문공(文公)이 원(原)을 공격하려고 열흘간의 양식만을 준비한 후 대부(大夫)들과 공격 기한을 열흘로 정하고 떠났다. 원(原)을 공격하기 시작한 지 열흘이 지났으나 성(城)을 함락시키지 못했다. 문공은 징을 쳐서 퇴각명령을 내리고 병력을 철수하여 물러가려고 했다. 이때 원(原)에 첩자로 가 있던 자들이 돌아와서 말했다.

"삼일만 더 있으면 원(原)을 함락시킬 수 있습니다."

여러 신하들과 좌우의 측근들까지 간(諫)했다.

"원(原)은 이미 식량이 바닥나고 힘도 다 떨어졌습니다. 군(君)께서는 잠시만 더 기다려 보시지요!"

이 말을 듣고 문공이 말했다.

"나는 병사들과 열흘간만 싸우기로 약속을 했다. 그런데 열흘이 지났는데도 물러나지 않는다면 이는 나의 신(信)을 잃어버리는 것이 된다. 원(原)땅을 얻고 신(信)을 잃어버리는 일을 나는 할 수 없다(得原失信, 吾不爲也)." 그리고는 드디어 병력을 철수하여 돌아갔다.

원(原) 사람들이 이 이야기를 듣고 말했다.

"저렇게 신(信)이 있는 군주라면 항복하여 귀순하더라도 괜찮지 않을까?"

그리고는 문공에게 투항하였다.

위(衛) 나라 사람들도 이 말을 듣고 말했다.

"저렇게 신(信)이 있는 군주라면 따라도 되지 않을까?"

그리고는 그들 역시 문공에게 투항하였다.

공자께서 이 이야기를 들으시고는 이 사실을 적어 두라고 하시면서 말씀하셨다. "원(原)을 공격하여 위(衛)까지 얻은 것은 신(信)때문이다"라고.」

(『韓非子』<外儲說左上>)

② 「군주는 백성들의 근원이다. 근원이 맑으면 흐르는 물도 맑고, 근원이 탁하면 흐르는 물도 탁하다. 군주가 되어 백성들을 사랑하지 않고 백성들에게 이롭게 해 주지 못하면서 백성들이 자기를 사랑하고 친하게 여기기를 바라더라도 그렇게 되지 않는다. 백성들이 자기를 친하게 여기지 않고 사랑하지 않는데도 자기를 위하여 일하고 자기를 위하여 죽기를 바라더라도 그렇게 되지 않는다. 백성들이 자기를 위하여 일

하지 않고 자기를 위하여 죽지 않는데도 군대가 강하고 성(城)이 견고하기를 바라더라도 그렇게 되지 않는다. 병력이 강하지 않고 성이 견고하지 않은데도 적(敵)이 쳐들어오지 않기를 바라더라도 그렇게 되지 않는다. 적이 쳐들어오는데도 땅을 빼앗기거나 나라가 멸망할 위험이 없기를 바라더라도 그렇게 되지 않는다. 한 쪽에서는 땅을 빼앗기고 멸망할 위험이 계속 쌓여가는데도 안락(安樂)을 추구하는 것은 곧 미친 삶(狂生)을 사는 것이니, 미친 삶을 사는 자는 얼마 가지 않아서 멸망하고 만다.」

(『荀子』<君道>)

■ 공자께서 말씀하셨다. "청소년들은 집 안에 있을 때에는 부모님께 효도하고, 집 밖에 나가서는 자기보다 나이 많은 사람들에게 경순(敬順)하며, 매사를 신중히 하되 일단 약속한 말은 반드시 지켜서 믿을 수 있게 하며, 많은 사람들을 널리 사랑하되 특히 인(仁)의 덕을 가진 사람들과 친하게 지내야 한다. 이런 것을 실천하고도 힘이 남을 때 비로소 학문을 배운다."

子曰: "弟子, 入則①孝, 出則①悌, 謹而信, 汎愛衆, 而親仁。行有餘力, 則以學文②。"

주(注)

① 則(즉·칙): 두 개의 문장을 연결하는 역할을 하는 연사(접속사)로 쓰여서, 앞의 조건절을 받아서 '곧,' '그러면'(thus) 등의 뜻을 나타내는 경우에는 '즉'으로 읽는다. 그러나 法則(법칙), 規則(규칙) 등으로 쓰일 때는 '칙'이라 읽는다.
② 則以學文(즉이학문): '則以之學文'에서 '之'가 생략된 형식이다. '그러면(則) 그 남는 능력으로써(以之) 학문(文)을 배운다(學).'

소(疏)

① 「인(仁)한 사람은 사랑하지 않는 것이 없으나, 그들이 힘쓰는 것은 현자(賢者)와 친하게 지내는 일을 서두르는 데 있다. 요(堯)임금이나 순(舜)임금의 인덕(仁德)으로써도 모든 사람들을 두루 다 사랑할 수는 없었으니, 이는 현자들과 친하게 지내는 일을 서둘렀기 때문이다.」

(『孟子』<盡心上>)

② 「사람들과 친하게 지내는 데도 방법이 있다. 많은 사람들을 알고 지내지만 정작 친한 사람은 없는 것, 군자는 그렇게 하지 않는다. 군자는 많은 사람들과 교제하지만 그 중에서도 인(仁)하고 현(賢)한 자를 가려서 친하게 지낸다.」

(『大戴禮記』<曾子立事>)

■ 자하(子夏)가 말했다. "배우자를 선택함에 있어서는 그 어진 품덕(品德)을 중시하고 얼굴 용모는 가볍게 보며, 부모를 섬김에 있어서는 몸과 마음을 다 할 수 있고, 임금을 섬김에 있어서는 자신의 목숨까지 바칠 수 있고, 벗과 사귐에 있어서는 자기가 한 말을 반드시 지켜서 그 말에 믿음이 있게 해야 한다. 그런 사람이라면, 비록 (그가 정식으로 학문을 배운 적이 없어서) 남들은 그를 배우지 못한 사람이라고 말할지라도, 나는 반드시 그를 배운 사람으로 높이 평가할 것이다."

子曰: "賢賢易色[①]; 事父母, 能竭其力; 事君, 能致其身; 與朋友交, 言而有信。雖曰未學, 吾必謂之學矣。"

✤ 주(注)

① **賢賢易色**(현현이색): '賢賢'에서 뒤의 '賢'은 '어진 성품과 행동'이란 뜻의 명사이고, 앞의 '賢'은 '중시하다,' '높이 평가하다'는 뜻의 동사이며, '易色'(이색)은 '얼굴·용모·외모'(色: 명사)를 '경시하다,' '소홀히 하다'(易: 동사)는 뜻이다. 이는 배우자를 선택하거나 남과 상대할 때의 기본 자세이다.

이 '易'(이)를 '역'으로 읽어 '바꾸다,' '고치다'는 뜻으로 해석하면서, '賢賢易色'(현현역색) 전체를 '어진이를(賢) 존중하기를(賢) 색(色)을 좋아하는 마음과 바꾸며(易)'로 해석하거나, 또는 '어진이를 존경하기를 女色을 좋아하듯 하며' 등으로 해석하기도 하지만, 이들은 모두 적절하지 못한 해석이다.

이 말은 본래 '仁'이 현실에서 실현되는 모습이 부부(夫婦)→부자(父子)→군신(君臣) 및 붕우(朋友) 관계로 확대·발전해 가는 각 단계에서 요구되는 덕목(德目)들을 설명하고 있다. 뿐만 아니라, 공자께서 여색(女色)을 좋아하는 마음으로 현자(賢者)를 존경하라는 말은 치자(治者)들, 즉 임금이나 권력자들을 향해서만 했다. 이는 흔히 세상에서 배운 것이 없는 사람으로 평가받는 사람들이 지녀야 할 덕목(德目)이라 할 수는 없다. 참고로 『주역』(周易)<서괘전>(序卦傳)에 나오는 다음의 글을 여기에 소개한다.

"有天地, 然後有萬物。　　(천지가 있은 후에 만물이 있고)
　有萬物, 然後有男女。　　(만물이 있은 후에 남녀가 있고)
　有男女, 然後有夫婦。　　(남녀가 있은 후에 부부가 있고)
　有夫婦, 然後有父子。　　(부부가 있은 후에 부자가 있고)
　有父子, 然後有君主。　　(부자가 있은 후에 군주가 있고)
　有君主, 然後有上下。　　(군주가 있은 후에 상하가 있고)
　有上下, 然後禮義有所錯。" (상하가 있은 후에 예의가 시행된다)

■ 공자께서 말씀하셨다. "군자는… 자기보다 못한 사람을 벗으로 삼는 일이 없다. 그리고 잘못이 있으면 그 잘못 고치기를 꺼려하지 않는다."

子曰: "君子… 無友①不如己者。過則勿憚改②。"

✤ 주(注)

① 友(우): '벗으로 삼다'(여기서는 동사로 쓰였다).
② 憚改(탄개): "고치기를(改) 꺼리다, 주저하다, 싫어하다(憚)."

✤ 소(疏)

①「소인(小人)은 자기 얼굴이 미남자만큼 못생긴 것을 부끄러워하고, 군자(君子)는 자기 행동이 요순(堯舜)처럼 어질지 못한 것을 부끄러워한다. 그래서 소인은 맑은 거울을 소중히 여기고, 군자는 훌륭한 말씀(至言)을 소중히 여긴다. 훌륭한 말이란, 어진 친구(賢友)가 아니면 사귀지(取) 말라는 것이다. 그래서 군자는 반드시 어진 친구를 찾는 것이다.

『시경』(詩經)에서 말하기를, "벌목소리 쩡쩡 울리니, 새들이 짹짹 운다. 깊은 골짜기(幽谷)에서 벗어나, 높은 나무(高木) 위로 올라가네"라고 했다. 벗을 사귀는 도리는, 벗의 옳고 곧음을 취하여 스스로 선한 길로 올라가는 데 있다. 그러므로 군자는 자기보다 못한 자를 벗으로 사귀지 아니 하나니, 이는 그를 부끄러워해서가 아니라 나 자신을 크게 하기 위해서이다. 나보다 못한 자는 나에게서 취하여 자신을 키우는 자이다. 그러므로 남을 부축해 주는 데 시간을 다 빼앗기다 보면, 나는 장차 누가 부축해 주겠는가.」

(徐幹,『中論』<貴驗>)

② 「군자의 잘못은 마치 일식(日食)이나 월식(月食)과도 같다. 그가 잘못하면 모든 사람들이 쳐다보고, 그가 다시 잘못을 고치면 모든 사람들이 우러러본다.」

(『論語』<子張>)

■ 공자께서 말씀하셨다. "그 부친이 살아 있을 때는 그가 마음 속에 품고 있는 뜻이 어떤 것인지를 잘 살펴보고, 그 부친이 돌아간 다음에는 그가 하는 행동이 어떤지를 잘 살펴보는데, (이 두 가지 측면에서는 비록 그가 효자라는 이름을 듣기에 충분하다고 하더라도) 그가 자기 부친이 한 일 중에서 도리에 맞는 것을 삼년 안에 바꾸는 일이 없을 때 비로소 그를 효자라고 평가할 수 있다."

子曰: "父在, 觀其志^①; 父沒, 觀其行; 三年無改於父之道^②, 可謂孝矣。"

✤ 주(注)

① 觀其志(관기지): 부친이 살아 있으면 아들은 자기 마음대로 행동하지 못하므로, 그 아들이 마음 속으로 지향(志向)하고 있는 뜻이 어떤 것인지를 살펴봐야 한다.
② 無改於父之道(무개어부지도): 부모께서 하신 일 모두가 '父之道'이지만, 그 중에서도 옳은 것만을 가리키는 것으로 해석하는 것이 적절하다.

■ 유자(有子)가 말했다. "예(禮)를 실제 생활에 적용할 때에는 조화(和)가 중요하다. 옛날 성왕(聖王)들이 나라를 다스릴 때에도 이 점을 중요하게 생각하여, 작은 일이든 큰 일이든 조화를 이루도록 하였다. 그러나 그렇게 할 수 없는데도 조화가 중요한 줄만 알아 조화만을 추구하고, 그것을 예(禮), 즉 일정한 제도나 규정 등으로 절제하지 않는다면, 그 또한 안 될 노릇이다."

有子曰: "禮之用①, 和②爲貴。先王之道, 斯爲美; 小大由之。有所不行, 知和而和, 不以禮節之, 亦不可行也。"

주(注)

① 用(용): 적용, 운용, 활용, 용도. 사물 그 자체의 본질을 '體'(체)라 하고, 그것이 다양한 형태로 표현되는 모습 또는 적용되고 활용되는 모습을 '用'이라 한다.

② 和(화): 조화. 두 가지 이상의 서로 다른 사물들이 서로 배척하지 않고 전체로서 하나의 조화를 이루는 것을 '和'라고 한다. 예컨데, 채소와 고기 등 여러 가지 재료를 솥에 넣고 국을 끓였을 때 우러나오는 맛있는 국물이 바로 맛의 '和'이고, 높고 낮은, 강하고 약한 여러 가지 소리들이 어우러져 하나의 아름다운 음악을 만들어 내는 것이 소리의 '和'이다.

　이와는 반대로, 돌맹이와 쇠조각과 나무조각을 물에 넣고 끓이더라도 전혀 맛있는 국물이 만들어지지 않는 것은 맛의 '不和'이고, 여러 가지 소리가 귀에 거슬리는 소음이 되는 것 역시 소리의 '不和'이다. 맛과 소리의 경우뿐 아니라 모든 일에 있어서도 이와 마찬가지이다.

■ 유자(有子)가 말했다. "약속(信)이 의(義)에 가까우면 그 약속의 말(言)은 실천에 옮겨질 수 있고, 용모나 태도의 공순(恭順)함이 예(禮)에 가까우면 치욕을 멀리할 수 있다."

有子曰: "信近於義, 言可復①也; 恭近於禮, 遠② 恥辱也."

❉ 주(注)

① 復(복): '復'의 고문자형 '𠣪'은 발(夂)로써 풀무(畐)에 바람을 불어넣는 행동(彳·夂)을 나타낸 모습으로, 풀무질은 행동의 끊임없는 반복을 요구한다. 따라서 본래의 뜻은 '되풀이하다,' '반복하다'였다. '言可復'의 '말을 되풀이할 수 있다'는 것은 곧 "이미 한 약속을 실천에 옮길 수 있다"는 뜻이 된다.
② 遠(원): '멀리하다,' '피하다.' 여기서 遠은 사역동사(使役動詞)로 쓰여서 '使恥辱遠離'(치욕을 멀리 떠나가게 하다)란 뜻을 나타낸다.

❉ 소(疏)

①「군자는 행동할 때 반드시 자신의 행동을 말로 설명해야 할 경우를 생각하고, 말할 때는 반드시 그것을 되풀이할 경우를 생각하고, 되풀이할 경우를 생각하게 되면 반드시 자기가

한 말을 후회하는 일이 없어야겠다고 생각하는데, 이렇게 할 때 비로소 신중(愼)하다 할 수 있다.」

(『大戴禮記』<曾子立事>)

■ 공자께서 말씀하셨다. "군자(君子)는 먹는 데 있어 배부름을 추구하지 아니하고, 거처하는 데 있어 편안함을 추구하지 아니하며, 일을 함에 있어서는 민첩(敏捷)하고, 말하는 데는 신중하며, 도(道) 있는 자를 찾아가서 자기 자신을 바로잡는다. 이렇게 한다면 우리는 그를 배우기를 좋아하는 사람이라고 말할 수 있을 것이다."

子曰: "君子①食無求飽, 居無求安, 敏於事而愼於言, 就有道而正焉②, 可謂好學也已."

주(注)

① **君子**(군자): 『논어』(論語)에서 '君子'는 관직에 있는 사람이나 덕(德)이 있는 사람을 가리키는데, 여기서는 후자를 가리킨다.
② **正焉**(정언): '正己焉'에서 일인칭(一人稱)대사 '己'가 생략된

1. 學而(학이) 33

형식이다. "그곳에서(焉) 자기 자신을(己) 바로 잡는다(正)." 여기서 '正'은 '바로 잡다'란 뜻의 동사로 쓰이고 있다.

✤ 소(疏)

①「시(詩)에서, "술에 이미 취하였고 덕(德)에 이미 배부르도다"고 하였다. 이는, 인의(仁義)의 덕에 이미 배가 불러 있으므로 남들이 먹는 고량진미(膏粱珍味)도 부럽지 않으며, 널리 알려진 좋은 평판과 명예가 나의 몸에 입혀져 있으므로 남들이 입은 화려한 비단옷도 부럽지 않다는 뜻이다.」

(『孟子』<告子上篇>)

■ 자공(子貢)이 물었다. "가난하되 아첨하지 않고, 부유하되 교만하지 않다면, 어떻습니까?"

공자께서 말씀하셨다. "괜찮지! 그러나 가난하면서도 즐거워하고, 부유하면서도 예(禮)를 좋아하는 것보다는 못하니라."

자공이 말했다. "시(詩)에서, '(상아를) 자르고 갈듯이, (옥돌을) 쪼고 윤을 내듯이 한다'고 했는데, 아마도 이를 두고 한 말이겠지요?"

공자께서 말씀하셨다. "사(賜)야! 이제 비로소

너와 더불어 시를 이야기할 만하구나! 지나간 일을 말해 주면 앞으로 올 일까지 알 수 있게 되었구나."

子貢曰:"貧而無諂, 富而無驕, 何如?"子曰:"可也。未若貧而樂, 富而好禮者也。"
子貢曰:"詩云; '如切如磋, 如琢如磨①。' 其斯之謂與②?"
子曰:"賜也! 始可與言詩已矣, 告諸往而知來者。"

✤ 주(注)

① **如切如磋**(여절여차), **如琢如磨**(여탁여마): 『시경』(詩經) <위풍>(衛風), 기오(淇奧)편에 나오는 말로, 切(절)은 상아를 톱으로 잘라서 형체를 만드는 것이고, 磋(차)는 다듬고 가는 것이며, 琢(탁)은 옥돌을 망치로 쪼아서 형체를 만드는 것이고, 磨(마)는 갈아서 매끄럽게 하는 과정이다. 후에 와서는 주로 학문하는 자세가 이와 같아야 한다는 뜻에서 학문하는 자세를 비유하는 말로 쓰인다.

② **其斯之謂與**(기사지위여): '其 … 與'는 추측을 나타내는 부사 '其'와 의문 또는 반문을 나타내는 어기사 '與'로 이루어진 형식의 文으로, '謂斯'가 도치된 '斯之謂'가 중심 내용이다. '이(斯)를 말한다(謂)' → '아마도(其) 이를(斯) 말한(謂) 것이겠지요(與)'(其斯之謂與?). 여기서 '之'는 빈어(목적어)와 동사가 도치된 것임을 나타내는 조사(助詞)이다.

■ 공자께서 말씀하셨다. "남들이 나를 이해해 주지 않는다고 걱정하지 말고, 내가 남들을 이해하지 못할까 봐 걱정하라."

子曰: "不患人之不己知①, 患不知人也。"

✤ 주(注)

① **患人之不己知**(환인지불기지): 동사인 '患'(걱정하다)의 빈어구(목적구)인 '人之不己知'(남들이 나를 알아주지 않음)는 기본형 '人知己'가 부정문에서는 '대사'(己)가 전치된다는 성질 때문에 '人不知己'로 되고, 이것이 '患'의 빈어구(목적구)로 바뀌면서 주어(人)와 술어(不己知) 사이에 절(節)을 구(句)로 바꾸는 기능의 조사 '之'가 첨가되어 '人之不己知'로 된 것이다.

　　이와 같은 내용의 말이 『논어(論語)』의 다른 곳에서도 나오는데, 그 원문만 소개한다.

子曰: "不患莫己知, 求爲可知也。" <里仁>

子曰: "君子病無能焉, 不病人之不己知也。" <憲問>

子曰: "不患人之不己知, 患其不能也。" <衛靈公>

2. 爲政(위정)

■ 공자께서 말씀하셨다. "덕(德)으로 정치를 하는 것은, 비유하자면, 북극성은 제 자리에 가만히 머물러 있는데 뭇 별들이 그것을 떠받들고 있는 것과 같다."

子曰: "爲政以德, 譬如北辰①居其所, 而衆星共之②."

✤ 주(注)

① 北辰(북신): 북극성.
② 共之(공지): "그것(之: 북극성)을 떠받들다(共)." '共'의 갑골문(𠔖)과 금문의 자형(𠔖)들은 모두 어떤 물건을 두 손으로 떠받들고 있는 모습으로, 본래의 뜻은 '두 손으로 들어올려서 바

치다'이다. 이것을 '향(向)하다'로 해석하는 것은 부자연스럽다.

✽ 소(疏)

① 「맹자께서 말씀하셨다.

"현자(賢者)를 존중하고 유능한 사람에게 일을 맡기며, 뛰어난 인물들이 관직에 있으면, 천하의 인물들은 모두 기꺼이 그 조정에 참여하고자 할 것이다. 시장에서는 화물을 쌓아 둘 장소를 제공해 주되 화물세(貨物稅)는 거두지 않고, (오랫동안 팔리지 않는 물건이 있을 때에는) 법의 규정에 따라 구입(購入)해 줌으로써 오래 쌓여 있지 않게 해 준다면, 천하의 상인들은 모두 기꺼이 그 나라의 시장에다 상품을 쌓아두고자 할 것이다. 관문(關門)에서는 드나드는 사람들을 조사만 하고 세금은 거두지 않는다면, 천하의 여행자들은 모두 즐거운 마음으로 그 나라의 도로 위를 지나가고자 할 것이다. 농부들에게는 공전(公田)의 경작만 돕게 하고 따로 세금을 거두지 않는다면, 천하의 농부들은 모두 즐거운 마음으로 그 나라의 들에서 농사짓고자 할 것이다. 사람들이 거주하는 곳에서는 노역전(勞役錢)이나 지세(地稅)를 거두지 않는다면, 천하의 모든 백성들은 기꺼이 그곳으로 옮겨 와서 살고자 할 것이다. 임금으로서 이 다섯 가지를 정말로 잘 실행할 수 있다면, 이웃 나라 백성들은 모두 그를 부모같이 생각하고 사모하게 될 것이다."」

(『孟子』<公孫丑上>)

■ 공자께서 말씀하셨다. "「시」(詩)에 나오는 삼백여 편의 시(詩)들을 한 마디로 개괄(概括)하자면, 그 생각에 사악(邪惡)함이 없다는 것이다."

子曰: "詩三百①, 一言而蔽之②, 曰'思無邪'③。"

✿ 주(注)

① 詩三百(시삼백): 『시경』(詩經)에는 모두 305편의 시(詩)들이 실려 있는데, 그 대략적인 수를 말한 것이다.
② 一言而蔽之(일언이폐지): "한 마디의 말로써(一言而) 그것을(之) 덮는다(蔽)," 즉 '개괄(概括)한다'는 뜻이다. '而'는 여기서 '以'의 뜻으로 '一言以,' '以一言'과 같은 표현이다.
③ 思無邪(사무사): 『시경』(詩經)의 노송(魯頌) 경(駉) 편에 나오는 말로서, "그 생각함에(思) 사악함이(邪) 없다(無)"는 뜻이다. 본래 이 시는 노(魯)의 희공(僖公)을 준마(駿馬)에 비유해서 칭송한 것이다.

■ 공자께서 말씀하셨다. "백성을 이끌어 가기를 정령(政令)으로써 하고, 모든 사람들이 한결같이 그

것을 지키도록 만드는 데 형벌(刑罰)로써 한다면, 백성들은 형벌을 받는 일은 피할 수 있어도 염치를 모르게 된다. 그러나 백성을 이끌어 가기를 덕(德)으로써 하고, 모든 사람들이 한결같이 지키도록 만드는 데 예(禮)로써 한다면, 백성들은 염치를 알게 될 뿐만 아니라 진심으로 지도자를 따르게 된다."

子曰: "道①之以政, 齊之以刑, 民免而無恥; 道之以德, 齊之以禮, 有恥且格②."

✿ 주(注)

① 道(도): 여기서는 '導'(도: 인도하다, 이끌다)의 뜻으로 쓰고 있다.
② 格(격): 고문자형 '格'은 집의 입구(口)쪽으로 걸어오고 있는 발(夂)의 모습인 '各'(각)으로써 '오고 있다'는 뜻을 나타내고, 여기에 '木'(목)을 덧붙여서 나무의 뿌리가 흙에서 물을 빨아올려 줄기와 가지를 거쳐 잎에까지 보내어 나무를 자라게 하는 모습을 나타냈다("木長貌":「說文」). 나무가 자라서 뻗어오는 것이 '格'(격)인데, '各'과 '格'은 서로 통용된다. '格'에는 '자발적으로 어떤 상태에 도달한다'는 뜻이 내포되어 있다.

🔅 소(疏)

① 「중궁(仲弓)이 공자에게 물었다. "제가 듣기로는, '지극한 형벌(刑罰)에서는 정치가 쓰여질 여지가 없는데, 폭군 걸왕(桀王)과 주왕(紂王)의 시대가 그러했고, 지극한 정치에서는 형벌이 쓰여질 여지가 없는데, 성군인 성왕(成王)과 강왕(康王)의 시대가 그러했다'고 했는데, 정말로 그렇습니까?"

공자께서 말씀하셨다.

"성군들께서 다스리시고 교화하실 때에는 반드시 형벌과 정치를 섞어서 쓰셨다. 최상급의 성군들은 백성들을 덕(德)으로써 가르치고 법을 한결같이 지키도록 하는 데 예(禮)로써 했다. 그 다음은 백성들을 정치(政)로써 이끌고 형벌로써 금지하였다. 교화를 해도 변하지 않고 이끌어도 따르지 않는 자들은 의(義)를 손상시키고 풍속을 파괴하는 자들인바, 이런 자들에게는 형벌을 사용하였다."」

(『孔子家語』<刑政>)

■ 공자께서 말씀하셨다. "나는 열다섯 살 때 학문에 뜻을 두었고(志于學), 서른 살에는 학문이나 처세에 있어서 혼자 힘으로 설 수 있었고(自立), 마흔

살에는 충분한 지식과 이해력으로 헷갈리는 일이 없게 되었고(不惑), 쉰 살에는 하늘이 내게 부여한 운명을 알게 되었고(知天命), 예순 살에는 남의 말을 들으면 그 말의 참과 거짓, 옳고 그름을 금방 알 수 있게 되었고(耳順), 일흔 살에는 내가 마음속으로 하고 싶은 대로 하더라도(從心所欲) 그 생각이 법도를 넘지 않게 되었다."

子曰: "吾十有五^①而志于學, 三十而立^②, 四十而不惑, 五十而知天命, 六十而耳順^③, 七十而從心所欲, 不踰矩^④。"

✤ 주(注)

① 十有五(십유오): 옛날에는 십 단위의 숫자와 한 자리 숫자 사이에 '有'를 두었는데, 이때는 '有'가 '又'(우: 또)의 뜻을 나타낸다.
② 三十而立(삼십이립): "서른 살(三十)이 되어(而) 서다(立)." 『논어』<계씨편>(季氏)에서는, "不學禮, 無以立"(예를 배우지 않으면 설 수 없다)고 했고 <요왈>(堯曰)에서는, "不知禮, 無以立也(예를 모르면 설 수 없다)"고 했다. 이로써 보건데, 공자께서는 서른 살이 되었을 때에는 예(禮)를 모두 배워서 이 분야에서는 대성(大成)을 이루신 듯하다.
③ 耳順(이순): 무슨 말이든 귀로 듣는 즉시 그 정확한 의미를 이

해할 수 있다는 뜻이다.
④ **不踰矩**(불유구): "矩를 踰하지 않다." 矩(구)는 네모반듯한 모양을 그릴 때 쓰는 곱자(曲尺)로서, 보통 '법칙,' '법도'란 뜻을 나타낸다. '踰'(유)는 '넘다, 지나다, 벗어나다'의 뜻이다.

■ 맹무백(孟武伯)이 어떻게 하는 것이 효도인지 물었다.

　　공자께서 말씀하셨다. "부모님으로 하여금 다만 자식들이 혹시 병에라도 걸리지 않을까 하고 걱정하는 것 외에 다른 아무런 걱정거리가 없게 해 드리는 것이다."

孟武伯問孝。子曰: "父母唯其疾之憂①。"

주(注)

① **父母唯其疾之憂**(부모유기질지우): "부모(父母)는 다만(唯) 그의(其) 병(疾)만을 걱정한다(憂)."

　　이 문장의 기본형은 "父母憂其疾"(부모가 그의 병을 걱정한다)인데, 이것을 "주어 + 唯 + 빈어(목적어) + 之(또는 是) + 동사" 형식의 빈어(목적어) 전치(前置) 구조로 만들어서 빈어

(즉, 여기서는 其疾)를 강조하고 있다. 여기서 '唯'는 강조의 어기(語氣)를 나타내는 부사이다.

여기서 '其疾'의 '其'는 자식이 아니라 부모를 가리킨다고 하는 해석도 있다. 즉 '부모님께서 다른 걱정은 전혀 없고 다만 당신 자신의 건강만을 염려하는 그런 상태를 만들어 드리는 것'이라고 해석하는 것이다.

■ 자유(子遊)가 효도에 대해서 물었다.

공자께서 말씀하셨다. "오늘날 소위 효도라고 하는 것은 단지 부모를 잘 봉양할 수 있는 것을 말하는데, 개나 말들조차 먹이를 주어 기르고 있지 않느냐. 그러니 만약에 공경하는 마음이 없다면 부모를 봉양하는 것과 개나 말을 기르는 것을 무엇으로 구별하겠느냐?"

子遊問孝。子曰: "今之孝者, 是①謂能養。至於犬馬②, 皆能有養。③ 不敬, 何以別乎?"

❋ 주(注)

① 是(시): 여기서는 범위를 나타내는 부사로 '다만,' '단지' 등의

뜻을 나타내고 있다.
② **至於犬馬**(지어견마): "犬馬(개와 말)에 이르러도(至於)." '至於'는 '…에 이르다,' '…까지도' 등의 뜻으로 쓰이고 있다.
③ **皆能有養**(개능유양): 종래에는 세 가지 해석이 있었다. ㉠ 개나 말도 사람을 기를 수 있다. ㉡ 사람은 개나 말도 기르고 있다. ㉢ 부모님께서 사랑하고 아껴주시던 개나 말도 기를 수 있다. 여기서는 ㉡을 취한다.

✤ 소(疏)

① 「맹자께서 말씀하셨다. "먹여 주기는 하면서도 사랑하지 않는다면, 이는 돼지처럼 취급하는 것이고, 사랑은 하되 존경하지 않는다면, 이는 개나 말처럼 기르는 것이다."」

(『孟子』<盡心上>)

- - - - - - - - - -

■ 자하(子夏)가 효도에 관해서 물었다.

공자께서 말씀하셨다. "공경하는 마음이 그대로 얼굴 표정에 나타나게 하기가 어렵다. 일이 있을 때 젊은 사람들이 그 수고를 대신하고, 술이나 음식이 있을 때는 어른들이 먼저 드시게 하는 것, 이런 것들만 가지고서야 어찌 효도한다고 할 수 있겠느냐."

子夏問孝。子曰: "色難。① 有事, 弟子服其勞; 有酒食, 先生饌②, 曾是以爲孝乎?"

✤ 주(注)

① 色難(색난): 두 가지 해석이 있다. ㉠ '色'을 부모의 '色'으로 보아, 부모님의 안색을 잘 살펴서 부모님께서 말씀하시기 전에 그 뜻을 잘 받들어 섬기기가 어렵다고 하는 해석이고, ㉡ '色'을 자식의 '色'으로 보아, 부모를 섬길 때 그 얼굴 표정을 온화하고 공경스럽게 가지기가 어렵다고 하는 해석이다. 여기서는 ㉡을 취한다.
② 饌(찬): "음식을 차려내서 먹게 한다"는 뜻의 동사로 쓰였다.

✤ 소(疏)

① 「"부모님께서 화를 내시면 마음속으로 언짢아 하지도 않고 얼굴에 그런 기색을 나타내지도 않고, 꾸짖으면 마음속 깊이 뉘우쳐서 애처로운 생각이 들도록 하는 것이 제일 좋고, 부모님께서 화를 내시면 마음속으로 언짢아 하지도 않고 그런 기색을 얼굴에 나타내지도 않는 것이 그 다음이며, 부모님께서 화를 내시면 언짢아 하면서 그런 기색을 얼굴에까지 나타내는 것은 가장 나쁘다."」

(劉向, 『說苑』<建本>)

■ 공자께서 말씀하셨다. "내가 안회(顏回)와 함께 하루 종일 이야기해도 그가 내 말에 반문(反問)하거나 이의를 제기하는 일이 없어서 마치 어리석은 사람처럼 보였다. 그러나 나로부터 물러가고 난 다음의 그의 개인 행동을 살펴보니, 그는 내가 한 말의 뜻을 충분히 이해하고 그대로 실천하고 있었다. 안회는 결코 어리석지 않았다."

子曰: "吾與回言終日, 不違①如愚。 退而省其私②, 亦足以發,③ 回也不愚。"

✤ 주(注)

① 違(위): 어기다. "스승의 말에 의문이나 이의를 제기하는 행동이 스승의 뜻을 어기는 것처럼 보인다"는 뜻이 들어 있다.
② 私(사): 사생활. 혼자 있을 때의 생각이나 행동.
③ 發(발): 발휘하다. 말의 이치를 제대로 이해하고 그대로 실천한다는 뜻이다.

■ 공자께서 말씀하셨다. "그 하는 짓을 보고, 그 행위의 동기나 방식을 잘 살펴보고, 그가 편안히 여기면서 행동하는 바를 자세히 관찰한다면, 사람들이 스스로 어디에 숨겠는가, 사람들이 스스로 어디에 숨겠는가?"

子曰: "視其所以[①], 觀其所由[②], 察其所安[③], 人焉廋哉[④], 人焉廋哉?"

✽ 주(注)

① **所以**(소이): '以'는 곧 '爲'의 뜻으로, 겉으로 드러난 행동(所爲: 하는 것)을 가리킨다. 이 '以'를 '與'의 뜻으로 보아서 '더불어 사귀는 자'라고 해석하는 사람도 있다. 그러나 이하의 '由'와 '安'과 함께 밖으로 드러난 현상, 즉 가장 쉽게 알 수 있는 것에서, 점차 행위의 동기나 내면, 즉 관찰이 어려운 것으로 그 단계가 나아가고 있다.
② **所由**(소유): '由'를 의도나 동기로 보는 해석도 가능하고, 經由(경유)에서의 '由'처럼 일을 할 때 밟아가야 할 길, 즉 방식·방법으로 해석할 수도 있다.
③ **所安**(소안): "편안히 여기는 바." "즐겨 행하는 바." 이미 몸에 밴, 즉 습관이 되어 있는 것이란 뜻이다.
  위의 세 가지 행동 중에서 '視'는 그냥 범상하게 보는 것이

고, '觀'은 '視'보다 넓게 살펴보는 것이고, '察'은 '觀'보다 더 자세하게 살펴보는 것이다.
④ 人焉廋哉(인언수재): "사람이(人) 어디에(焉) 숨겠는가(廋哉)." "주어 + 安・焉・奚 + 자동사 + 哉"의 형식에서 安・焉・奚는 '어디에(장소)'란 뜻을 나타낸다.

✤ 소(疏)

① 「맹자께서 말씀하셨다. "사람을 관찰하는 데는 그 눈동자를 살펴보는 것보다 더 나은 방법이 없다. 눈동자는 그 사람이 가진 악(惡)을 숨길 수 없기 때문이다. 마음이 바르면 눈동자가 맑고 밝으며, 마음이 바르지 못하면 눈동자가 흐리고 어둡다. 그 사람이 말하는 것을 들을 때 그 눈동자를 주의해서 살펴본다면, 그가 자신을 어디에다 숨길 수 있겠느냐?"」

(『孟子』<離婁上>)

② 「높은 지위에 있는(顯達) 자를 살필 때에는 그가 어떤 사람을 천거하는지 살펴보고, 부유한 자를 살필 때에는 그가 누구에게 어떻게 베푸는지 살펴보고, 궁지에 처한 자를 살필 때에는 그가 어떤 짓을 하지 않는지 살펴보고, 빈곤한 자를 살필 때에는 그가 취하지 않는 바를 살펴보라.」

(『大戴禮記』<官人>)

■ 공자께서 말씀하셨다. "이전에 이미 배운 것을 잘 익히고 그 가운데서 새로운 이치를 터득하면 스스로 스승이 될 수 있다."〔또는 "이미 배운 것을 충분히 익히고 그리고 새로운 것을 배워서 알게 되면 남의 스승이 될 수 있다."〕

子曰: "溫故①而知新②, 可以爲師③矣."

✤ 주(注)

① **溫故**(온고): 이전에 이미 배워서 알고 있는 것을 계속해서 생각하고 그 의미를 더욱 깊이 탐구해 가는 것. 溫(온): 따뜻하게 덥히다. 익히다. 故(고): 이전에 배운 것.
② **知新**(지신): "새로운 것(新)을 알다(知)." '溫故'로부터 새로운 의미(新)를 발견한다는 해석과, '溫故' 이외의 새로운 것(新)을 배워서 알게 된다는 해석 두 가지 모두 가능하다.
③ **可以爲師**(가이위사): "스승(師)이 될(爲) 수 있다(可以)."
　여기서 '師'는 남을 가르치는 자로서의 스승, 또는 자기 자신에 대한 스승이란 두 가지 해석이 모두 가능하다.

✤ 소(疏)

①「"외우고 묻고 해서 배운 학문(記問之學)만 가지고는 남

의 스승이 되기에 부족하다."」

(『禮記』<學記>)

■ 공자께서 말씀하셨다. "군자(君子)는 〔한 가지 특정한 용도로만 사용되는〕 그릇과 같지 않다."

子曰: "君子不器①."

주(注)

① **不器**(불기): 특정한 형태를 갖춘 그릇(器)은 대개 특정한 용도로만 쓰이고 여러 가지 용도에 두루 쓰이지는 않는데, 여기서 '器'는 '그릇'이란 뜻의 명사로서가 아니라 '그릇과 같다'는 뜻의 형용사로 쓰이고 있다.

소(疏)

①「"큰 덕(德)은 관직에 구애받지 않고, 큰 도(道)는 특정한 용도로 쓰이는 그릇과 같지 않으며, 큰 신(信)은 말로 한 약속에 얽매이지 않으며, 큰 시(時)는 (천지의 운행과 함께 변하고) 계절마다 한결같지 않다."」

(『禮記』<學記>)

■ 자공(子貢)이 군자(君子)는 어떻게 행동해야 하는지 물었다.

　　공자께서 말씀하셨다. "말하고자 하는 것을 먼저 실천하고, 그런 다음에 말을 해야 한다."

子貢問君子。子曰: "先行其言而後從之①。"

✤ 주(注)

① 從之(종지): "그것을(之) 따른다(從)." 즉 미리 행동을 하고 말이 그 뒤를 따라간다는 뜻이다.

* 말부터 먼저 하고 그것을 실천에 옮기지 못하는 것을 '辭費'(사비: 말을 허비한다)라고 하는데, 군자는 이런 행동을 부끄럽게 여긴다.

✤ 소(疏)

①「배우되 그 몸가짐을 태만히 한다면 배워도 존귀해질 수 없다. 성의로써 세우지 않으면 서더라도 오래 가지 못한다. 성실함이 드러나지 않는데 말하기를 좋아한다면, 말하더라도 신뢰를 얻지 못한다.」

（韓嬰,『韓詩外傳』）

■ 공자께서 말씀하셨다. "군자는 의(義)를 중심으로 두루 뭉치기는 하지만, 이해(利害) 관계에 따라 편당(偏黨) 가르기를 하지는 않는다. 그러나 소인은 이해 관계에 따라 편당 가르기는 하지만, 의(義)를 중심으로 두루 뭉치지는 못한다."

子曰: "君子周而不比[1], 小人比而不周。"

❈ 주(注)

[1] 周而不比(주이불비): 흔히 義로써 합하는 것을 '周,' 利로써 합하는 것을 '比'라고 설명하거나, 公을 우선하는 것을 '周,' 私를 우선하는 것을 '比'라고 설명한다. 둘 다 통하는 해석이다.

그러나 자원(字源)의 관점에서 이 둘을 비교해 보면, '周'의 고문자형 '冊, 围, 岡' 등은 밭둑으로 경계가 나눠진 밭 안에서 곡식들이 빽빽하게 자라고 있는 모습으로, 본래의 뜻은 '조밀하다'이다. 밭 전체에 곡식들이 골고루 빽빽하게 자라고 있다는 데서 '두루'란 뜻이 생겼고, 후에 'ㅂ'(口)가 더해지면서 '나라 이름'(周)을 가리키게 되었는데, 어원의 측면에서 보면, '周'란 자기의 바로 앞이나 뒤, 또는 좌우만을 가리키지 않고 일정한 구역(경계) 안에 있는 구성원 전부를 동시에 고려한다는 의미가 들어 있다.

이에 반해 '比'의 고문자형 '𣥔'는 두 사람이 왼쪽을 보고 나란히 서 있는 모습으로, 이런 모습은 서로의 키를 비교할 때 볼 수 있으므로, 이로부터 '비교하다,' '비유하다'의 뜻이 생겼다. 이런 상황에 놓이게 되면 그 마음에는 경쟁심이 생기게 되고, 관심은 항상 자신의 앞과 뒤, 또는 좌우에만 국한되게 된다. 그렇게 되면 전체(公)보다는 자기 위주(私)가 되기 쉽다.

■ 공자께서 말씀하셨다. "책을 읽기만 하고 생각을 하지 않으면 속기 쉽고, 생각만 하고 책을 읽지 않으면 확신을 가질 수 없다."

子曰: "學①而不思則罔②, 思而不學則殆③."

✤ 주(注)

① 學(학): 여기서의 '學'은 훌륭한 선생의 가르침을 직접 받는 것이 아니라 책을 읽고 외우는 것을 가리킨다.
② 罔(망): 무망(誣罔), 즉 '속는다'는 뜻이다.
③ 殆(태): '위태(危殆)롭다'는 뜻이 아니라, 의문(疑問)나는 것이 명확히 가려지지 않고 의문인 채 남아 있다는 뜻이다.

✤ 소(疏)

① 「"널리 배우고, 자세히 살펴서 묻고, 신중히 생각하고, 분명하게 분별하고, 독실하게 실천한다(博學之, 審問之, 愼思之, 明辨之, 篤行之。)."」

(『禮記』<中庸>)

━━━ ● ● ● ● ● ● ● ━━━

■ 공자께서 말씀하셨다. "〔한 가지 일에 전심전력하지 않고〕 동시에 이것저것 서로 다른 것을 배우거나 손대는 것은 해(害)가 될 뿐이다."

子曰: "攻乎異端①, 斯害也已②。"

━━━ ● ● ● ● ● ● ● ━━━

✤ 주(注)

① 攻乎異端(공호이단): 서로 다른 해석들이 수없이 많은 구절이다. 흔히 서로 다른 길을 가는 학문이나 학설, 즉, 유교에 대한 도교나 불교, 양자(楊子)나 묵자(墨子) 등으로 해석하면서, 각자 자신의 길만 묵묵히 갈 뿐 다른 학설을 알려고, 또는 공격하려고 하지 말라는 뜻으로 해석하고 있고, 그렇게 해석하더라도 틀렸다고 할 수는 없지만, 여기서는 『예기』(禮記)에서 이단(異

端)을 '他技(타기),' 즉 전문으로 삼지 않은 다른 '기능,' '기술'로 해석한 것을 따랐다.
② 害也已(해야이): "해(害)가 될 뿐이다(也已)." '也已'(야이)는 '단정'(斷定)의 뜻을 나타내는 어기사(語氣詞)이다.

■ 공자께서 말씀하셨다. "자로(子路)야! 네게 안다는 것이 무엇인지 가르쳐 주마! 아는 것은 안다고 하고, 모르는 것은 모른다고 하는 것, 이것이 바로 아는 것이니라."

子曰: "由! 誨女知之①乎! 知之爲知之, 不知爲不知, 是知也。"

✤ 주(注)

① 誨女知之(회여지지): "그것을(之) 안다는 것을(知) 너에게(女) 가르쳐 주겠다(誨)."

여기서 '之'는 범지대사(泛指代詞)라고 하는 것으로, 어떤 특정 사물을 가리키지 않고 불특정한 대상을 막연하게 가리키고 있는데, 생략되어도 뜻은 달라지지 않는다. 즉 '不知爲不知, 是知也'와 '不知之爲不知之, 是知之也'는 같은 뜻이다. 그리고

'爲'는 여기서 '是'(이다)의 뜻이다.

❖ 소(疏)

① 「그러므로 군자는 아는 것은 안다고 하고 모르는 것은 모른다고 하는데, 이것이 말을 잘하는 요체이고, 할 수 있는 것은 할 수 있다고 하고 할 수 없는 것은 할 수 없다고 하는데, 이것이 훌륭하게 행동하는 요체이다. 말의 요체가 지(知)이고 행동의 요체가 인(仁)이다.

지(知)와 인(仁)을 구비하고 있다면 어찌 부족함이 있겠는가.」

(『荀子』<子道>)

───── ● ● ● ● ● ● ● ● ● ─────

■ 자장이 어떻게 하면 관직에 나아가 봉록을 얻을 수 있는지 배우고자 했다.

공자께서 말씀하셨다. "많이 들어 보고, 의심스러운 것은 결정하지 말고 보류해 두고, 그 나머지 자신있는 것에 관해서는 말을 신중하게 한다면 틀리는 일을 줄일 수 있다. 많이 보고, 의심스러운 것은 보류해 두고, 나머지 자신있는 부분에 대해서는 행동을 신중하게 한다면 후회하는 일을 줄일 수 있다. 말을 함에 있어서 틀리는 일이 적고, 행동을 함에 있어서 후회하는 일이 적다면 관직에 나아가 봉록을 얻는 일은 저절로 되느니라."

子張學干祿①。子曰: "多聞闕疑, 愼言其餘, 則寡尤; 多見闕殆②, 愼行其餘, 則寡悔。言寡尤, 行寡悔, 祿在其中③矣。"

● ● ● ● ● ● ● ● ● ●

✤ 주(注)

① 干祿(간록): '干'은 '구(求)한다'는 뜻. '祿'은 옛날 관리들의 봉급.
② 闕殆(궐태): '闕疑'(궐의)와 같은 뜻이다. '闕疑'는 의심스러운 것(疑)을 빼놓는다(闕)는 뜻이다. '闕'(궐)에는 '대궐'이란 뜻 외에 '빼놓다,' '모자라다,' '이지러지다,' '흠' 등의 뜻이 있다.
③ 在其中(재기중): 글자 그대로 해석하면 "그(其) 가운데(中) 있다(在)"는 뜻이다. 그러나 한문에서 이 표현은 흔히 '애쓰지 않아도 일이 저절로 이루어진다'는 뜻을 나타낸다.

✤ 소(疏)

① 「군자는 의심스러운 것은 말하지 않고, 자신이 직접 듣지 않은 것은 말하지 않는다.」

(『大戴禮記』<曾子立事>)

■ 노(魯) 나라의 애공(哀公)이 물었다: "무슨 일을 해야 백성들이 복종하게 될까요?"

공자께서 대답하여 말씀하셨다. "곧은 사람을 기용하여 굽은 사람들 위에 놓으면 백성들이 복종하게 될 것이고, 굽은 자를 기용하여 곧은 사람들 위에 놓으면 백성들은 복종하지 않게 될 것입니다."

哀公問曰: "何爲則民服?" 孔子對曰[1]: "擧直錯諸枉[2], 則民服; 擧枉錯直, 則民不服."

주(注)

① 對曰(대왈): 『논어』(論語)에서 신분이나 지위가 낮은 사람이 높은 사람에게 대답해서 말할 때에는 반드시 '對曰'이라고 한다.
② 錯諸枉(조제왕): 錯(착·조)은 '꾸미다,' '어긋나다,' '잘못하다,' '뒤섞이다' 등의 뜻으로 쓰일 때는 '착'으로 읽고, '두다'(措)는 뜻으로 쓰일 때는 '조'로 읽는다. 여기서는 '두다,' '놓다'의 뜻이다. '諸'(제)는 '之於'(지어)의 뜻이다. 枉(왕)은 '굽다'의 뜻인데, 여기서는 '굽은 사람,' '비뚤어진 사람'을 가리킨다. "그를(之) 비뚤어진 사람 위에(諸枉) 놓다(錯)."

錯諸枉 = 措之於枉者: "그(之: 곧은 사람)를 굽은 사람들(枉者) 위에(於) 두다(錯 = 措)."

■ 공자께서 말씀하셨다. "사람이 신(信)이 없다면, 그런 자가 무슨 일을 할 수 있겠는가? 〔비유하자면〕 짐을 싣는 큰 수레에서 끌채(轅)의 끝 부분과 횡목을 이어주는 비녀장(輗)이 없고, 사람이 타는 작은 수레에서 끌채의 끝 부분과 횡목을 이어주는 비녀장(軏)이 없다면, 그런 수레가 어찌 갈 수 있겠느냐?"

子曰: "人而無信, 不知其可也。大車無輗①, 小車無軏①, 其②何以行之哉?"

✤ 주(注)

① 輗・軏(예・월): 수레에서 몸체를 끄는 역할을 하는 긴 나무(이것을 '轅'(원)이라 한다)와 가로로 된 나무(衡: 형) 또는 멍에(軛: 액)가 만나는 부분에 빗장을 걸어서 서로 떨어지지 않게 하는 쇠로 된 빗장걸이. 짐수레의 그것을 輗(예), 사람이 타는 작은 마차의 그것을 軏(월)이라 한다. 사람에게서 '信'이란 곧 사람과 사람이 만나서 교제할 때 서로를 연결시켜 주어서 떨어지지 않게 하는 빗장걸이의 역할을 한다. 그래서 輗(예)와 軏(월)로써 이를 비유했던 것이다.
② 其(기): 구(句)의 맨 앞에서 반문(反問)의 어기를 강하게 하는 어기사(語氣詞).

❈ 소(疏)

① 「맹자가 어렸을 때 동쪽의 이웃집에서 돼지를 잡았다. 맹자가 어머니께 물었다. "동쪽 집에서 돼지를 잡고 있는데, 왜 잡지요?"

맹자의 어머니가 말했다. "너에게 먹여 주려고 그런단다."

하지만 맹자의 어머니는 이 말을 한 후 곧바로 후회하면서 말했다.

"내가 이 아이를 배었을 때, 비뚤어진 자리에는 앉지도 않고, 반듯하게 가른 것이 아니면 먹지도 않으면서 태교(胎敎)를 했었는데, 지금 마침 뻔히 알고 있으면서도 이 애를 속였으니, 이는 이 애에게 불신(不信)을 가르친 것이 된다."

그리고는 동쪽 집에 가서 돼지고기를 사 와서 맹자에게 먹여 주어, 아들을 속이지 않았음을 증명하였다.」

(韓嬰, 『韓詩外傳』 卷九)

② 「증자(曾子)의 처(妻)가 시장에 가려는데, 그 아들이 같이 따라 가겠다고 울며 보챘다. 그러자 그의 처가 말했다. "너는 집에 돌아가 있거라. 그러면 시장에 갔다 돌아와서 너에게 돼지를 잡아 주마."

증자의 처가 시장에서 돌아오자, 증자는 돼지를 잡아 죽이려고 했다. 그의 처가 말리면서 말했다. "그저 애와 농담 한번 했을 따름이오."

증자가 말했다. "어린애와 농담을 해서는 안 되오. 어린애는 아는 것이 없으므로 부모의 행동과 말로부터 배우고, 부모가 가르쳐 주는 대로 따른다오. 지금 당신이 아들을 속인 다면, 이는 곧 아들에게 속이는 것을 가르치는 것이 되오. 어미가 그 아들을 속이면 그 아들은 자기 어미를 믿지 않게 될 것이니, 이렇게 해서는 교육이 되지 않소."

그리고는 결국 돼지를 잡아 삶아 주었다.」

(『韓非子』<外儲說左上>)

■ 공자께서 말씀하셨다. "자기가 의당 제사를 지내야 할 귀신(鬼神)이 아닌데도 제사를 지낸다면, 그것은 곧 그 귀신에게 [또는 그 귀신의 자손에게] 아첨하는 것이 된다. 어떻게 하는 것이 의(義)인지를 알고서도 그대로 행하지 않는 것은 용기가 없는 것이다."

子曰: "非其鬼①而祭之, 諂②也。見義不爲, 無勇也。"

✿ 주(注)

① 其鬼(기귀): 자기가 의당 제사지내거나 모셔야 할 귀신.
② 諂(첨): 아첨. 여기서 아첨의 대상은 귀신 또는 그 귀신에게 응

당 제사지내야 할 입장에 있는 사람이다.

✤ 소(疏)

① 「"자신이 응당 제사지내야 할 바가 아닌 데도 제사지내는 것을 가리켜 음사(淫祀)라고 한다. 음사를 하여서는 복(福)을 받을 수 없다."」

(『禮記』<曲禮>)

3. 八佾(팔일)

■ 공자께서 계씨(季氏)에 관하여 말씀하셨다. "〔천자의 종묘 제례 때만 쓰도록 규정되어 있는, 한 줄에 여덟 명씩 여덟 줄로 이루어진 최대 규모의 가무인〕 팔일무(八佾舞)를〔일개 대부(大夫)에 지나지 않는 자가 제사 때〕 자기 집안 마당에서 추게 하였는데, 이런 짓까지 차마 할 수 있는 자라면 무슨 짓인들 차마 하지 못하겠느냐?"

孔子謂季氏①; "八佾②舞於庭, 是可忍③也, 孰不可忍④也?"

✤ 주(注)

① **孔子謂季氏**(공자위계씨): 이 말을 할 당시의 공자의 신분은 季씨보다 낮았기 때문에 '子'라고 하지 않고 '孔子'라고 했다.

② **八佾**(팔일): 佾(일)의 자형은 '人'(사람)과 '八'(여덟)과 음(音)을 나타내는 '月'(월)로 이루어져서, '여덟 사람'이란 뜻을 나타낸다. 여덟 사람이 줄을 서서 춤을 출 때의 열(列)을 말하는데, 한 줄에 8명씩으로 되어 있다. 따라서 '八佾'은 $8 \times 8 = 64$명으로 이루어진 최대 규모의 가무(歌舞)로서, 이는 천자가 거행하는 종묘 제례(祭禮)의 의식에서만 쓸 수 있었다. 제사 의식을 거행할 때 제후는 여섯 줄(六佾: $6 \times 8 = 48$명), 대부는 네 줄($4 \times 8 = 32$명), 사(士)는 두 줄($2 \times 8 = 16$명)로 된 가무단(歌舞團)만을 쓸 수 있도록 예(禮)에 규정되어 있다.

③ **可忍**(가인): '忍'의 고문자형 '𢛳'은 '칼날'(刃)과 '심장'(心)으로 이루어져서, '심장에 칼날을 댄 것처럼 아프다'는 뜻을 나타낸다. 이런 경우는 대부분 감정과는 반대로 행동하는 경우에 나타나므로, '화나는 것을 참는다'는 뜻과, 하고 싶지 않은 일이나 해서는 안 될 일을 감정과는 반대로 '해낸다'는 두 가지 상반되는 뜻을 갖게 되었다. '可忍'은 여기서는 '해서는 안 될 나쁜 일'도 '해 낼 수 있다'는 뜻이다. '不忍之心'(불인지심)은 해서는 안 되는 일을 '차마 할 수 없는 마음'인데, 이것이 바로 '仁'의 마음이다. 이것을 '용납할 수 있다'로 해석하는 것은 옳지 않다.

④ **孰不可忍**(숙불가인): "무엇(孰)을 차마 하지 못하겠는가(不可忍)." 이것을 '누구를(孰) 용납하지 못하겠는가(不可忍)'라고 해석하는 사람도 있지만, 옳지 않은 해석이다.

3. 八佾(팔일)

■ 노(魯) 나라의 세도가들인 맹손씨(孟孫氏), 숙손씨(叔孫氏), 계손씨(季孫氏) 세 집안에서는 〔천자가 종묘에서 조상에게 제사지낸 뒤 제기를 치울 때 연주하게 되어 있는〕 옹(雍)이란 가곡(歌曲)을 자기들 조상에게 제사지낸 후 제기를 치울 때도 연주하도록 하였다.

이에 대해 공자께서 말씀하셨다. "〔옹(雍)이란 노래에는〕 '제후들이 제사를 도우니, 제사 주관하시는 천자의 모습 근엄도 하시어라'고 노래하고 있는데, 이런 가곡을 대부의 신분에 지나지 않는 세 집안의 마루청에서 어찌 연주할 수 있단 말인가?"

三家者以雍徹①。子曰:「相維辟公②, 天子穆穆」, 奚取於三家之堂?"

✿ 주(注)

① 雍徹(옹철): '雍'은 『시경』 <주송>(周頌) 편에 나오는 시이다. '徹'은 제사를 끝내고 제기를 거두는 것이다.
② 相維辟公(상유벽공): '相'은 '助'(조) 즉, '돕다'의 뜻이다. '辟公'은 '제후'를 가리킨다. '維'(유)는 어기를 고르게 하는 조

사(助詞)이다.

■ 공자께서 말씀하셨다. "사람이 되어서 인(仁)하지 못하다면 예(禮)가 무슨 소용이 있겠는가? 사람이 되어서 인(仁)하지 못하다면 음악(樂)이 무슨 소용이 있겠느냐?"

子曰: "人而不仁, 如禮何①? 人而不仁, 如樂何?"

✤ 주(注)

① 如禮何(여례하): "禮를 어찌할 것인가?"

✤ 소(疏)

①「사람이 되어 인(仁)하지 못하다면 이는 곧 인심(人心)이 없는 것이다. 인심이 없는데 예(禮)와 음악(樂)이 있은들 어디에 쓰겠는가? 비록 그것을 쓰고자 하더라도 예와 음악은 사람을 위해 쓰여질 수 없다.」

(『朱子』<四書集注>)

②「인(仁)하지 못한 사람은 쓰일 데가 없다. 인(仁)하지 못

하면서 재능이 많은 사람은 나라의 걱정거리이다(不仁而多材, 國之患也). 사람 자체가 쓰일 데가 없으므로 예와 음악도 쓸모없고, 재능이 많더라도 그것은 단지 선(善)하지 못한 짓을 하는 데 쓰일 뿐이다.」

(班固, 『漢書』<翟方進傳>)

■ 임방(林放)이 예(禮)의 근본에 대해 물었다.
  공자께서 말씀하셨다. "참으로 훌륭한 질문이다! 일반적인 예의 경우에는 사치스러운 것보다는 차라리 검소한 편이 낫고, 상례(喪禮)의 경우에는 형식과 절차를 빈틈없이 챙기려 하기보다는 차라리 마음 속으로 크게 애통해 하는 편이 더 중요하니라."

林放問禮之本。子曰: "大哉問! 禮, 與其奢也, 寧儉①; 喪, 與其易②也, 寧戚。"

주(注)

① **與其奢也, 寧儉**(여기사야, 녕검) : "사치스럽게 하기보다는 검소

한 편이 낫다." '與其＋Ⓐ＋也, 寧＋Ⓑ'의 문장 형식은 비교나 선택을 나타내는 것으로, 'Ⓐ보다 Ⓑ가 낫다'는 뜻이다.
② 易(이): '다스리다.' 여기서는 '상례에 규정된 절차와 형식을 꼼꼼히 챙겨서 빈틈없이 집행한다'는 뜻이다. 이런 뜻으로 쓰일 때는 '이'로 읽고, '바꾸다'는 뜻으로 쓰일 때는 '역'으로 읽는다.

❖ 소(疏)

①「자로(子路)가 말했다. "나는 선생님께 들었는데, 상례(喪禮)의 경우에는 애통해 하는 마음은 모자라면서 예의 절차에 남음이 있는 것보다는, 예의 절차는 모자람이 있더라도 애통해 하는 마음에 남음이 있는 것이 낫다.(喪禮, 與其哀不足而禮有餘也, 不若禮不足而哀有餘也。)"고 하셨다.」

(『禮記』<檀弓上>)

②「예(禮)에는 길례(吉禮)와 흉례(凶禮) 두 가지가 있다. 이 장(章)의 앞의 구절은 길례를 말하고, 뒤의 구절은 흉례를 가리킨다. 그러나 대의(大意)는 여기에 있지 않다. 예의 근본을 묻는 질문에 공자께서는 검소하게 하고 애통해 하는 것이 예의 근본이라고 하셨다. 기타 관혼제사(冠婚祭祀)에서도 마찬가지로 사치스럽기보다는 검소하게 하는 것이 좋고, 상례에서는 예의 절차에 얽매이기보다는 애통해 하는 마음이 중요하다고 한 것이다.」

(『朱子語類』)

■ 공자께서 말씀하셨다. "문화가 뒤떨어진 오랑캐의 나라에 군왕(君王)이 있는 것은 [그리하여 정치적 안정이 유지되는 것은], 문화 수준이 높은 중국에 군왕이 없는 것만 [그리하여 정치적 혼란이 있는 것만] 못하니라."

子曰: "夷狄之有君①, 不如諸夏②之亡也。"

✤ 주(注)

① 夷狄之有君(이적지유군): "이적에게(夷狄) 군왕이(君) 있는(有) 것은(之)" 여기서 '之'는 '夷狄有君'이란 절(節)을 하나의 구(句)로 전환시키는 역할을 하는 조사(助詞)이다.
② 諸夏(제하): 고대에 한(漢) 민족이 세운 나라들을 夏(하) 또는 華夏(화하)라 하였다. 諸夏는 중원 땅에 세워졌던 여러 나라들을 가리킨다. 그러나 여기서 '夏'는 단순히 '나라' 또는 '민족'을 가리키는 것이 아니라 '夏' 나라로 대표되는 고도로 발전된 '文化國家,' 또는 '文化民族'을 나타낸다. 孔子가 '文化'를 얼마나 중시하였는지 알 수 있다.

■ 공자께서 말씀하셨다. "군자에게는 다툴 일이 없다. 그러나 꼭 다투어야 할 경우가 있으니, 그것은 곧 활쏘기 시합일 것이다. 〔이 경우에도 그 다투는 모습을 보면〕 상대방에게 세 번 절하고 세 번 사양한 후 사대(射臺)에 올라 활을 쏘고, 그리고 당(堂)에서 내려와서 진 자는 벌주로 술을 마신다. 그 다투는 모습조차 군자다우니라."

子曰: "君子無所爭。必也射乎！揖讓而升[1], 下而飮[2]。其爭也君子。"

❃ 주(注)

① 揖讓而升(읍양이승): "상대방에게 세 번 절하고(揖), 세 번 사양한(讓) 후에 활 쏘는 당(堂)으로 올라간다(升)."
② 下而飮(하이음): "내려와서(下) 그리고(而) 술을 마신다(飮)." 그러나 다음의 소(疏)에서 소개되는 「의례」(儀禮)의 <사의>(射儀)편에는, 술을 마시는 것은 당상(堂上)에 올라가서이고 내려와서가 아니다. 따라서 본문의 '升'은 활 쏘는 대(臺)에 오르는 것으로 이해하고, '下而飮'의 '下'는 본청 건물의 '당상(堂上)에서 내려오는 것'으로 이해하면 둘 사이의 차이가 없어질 수 있다.

✤ 소(疏)

① 「활쏘기 시합을 주관하는 사사(司射)가 술잔 놓을 잔대(豊)를 갖다 놓으라고 명령하면, 하급 관원들이 잔대를 들고 서쪽 계단으로 올라가서 서쪽 기둥의 바깥 쪽에다 그것을 설치한다. 시합에서 이긴 자들은 술잔을 씻어서 올라와 잔을 채운 다음 잔대 위에다 술잔을 놓고 내려가서 자기 자리로 돌아간다.

사사(司射)가 2인 1조(組)로 된 3개 조나 시합에 참여한 많은 사람들에게, 이긴 자는 모두 웃통을 벗고 깍지와 팔찌를 끼고 활을 팽팽하게 잡도록 하고, 진 자들은 모두 물러가서 깍지와 팔찌를 벗고 왼손을 뒤집고 활을 그 위에 얹어 활의 손잡이 부분을 잡도록 한다.

한 조(組)가 나와서 서로 세 번 절한 후 사대(射臺)에 올라 활을 쏜다. 그리고는 계단 위로 오르는데, 이긴 자가 먼저 앞서서 오르고, 당에 오른 후에는 약간 오른쪽으로 비켜 선다. 그러면 진 자는 곧장 나아가서 북쪽을 향하여 앉아 잔대 위에 있는 술잔을 들고 일어나서 약간 뒤로 물러선 다음, 선 채로 술을 마셔서 술잔을 비우고, 그리고는 다시 앞으로 나아가 앉은 채 잔대 아래에다 술잔을 놓는다. 그리고는 다시 일어나 서로 절을 한 후 함께 내려가는데, 이때 진 자가 앞서 내려간다. 내려와서는 당에 올라가서 술을 마셨던 자(즉, 시합에서 졌던 자)가 왼쪽에 자리잡고, 계단 앞에서 그들과 서로 인사하고 사귄다. 그리고 다음 사람들의 차례가 되면 활을 놓고 물러가서 자기 자리로 돌아간다.」

(『儀禮』<大射儀>)

■ 자하(子夏)가 물었다. "시(詩)에서 '보조개 있어 그 웃음 귀엽고, 눈동자 또렷하여 그 눈 더욱 아름답네! 흰색 바탕 위에 고운 무늬 새겼도다!'라고 했는데, 이것은 무슨 뜻입니까?"

공자께서 말씀하셨다. "먼저 흰 바탕이 마련된 후에야 그 위에 그림을 그릴 수 있다는 뜻이지."

자하가 다시 말했다. "그렇다면, 예(禮)는 인의(仁義)가 있은 후에야 존재할 수 있다는 뜻인가요?"

공자께서 말씀하셨다. "나를 일깨워 주는 자는 자하로구나. 이제 너와 함께 시를 이야기할 만하게 되었구나."

子夏問曰: "巧笑倩①兮, 美目盼②兮, 素以爲絢③兮。何謂也?" 子曰: "繪事後素④。" 曰: "禮後乎?" 子曰: "起予⑤者商也! 始可與言詩已矣。"

❖ 주(注)

① 倩(천): 보조개. 볼우물.
② 盼(반): 눈의 흰자위와 검은 눈동자가 또렷이 구분되는 것.
③ 素以爲絢(소이위현): "바탕에다(以素) 그림이나 무늬를 그리다(爲之絢)"의 뜻이다.
④ 繪事後素(회사후소): "그림 그리는(繪) 일은(事) 바탕이 마련된(素) 후에 한다(後)."
⑤ 起予(기여): "나를(予) 일으키다(起)." 내가 미처 몰랐던 것을 깨우쳐 알게 해 준다는 뜻이다.

●●●●●●●●●●

■ 공자께서 태묘(太廟)에 들어가셔서는 매사를 하나하나 다 물어보셨다. 그러자 어떤 사람이 말했다. "누가 저 추인(鄒人)의 아들이 예를 안다고 말했지? 그가 태묘에 들어갔을 때 보니〔그것에 관해 아는 것이 전혀 없어서〕매사를 하나하나 다 물어 보던데."

공자께서 이 말을 들으시고 말씀하셨다. "그럴 때는 그렇게 하는 것이 곧 예(禮)이니라."

子入太廟①, 每事問。或曰: "孰謂鄒人之子②知禮乎? 入太廟, 每事問." 子聞之,曰: "是禮也."

❧ 주(注)

① 太廟(태묘) : 고대에 나라를 세운 왕을 태조(太祖)라 하고, 그 태조를 모신 사당을 태묘(太廟)라 했다. 주공 단(周公旦)은 노(魯)나라의 시조이므로, 여기서 말하는 태묘는 곧 주공단(周公旦)을 모신 사당이다.
② 鄒人之子(추인지자) : 공자의 부친 숙량흘(叔梁紇)이 노(魯)나라 추읍(鄒邑)의 대부였으므로, 그를 추인(鄒人)이라 한 것이다.

■ 공자께서 말씀하셨다. "활쏘기 시합에서는〔과녁을 맞추는 것(的中)을 위주로 하고〕과녁을 뚫는 것(貫革)을 위주로 하지 않는데, 그 이유는 활쏘는 사람들의 체력 정도가 똑같지 않기 때문이다. 이렇게 하는 것이 옛부터의 법도이다."

子曰: "射不主皮①, 爲②力不同科③, 古之道也."

✤ 주(注)

① 主皮(주피) : 활 쏘기 시합에서는 천으로 만든 과녁걸이(布侯) 중앙에 가죽(皮)으로 된 과녁을 붙여서 그것을 쏘아 맞춘다. 이 때 이 과녁을 '的'(적) 또는 '鵠'(곡)이라 하고, 그것을 쏘아 맞추면 '的中'(적중)이라 하고, 그것을 뚫으면 '貫革'(관혁)이라 한다. 여기서 '皮'는 곧 '가죽으로 된 과녁을 뚫다,' 즉 '관혁'(貫革)의 뜻이다.
② 爲(위) : 왜냐하면. 이유를 나타내는 개사(介詞).
③ 科(과) : '등급,' '품등'(品等)의 뜻이다.

* 활을 쏘아 과녁을 맞추는 것까지는 배워서 될 수 있는 일이지만, 과녁을 뚫을 수 있을 정도의 강한 힘은 선천적으로 타고 태어나야 된다. 따라서 그것을 기준으로 시합의 승부를 결정하는 것은 활쏘기를 배우는 근본 정신에도 어긋나고 공정하지도 않기 때문이다.

● ● ● ● ● ● ● ● ● ●

■ 〔옛날에는 천자가 연말이 되기 전에 이듬해 열 두 달 동안 매달마다 시행할 정령(政令)과 함께 달력을 제후들에게 나누어 주면, 제후들은 그것을 종묘(宗廟)에 모셔 놓고 매월 초하루에 숫양 한 마리를 희생으로 바치면서 조상신들에게 고하고, 그 달의 달력을 꺼내어

시행하였는데, 이것이 고삭(告朔)이다. 그런데 이 제도가 노(魯) 나라 문공(文公) 때부터 중단되고 시행되지 않았음에도 담당 관리(有司)가 희생의 양을 바치는 일만은 계속해 왔다.〕

자공(子貢)은 〔이처럼 실질 내용은 없어지고 형식만 남은〕 고삭(告朔) 때 희생의 양을 바치던 관습을 폐지하는 게 좋겠다고 했다.

이에 공자께서 말씀하셨다. "자공아! 너는 그 양 한 마리가 아까우냐? 나는 〔비록 현재 그 실질은 없어지고 형식만 남아 있지만, 그 형식마저 없어져서 완전히 폐지될 지경에 이른〕 그 고삭(告朔)의 예의제도〔즉, 전통문화〕를 아깝게 생각한다."

子貢欲去告朔①之餼羊②。子曰:"賜也!爾愛③其羊?我愛其禮。"

✿ 주(注)

① 告朔(고삭): 초하루(朔)에 조상신에게 고(告)하다.
② 餼羊(희양): 희생의 양.
③ 愛(애): 아끼다. 아깝게 여기다.

■ 공자께서 말씀하셨다. "임금을 섬기는 데 예를 다하는 것을 사람들은 아첨하는 것으로 생각한다."

子曰: "事君盡禮, 人以爲諂①也。"

✿ 주(注)

① 諂(첨): '아첨하다.'

* 남들이 모두 예의를 지키지 않을 때 정해진 예의를 다 지키는 것만으로도 충분히 남들의 눈에는 아첨하는 것으로 보일 수 있다. 이것은 예나 지금이나 다를 바 없다. 그러나 공자께서는 예를 다하는 것과 아첨하는 것은 근본적으로 같지 않다고 했다.

■ 정공(定公)이 물었다. "임금이 신하를 부리고 신하가 임금을 섬기는 경우 각각 어떻게 해야 합니까?"

공자께서 대답하여 말씀하셨다. "임금이 신하를 부릴 때는 예(禮)를 갖추어 부려야 하고, 신하가 임금을 섬길 때는 충성(忠誠)을 다해 섬겨야 합니다."

定公問: "君使臣, 臣事君, 如之何?" 孔子對曰[①]: "君使臣以禮, 臣事君以忠."

주(注)

① 孔子對曰(공자대왈): 공자보다 지위가 높은 군주의 질문에 대답하는 상황이기 때문에 '孔子對曰'이라 하였다.

소(疏)

① 「임금과 신하는 서로 의(義)를 중심으로 결합되어 있다. 따라서 임금이 신하에게 깍듯이 예를 다하여 부릴 때 비로소 신하도 임금에게 충성을 다할 수 있는 것이다. 임금이 신하를 대함에 있어서는 정(情)을 갖기가 어려운 것이 아니라 예(禮)를 갖추기가 어렵고, 신하가 임금을 대함에 있어서는 예(禮)를 갖추기가 어려운 것이 아니라 정(情)을 갖기가 어렵다. 임금은 예(禮)로써 부리고 신하는 충(忠)으로써 섬기고(禮使忠事), 임금은 밝고 신하는 어진 것(君明臣良), 이것이 바로 하(夏)·은(殷)·주(周) 삼대가 흥성할 수 있었던 까닭이다.」

(孫奇逢, 『四書近指』)

② 「안자(晏子)가 제경공(齊景公)을 옆에서 모시고 있을 때

아침 날씨가 매우 추웠다. 그러자 경공이 그에게 말했다. "따뜻한 식사를 좀 내어다 주시오."

안자가 대답했다. "저는 임금님께 수라상을 올리는 신하가 아닙니다. 미안합니다만 따르지 못하겠습니다."

경공이 말했다. "그러면 따뜻한 모피 옷이라도 좀 내어다 주시오."

안자가 대답했다. "저는 임금님의 잠자리나 의복을 관리하는 신하가 아닙니다. 죄송합니다만 따르지 못하겠습니다."

그러자 경공이 말했다. "그러면 선생은 나에 대하여 무엇을 하는 분이오?"

안자가 대답하여 말했다. "저는 한 나라의 사직(社稷)을 지키는 대신(大臣)입니다."

경공이 물었다. "사직을 지키는 대신이란 구체적으로 무엇을 하는 사람이오?"

안자가 대답했다. "사직지신(社稷之臣)이란 한 나라를 떠받쳐 세울 수 있고, 상하간의 올바른 관계를 구별하여 그것이 도리에 합당하도록 하며, 백관(百官)들의 등급과 서열을 제정하여 각자 어울리는 직위에서 일을 할 수 있도록 하며, 각종 문서나 법령을 제정하여 천하 사방에 반포하는 일을 할 수 있습니다."

그 이후부터 경공은 매사에 깍듯이 예를 갖추어 안자를 접견하였다.」

(『晏子春秋』<雜上> · 劉向, 『說苑』<臣術>)

■ 공자께서 〔그 말을 들으시고〕 말씀하셨다. "이미 이루어진 일에 대해서는 함부로 평가하여 말하지 말고, 이미 돌이킬 수 없는 지경에 이른 일에 대해서는 말리려고 간(諫)하지 말며, 이미 지나가 버린 일에 대해서는 잘못했다고 나무라지 말라."

子(聞之)曰: "成事①不說, 遂事②不諫, 旣往③不咎."

✤ 주(注)

① 成事(성사): 이루어져서 그 결과가 이미 나와 있는 일.
② 遂事(수사): 일의 결과 여하를 떠나서, 상황이 이미 돌이킬 수 없는 지경에 이른 일.
③ 旣往(기왕): 시간적으로 이미 지나가 버린 옛날의 일.

■ 공자께서 노(魯) 나라의 태사(太師)와 음악의 연주방법에 대해 이야기하면서 말씀하셨다. "올바른 음악의 이론에 대해서도 우리는 이해할 수 있지

요. 처음에 음악을 연주하기 시작할 때에는(始作), 모든 악기들이 일제히 큰 소리로 울림으로써 청중들의 흐트러진 마음을 집중시킨 다음(翕如也), 모든 악기들은 각각 자기에게 배정된 가락을 독립적으로 연주해 나가는데(從之), 서로 다른 음(音)들이 서로를 침범함이 없이 전체로서는 아름다운 조화를 이루면서도(純如也), 각자의 소리와 음색을 분명하게 유지하며(皦如也), 중간에 고저(高低)와 장단(長短)의 변화를 만들어 내면서도 끊어지지 않고 계속 이어짐으로써(繹如也), 마침내 하나의 곡조(曲調)를 완성하게 되지요(以成)."

子語魯太師[①]樂[②], 曰:"樂其可知也: 始作, 翕如[③]也; 從之[④], 純如[⑤]也, 皦如[⑥]也, 繹如[⑦]也, 以成[⑧]。"

주(注)

① 太師(태사): 악관장(樂官長). 이것을 '大師'라 쓴 것도 있는데, 이 때도 '태사'라 읽는다.

② 樂(악): 음악, 악기. '樂'의 고문 자형(,)들은 나무틀(木) 위에 실로 된 악기의 줄이 여러 개(絲絲) 매어져 있고, 또한 그것을 연주할 때 쓰는 작은 기구( )가 있는 모습으로, 최초에는 현악기(弦樂器)로써 '음악,' '악기'란 뜻을 나타냈다.

③ 翕如(흡여): '翕'(흡)은 '合'(합)과 '羽'(우)로 이루어진 자로, '羽'는 새의 깃털, 곧 새를 나타낸다. 앉아 있던 새떼들이 한꺼번에 날아오를 때의 소리 또는 모습으로, 많은 악기의 소리들이 일제히 울려 퍼지는 모습을 가리킨다.

④ 從之(종지): 여기서의 '從'은 '縱'(종)의 뜻으로, 여러 악기들이 각자 자기의 가락을 연주해 가는 것을 가리킨다.

⑤ 純如(순여): '純'은 잡된 것이 전혀 섞여 있지 않은 실(絲)이란 뜻이다. 그러나 여기서는 맑게 울리면서 조화를 이루는 소리를 가리킨다.

⑥ 皦如(교여): '皦'(교)는 옥의 흰색이 분명하게 드러나는 모습으로, 마구 뒤섞여 있는 소리들 가운데서도 개별 악기의 소리를 분명히 가려 들을 수 있음을 나타낸다.

⑦ 繹如(역여): '繹'(역)은 '끊어지지 않고 길게 이어진 실'이란 뜻으로, 음악 소리가 끊어질 듯하면서도 끊어지지 않고 이어지는 것을 가리킨다.

⑧ 成(성): 음악의 한 가락, 한 단락이 완성된다는 뜻이다.

* 서양 음악의 교향곡, 특히 베토벤의 '운명'이나 '합창교향곡' 등에 대한 해설로서도 손색이 없는 음악 해설이다.

■ 공자께서 말씀하셨다. "남의 윗자리에 있으면서도 너그럽지 못하고, 예(禮)를 행할 때에도 공경스럽

지 못하고, 상(喪)을 당하였을 때에도 슬퍼하지 않는다면, 그런 자에게서 내가 더 이상 볼 게 뭐 있겠느냐?"

子曰: "居上不寬, 爲禮不敬, 臨喪不哀, 吾何以觀之哉①?"

● ● ● ● ● ● ● ● ● ●

✤ 주(注)

① 吾何以觀之哉(오하이관지재) : "내가(吾) 무엇으로써(何以) 그런 자를(之) 살펴보겠느냐(觀…哉)." 더 이상 보아 줄 것이 없다는 뜻이다.

* 남의 윗자리에 있는 자는 사람들을 사랑해야 하므로 관대함이 근본이 되고, 예를 행함에 있어서는 공경, 경건함이 근본이 되고, 상사(喪事)를 당하였을 때는 애통해함이 근본이 된다. 그런데도 그런 근본을 이미 잃어 버렸다면, 그런 자의 행동에서는 더 이상 살펴볼 만한 게 있을 수 없다.

4. 里仁(리인)

■ 공자께서 말씀하셨다. "분위기가 인(仁)한 동네에 사는 것이 좋다. 거처(居處)를 택하면서 인한 동네에 살지 않는데서야 어찌 지혜롭다고 할 수 있겠느냐?"

子曰: "里仁①爲美。擇不處仁, 焉得知?"

✤ 주(注)

① 里仁(리인): "분위기가 인(仁)한 곳에 자리잡고 살다(里)." 여기서 '里'는 '사는 마을을 정하다,' '…마을에 살다'는 뜻의 동사이다.

❖ 소(疏)

①「맹자께서 말씀하셨다. "(공격용)화살 만드는 사람이라고 해서 어찌 (방어용)갑옷 만드는 사람보다 그 본성이 더 잔인하겠느냐? 단지 화살 만드는 사람은 자기가 만든 화살이 사람을 상하게 하지 못할까봐 걱정하고, 갑옷 만드는 사람은 자기가 만든 갑옷이 화살이나 창을 막아내지 못하여 사람이 상할까봐 걱정한다. 의사나 장의사도 이와 마찬가지이다. 그러므로 생업을 위한 기술이나 직업을 선택할 때는 신중을 기하지 않을 수 없다. 그래서 공자께서는, '분위기가 인(仁)한 곳에 사는 것이 좋다. 거처를 택하면서 인(仁)한 동네에 살지 않는데서야 어찌 지혜롭다고 할 수 있겠느냐?'라고 말씀하셨던 것이다." 인(仁)은 하늘이 사람에게 내려 준 존귀한 작위이며 사람이 거처할 편안한 집이다. 그렇게 하지 못하도록 막는 사람이 아무도 없는데도 인(仁)하지 못하다면, 그야말로 지혜롭지 못한 자이다.」

(『孟子』<公孫丑上>)

②「맹자께서 말했다. "나는 인(仁)에 거처하면서 의(義)를 좇아갈 수 없다고 말하는 것은 자신을 포기하는 것이다. 인(仁)은 사람이 거처할 편안한 집이요(仁, 人之安宅也), 의(義)는 사람이 좇아갈 바른 길이다(義, 人之正路也). 편안한 집을 비워놓고 거처하지 않고, 바른 길을 버려두고 좇아가지 않으니, 애석하구나(曠安宅而弗居, 舍正路而不由, 哀哉!)."」

(『孟子』<離婁上>)

③ 「쑥이 삼 사이에서 자라면 부축해 주지 않아도 곧게 자라며, 백사(白沙)가 검은 진흙 속에 있으면 그와 함께 검어진다. 난초와 홰나무의 뿌리는 모두 향초의 뿌리(芷:지)로 약제가 되지만, 그것을 오줌에 적셔 두면 악취 때문에 가까이 갈 수도 없고 먹을 수도 없다. 이는 그 바탕이 좋지 않아서가 아니라 물들여지는 바가 그러하기 때문이다. 그래서 군자는 반드시 마을을 가려서 살고(里), 덕과 학식이 있는 사람과 사귀는데, 그렇게 함으로써 사악함과 치우침을 방지하고 중정(中正)에 가까워질 수 있는 것이다.」

(『荀子』<勸學>)

■ 공자께서 말씀하셨다. "인(仁)하지 않은 자는 빈궁한 상태(約)에 오랫동안 머물지 못하며, 안락한 상태(樂)에도 오랫동안 머물 수 없다. 인자(仁者)는 인(仁)을 편안히 여기고, 지자(知者)는 인(仁)을 이용하느니라."

子曰: "不仁者不可以久處約①, 不可以長處樂。仁者安仁, 知者利仁。"

✤ 주(注)

① 約(약) : 검소하다, 고생하다, 곤궁하다(窮).

* 仁者安仁, 知者利仁(인자안인, 지자이인) : 인자(仁者)는 곧 그 본성이 인(仁)한 자이다. 그런 사람은 불인(不仁)한 행위를 하고 나면 마음이 편치 않고, 설령 자기에게 불리하더라도 인(仁)한 행동을 해야만 마음에 편안함을 느낀다. 이와는 달리 지자(知者)는 인(仁)한 행위를 하는 것이 장기적으로 보아 자신에게 이득이 된다는 것을 알고서 인(仁)을 이용하는 사람이다. 그런 사람은 만약에 인(仁)한 행위를 하였음에도 불구하고 이득이 생기지 않는 일이 되풀이되면 인(仁)을 행하지 않게 된다.

불인(不仁)한 자가 약(約)의 상태에도 낙(樂)의 상태에도 오랫동안 머물지 못하는 까닭은, 곤궁한 상태에 있을 때는 그것을 빨리 벗어나려고 무슨 짓이든 하게 되고, 안락한 상태에 있을 때는 쉽사리 교만해지고 나태해지기 때문이다.

안인(安仁)과 이인(利仁) 이외에 강인(强仁)이란 것이 있다. 강인(强仁)이란 인(仁)을 행하지 않으면 좋지 않은 일이 생길까봐 겁이 나서 애써 인(仁)을 행하려고 노력하는 경우로, 이런 자는 곧 죄 짓는 것을 두려워하는 사람(畏罪者)에 속한다고 하겠다. 이 세 가지의 인(仁)은 비록 겉으로 드러난 효과는 같을지라도(同功), 그 동기는 서로 다르다(異情). (『禮記』<表記>)

■ 공자께서 말씀하셨다. "인자(仁者)만이 진정으로 다른 사람을 좋아할 수도 있고, 다른 사람을 미워할 수도 있느니라."

子曰: "惟①仁者能好人②, 能惡人。"

✤ 주(注)

① 惟(유): 오직, 다만. '唯'(유)의 뜻이다.
② 仁者能好人(인자능호인): "인자(仁者)는 다른 사람을(人) 좋아할 수 있다(能好)."
* 다른 사람을 진정으로 좋아하거나 미워할 수 있으려면 선(善)과 악(惡)을 명확히 구분할 수 있어야 한다. 자신의 이해관계에 따라서 좋아하고 싫어하는 것이 달라져서는 안 된다. 이처럼 이해관계에 따른 사심(私心)이 없이 도리에 맞게 사람을 좋아하고 미워할 수 있으려면 그 본바탕이 참으로 인(仁)한 사람이어야만 한다.

✤ 소(疏)

①「공자께서 말씀하셨다. "많은 사람들이 그를 미워하더라도 반드시 잘 살펴보아야 한다. 많은 사람들이 그를 좋아하더라도 반드시 잘 살펴보아야 한다."」

(『論語』<衛靈公>)

■ 공자께서 말씀하셨다. "부유함과 존귀함은 모든 사람들이 바라는 바이지만, 정당한 방법으로 그것을 얻을 수 없는 한, 군자는 그것을 누리려 하지 않는다. 빈궁함과 천함은 모든 사람들이 싫어하는 바이지만, 정당한 방법으로 그것에서 벗어날 수 없는 한, 군자는 그것에서 벗어나려 하지 않는다. 군자가 인(仁)의 덕을 버린다면 어떻게 그 명성을 이룰 수 있겠는가?"

子曰: "富與貴, 是人之所欲也; 不以其道得之, 不處也。貧與賤, 是人之所惡也; 不以其道得之①, 不去也。君子去仁, 惡乎成名?"

주(注)

① (貧與賤) 不以其道得之(불이기도득지) : "그 도로써(以其道) 그것을(之) 얻지 않았다(不得)"
* 주자(朱子)는 이것을 "마땅히 얻어야 할 것이 아닌데도 얻은 것을 말한다. 그런 경우, 부귀(富貴)의 경우에는 처(處)해서는 안 되고, 빈천(貧賤)의 경우에도 벗어나려 해서는(去) 안 된다. 군자는 부귀를 자세히 살피고 빈천에 안주하기를 이와 같이 한다"고 했다. 즉, 빈천해질 수밖에 없는 그런 경로가 아닌 다른

경로로 빈천해졌다면, 빈천에서 벗어나려 하지 말고 안주(安住)해야 한다고 하였다.

그러나 다산 정약용(丁若鏞) 선생은 "빈(貧)과 천(賤)은 비록 누구나 싫어하는 것이지만, 정당한 방법으로 그것에서 벗어날 수 없는 한, 벗어나지 않는다(不去)"라고 해석하였다. 중국이나 일본에서는(한국을 제외하고) 지금은 대부분의 학자들이 정약용 선생의 해석을 따르고 있다.

✤ 소(疏)

① 「부귀(富貴) 등 누구나 바라는 것일 때는 '得'은 곧 '획득'의 뜻을 나타내지만, 빈천(貧賤) 등 누구나 싫어하는 것일 때는 그로부터의 '탈피'(脫皮)가 곧 '得'이 되는 것이다.」
(丁若鏞, 『論語古今注』)

■ 공자께서 말씀하셨다. "나는 인(仁)의 덕을 참으로 좋아하는 사람을 본 적이 없고, 불인(不仁)을 참으로 미워하는 사람을 본 적이 없다. 인(仁)의 덕을 좋아하는 사람이라면 그보다 더 나을 게 없겠지만, 불인(不仁)을 미워하는 사람만 되어도 그가 인(仁)의 덕을 행하는 방식을 보면, 불인(不仁)한 것이 자기 몸에 가해지지 않도록 하느니라. 단 하루라도 스스로의 역량을 인(仁)의 덕을 행

하는 데 쓸 수 있는 사람이 있는가? 나는 아직도 능력이 부족해서 그렇게 하지 못하는 사람을 본 적이 없다. 혹 그런 사람이 있을지도 모르지만, 나는 그런 사람을 본 적이 없다."

子曰: "我未見好仁者, 惡不仁者。好仁者, 無以尙之^①; 惡不仁者, 其爲仁也, 不使不仁者加乎其身。有能一日用其力於仁矣乎? 我未見力不足者^②。蓋有之矣, 我未之見也^③。"

주(注)

① **無以尙之**(무이상지): "그것보다(之) 더 나을(尙) 게(以) 없다(無)." "그것을 능가할 것이 없다." '尙'(상)은 '능가하다'(凌駕), '더 낫다'(超過)의 뜻이다.

② **我未見力不足者**(아미견력부족자): "나는(我) 힘이 부족한 자를(力不足者) 본 적이 없다(未見)." 인(仁)의 덕을 실천하기가 결코 쉬운 것은 아니다. 그러나 일단 그것을 실천하기로 마음을 먹고 뜻을 세우면 그것을 실천할 수 있는 힘은 저절로 생겨난다. 다만 사람들이 스스로 할 수 없다고 자포자기하고 중도에 그만두어 버리는 경향이 있을 따름이다.

③ **我未之見也**(아미지견야): 긍정형의 원문 '我見之也'(나는 그런 자를 보았다)가 부정문으로 되면서 대사 '之'가 동사 앞으로 오게 된(前置) 형식의 문(文)이다.

■ 공자께서 말씀하셨다. "사람이 범하는 잘못은 그가 어떤 부류의 사람이냐에 따라 각각 그 유형이 달라진다. 그 사람이 범한 잘못을 자세히 살펴봄으로써 그가 인(仁)한 사람인지 어떤지를 알 수 있다."

子曰: "人之過也, 各於其黨①。觀過, 斯知仁矣。"

❖ 주(注)

① 黨(당): 부류, 종류, 집단.

❖ 소(疏)

①「공자께서 말씀하셨다. "仁에는 세 종류가 있는데, 밖으로 나타난 결과(功效)는 같지만 그 사정이나 동기(情)는 다르다. 결과가 仁과 같다고 해서 그것이 仁인지 어떤지는 알 수 없다. 다만 그 잘못의 유형이 仁과 같을 때에만 그것이 仁임을 알 수 있다. 인자(仁者)는 仁한 행동에서 편안함을 느끼고, 지자(知者)는 仁한 행동을 이용하고, 외죄자(畏罪者)는 죄를 짓게 될까봐 겁이 나서 억지로 仁을 실천하려고 한다.」

(『禮記』<表記>)

② 「농부가 밭을 갈 줄 모른다면 이는 그의 잘못이다. 그러나 만약 그가 글을 쓸 줄 모른다면 이는 그의 잘못이 아니다. 잘못을 범했다고 책망하려면 마땅히 그 동류(同類)에 비추어서 책망해야 한다.」

(皇侃, 『論語義疏』)

③ 「지자(智者)가 범하는 잘못은 (그 원인을 살펴보면) 항상 그의 지(智) 때문이고, 용자(勇者)가 범하는 잘못은 항상 그의 용(勇) 때문인데, 이것이 '각어기당'(各於其黨)의 뜻이다. 인자(仁者)가 범하는 잘못 또한 그러하니, 그가 범한 잘못을 살펴보면 그가 인(仁)한지 어떤지를 알 수 있다.」

(丁若鏞, 『論語古今注』)

■ 공자께서 말씀하셨다. "아침에 도(道), 즉 진리를 들어 알 수 있게 된다면, 저녁에 죽더라도 괜찮을 것이다."

子曰: "朝聞道, 夕死可矣。"

✤ 소(疏)

① 「사람이 한 평생을 살면서 도(道), 즉 진리에 대해 들어 알지 못한다면, 비록 장수하더라도 무슨 소용 있겠느냐? 만약 사람으로서 도(道)를 들어 알지 못한다면, 살아도 헛되이 사는 것이며 죽어도 헛되이 죽는 것이다.」

(『朱子語類』)

● ● ● ● ● ● ● ● ● ●

■ 공자께서 말씀하셨다. "학문을 한다는 사람이 도(道), 즉 진리의 탐구에 뜻을 두고서도 좋지 않은 옷을 입고 좋지 않은 음식 먹는 것을 부끄럽게 여긴다면, 그런 자와는 함께 논의할 가치조차 없느니라."

子曰: "士志於道, 而恥惡衣惡食者, 未足與議①也。"

● ● ● ● ● ● ● ● ● ●

✤ 주(注)

① 未足與議(미족여의): "未足與之議"에서 '之'가 생략된 형태이다. "그와(之) 더불어(與) 의논하기에(議) 충분하지 않다(未足)."

4. 里仁(리인)   95

❖ 소(疏)

① 「공자께서 말씀하셨다. "헤진 누비옷을 입고서 고급 여우털옷을 입고 있는 자와 함께 서 있으면서도 부끄럽게 여기지 않을 자는 아마도 중유(仲由)일 것이다."」

(『論語』<子罕>)

② 「시(詩)에서 이르기를, "술(酒)에 이미 취했고, 덕(德)에 이미 배부르도다"고 했다. 이는 인(仁)과 의(義)의 덕에 배가 불러 있으므로 다른 사람들의 고량진미(膏梁珍味)도 부럽지 않으며, 널리 알려진 좋은 평판과 명예가 자기 몸에 입혀져 있으므로 다른 사람들의 화려한 비단옷도 부럽지 않다는 뜻이다.」

(『孟子』<告子上>)

━━━━━━●●●●●●●●●●━━━━━━

■ 공자께서 말씀하셨다. "이익(利益)이냐 아니냐를 기준으로 행동하게 되면 남의 원망을 사는 일이 많다."

子曰: "放於利①而行, 多怨。"

━━━━━━●●●●●●●●●●━━━━━━

✤ 주(注)

① **放於利**(방어리): "이익(利)에 근거를 두다(放)." '放'의 금문 자형 '㪍'은 소리를 나타내는 '方'과 손에 회초리를 든 모습 '攴'으로 이루어져서, '쫓아내다'(驅逐)는 뜻과 동시에 '의거하다'(依), '본받다'(倣效)는 뜻을 나타낸다. 여기서는 '본받다' → '본받는 대상' → '판단이나 행동의 전범(典範)이나 근거'로 그 의미가 확대되어 쓰인 것이다.

✤ 소(疏)

① 「"정자(程子)는, '자기에게 이익이 되게 하려면 반드시 남에게 해를 끼치는 일까지 하게 되고, 그래서 원한을 많이 사게 된다'고 했다. 원망을 하는 사람은 직접 피해를 본 사람에 한정되지 않는다. 옆에서 그런 행위를 지켜보아 알게 된 사람들도, 각자에게는 시비(是非)를 가리는 마음이 있기 때문에, 일의 진상을 알고는 같이 원망하게 되고, 그런 과정에서 옆에서 약간의 이익을 챙긴 사람들까지도 마음속으로는 그런 행동을 원망하게 된다."」

(楊樹達,『論語疏證』)

② 「그러므로 의(義)가 이(利)를 이기는 자는 세상을 다스리고, 이(利)가 의(義)를 이기는 자는 세상을 어지럽힌다. 윗사람이 의(義)를 중히 여기면 의(義)가 이(利)를 이기고, 윗사람이 이(利)를 중시하면 이(利)가 의(義)를 이긴다. 그러므로 천자는 많고 적음을 말하지 아니하고, 제후는 이(利)

와 해(害)를 말하지 아니하고, 대부는 얻고 잃음(得失)을 말하지 아니한다.」

(『荀子』<大略>)

- 공자께서 말씀하셨다. "직위 없음을 걱정하지 말고, 직위를 감당할 만한 능력 갖출 일을 걱정하라. 자기를 알아 주는 사람 없음을 걱정하지 말고, 남들에게 알려질 만한 능력을 갖추도록 노력하라."

子曰: "不患無位, 患所以立①。不患莫己知, 求爲可知②也。"

✤ 주(注)

① 患所以立(환소이립): 갑골문과 금문에서는 '立'과 '位'(위)는 동일한 字로, 고문에서는 '卽位'(즉위)를 모두 '卽立'(즉립)으로 쓰고 있다. 따라서 '患所以立'은 곧 '患所以位'의 뜻으로 "자기가 그 자리에 나아가 주어진 일을 맡을 만한 능력이나 재능을 갖추기를 걱정한다"는 뜻이다.

② 求爲可知(구위가지): "남들에게 알려질 만한 가치 있는 일(可知)을 하도록(爲) 노력하라(求)." 여기서 求(구)는 '추구하다,'

'힘쓰다,' '노력하다' 등의 뜻이다.

●●●●●●●●●●

■ 공자께서 말씀하셨다. "삼(參)아! 나의 사상체계, 즉 도(道)는 한 가지로써 그 전체를 꿰고 있느니라."

증자가 말했다. "예, 그렇습니다."

공자께서 나가시자 다른 제자들이 물었다: "선생님의 말씀은 무슨 뜻이지요?"

증자가 말했다. "우리 선생님의 도(道)를 관통하고 있는 것은 충(忠)과 서(恕)일 따름입니다."

子曰: "參①乎! 吾道一以貫之②." 曾子曰: "唯."
子出, 門人問曰: "何謂也?" 曾子曰: "夫子之道,
忠恕③而已矣."

●●●●●●●●●●

✿ 주(注)

① **參**(삼): 증자(曾子)의 이름. 자(字)는 자여(子輿). 공자의 제자 중 가장 나이가 어렸는데, 공자께서 돌아가실 때 그의 나이는 29세였다.

② **一以貫之**(일이관지) : '以一貫之.' "하나로써(以一) 그것(之), 즉 도(道)를 꿰고 있다(貫)." '一貫'(일관)이란 단어의 어원(語源)이 이것이다.
③ **忠恕**(충서) : 자형으로 보면 '忠'은 '中'(중)과 '心'(심)으로 되어 있다. '마음(心)의 한가운데(中),' 즉 본 마음에서 우러나온 지극한 정성으로 일에 임하는 것이 곧 '忠'이고, '恕'(서)는 곧 '자신의 마음(心)과 다른 사람의 마음(心)이 같다(如)'는 전제 하에, 자기가 좋은 것은 남들도 마찬가지로 좋아할 것이라고 생각하여 남에게 베풀고, 자기가 싫은 것은 남들도 마찬가지로 싫어할 것이라고 생각하여 하지 않는 것이다. 이 恕의 정신과 실천이 곧 '仁'의 정신과 실천인 것이다.

'仁'은 곧 "己欲立而立人, 己欲達而達人"이고 "己所不欲, 勿施於人"인바, '己立己達'이 '忠', '立人達人'은 '恕'에 해당한다. 중용(中庸)에서 말하는 '成己以成物'과 주자(朱子)가 말한 '推己及人'은 忠恕의 핵심을 말하고 있다.

✤ 소(疏)

①「자공(子貢)이 물었다. "평생 동안 실천해야 할 한 마디 말이 있다면, 그것은 무엇입니까?" 공자께서 말씀하셨다. "아마도 서(恕)일 것이다."」

(『論語』<衛靈公>)

②「공자께서 말씀하셨다. "충(忠)과 서(恕)는 도(道)에서 멀리 벗어나 있지 않다. 남에 의해서 나에게 베풀어지는 것이 싫은 일은 나도 남에게 베풀지 말라는 것이다. 군자의 도

(道)에 네 가지가 있으니, 자식에게서 구하는 바로써 부모를 섬기고, 신하에게서 구하는 바로써 임금을 섬기고, 아우에게서 구하는 바로써 형을 섬기고, 친구에게서 구하는 바를 자신이 먼저 베푼다."」

(『禮記』<中庸>)

③「자신이 춥고 배고픔을 싫어한다면 천하 모든 사람들이 먹을 음식과 입을 옷을 바란다는 것을 알 수 있고, 자신이 고된 노동을 싫어한다면 천하 모든 사람들이 편안함을 바란다는 것을 알 수 있고, 자신이 가난한 것을 싫어한다면 천하 모든 사람들이 부족(富足)하기를 바란다는 것을 알 수 있다. 이 세 가지를 아는 것, 성왕(聖王)들이 자리에 가만히 앉아서도 천하를 다스릴 수 있었던 것은 바로 이 때문이다. 그러므로 군자의 도(道)는 충(忠)과 서(恕)일 따름이다.」

(韓嬰, 『韓詩外傳』 卷三)

■ 공자께서 말씀하셨다. "군자는 의(義)에 밝고, 소인은 이(利)에 밝다."

子曰: "君子喩①於義, 小人喩於利."

✤ 주(注)

① 喩(유) : 밝다. 밝히 알다.

✤ 소(疏)

① 「나는 일찍이 利에 밝은 자를 본 적이 있다. 그는 재산이나 이해관계를 따질 때는 실오라기 하나까지 나누며 털끝만한 것까지 다 계산하는데, 그 정도가 참으로 정밀하고 오묘한 경지에 이르러 말로써는 도저히 다 전달할 수 없다. 그는 스스로 확고한 소신(所信)을 갖고 있어서 전혀 흔들림이 없었으니, 주공(周公)이나 공자(孔子)와 같은 성인이 와서 그를 깨우치려 해도 그는 늘어지게 하품만 할 것이며, 장의(張儀)나 공손연(公孫衍) 같이 말 잘하는 사람이 와서 그를 설득하려 해도 그는 깊은 잠에 빠져들 것이다. 그는 천하의 훌륭한 덕(德)과 선(善)을 모두 준다고 하더라도 자기가 갖고 있는 일전(一錢)과 바꾸려 하지 않을 것이다. 그는 오랫동안 가난하게 지내면서도 즐겨 인(仁)과 의(義)에 대하여 이야기하는 사람들을 보고는 낄낄거리면서 그 어리석음을 비웃는다. 그러니 그런 자가 순(舜) 임금이건 도척(盜蹠)이건, 인간이건 짐승이건, 그런 것을 가리고 따질 리가 있겠는가. 이것이 소위 '이(利)에 밝다'는 것이다.」

(丁若鏞, 『論語古今注』)

■ 공자께서 말씀하셨다. "〔옛날 사람이건 지금 사람이건, 책에서건 현실에서건〕 현명(賢)한 사람을 보거든 그와 같아지기를 생각하고, 현명(賢)하지 못한 자를 보거든 〔혹시 자신에게도 그런 허물이 없는지〕 마음 속으로 스스로 반성해 보아야 한다."

子曰: "見賢思齊焉①, 見不賢而內自省②也."

✤ 주(注)

① 思齊焉(사제언): "그와(焉) 같아지기를(齊) 생각한다(思)." 齊(제)는 '가지런하다,' '같다'는 뜻이고, 焉(언)은 개사(介詞) '於'와 대사(代詞) '是'의 뜻을 동시에 겸하고 있는 것으로, '그것에'(於是 = 於賢者)란 뜻이다.
② 內自省(내자성): "속으로(內) 스스로를(自) 살펴보다(省)." 자신에게는 현명(賢)하지 못한 자와 같은 종류의 허물이나 결점이 없는지 속으로 반성해 보아서, 만약에 자신에게도 그런 결점이 있다면 고치도록 노력해야 한다.

■ 공자께서 말씀하셨다. "부모님께서 살아 계시거든 멀리 놀러가지 말 것이며, 만약 놀러가야 할 경우에는 반드시 가는 곳을 먼저 정해 놓아야 한다."

子曰: "父母在, 不遠遊①, 遊必有方."

✤ 주(注)

① 遠遊(원유): "멀리(遠) 놀러가다(遊)." 여기서 '遊'는 공부하러 먼 지방으로 가거나 관직을 맡아 다른 지역으로 부임하러 가는 그런 종류의 것을 가리키는 것이 아니라, 유람이나 놀러다니는 것을 가리킨다. 여행이나 관광이 보편화된 지금과는 달리 교통이나 통신이 발달하지 않았던 옛날 농경사회에서는 농사일을 제쳐두고, 또 부모님 봉양을 하지 않은 채, 먼 지방으로 놀러다닌다는 것은 해서는 안 될 일이었다.

✤ 소(疏)

①「사람의 아들된 자는, 나갈 때는 반드시 어디로 간다고 아뢰고, 돌아와서는 반드시 얼굴을 보여 드린다. 놀러갈 때는 반드시 가서 있을 곳을 정해 놓고, 배운 것은 반드시 익혀야 한다.」

(『禮記』<曲禮>)

■ 공자께서 말씀하셨다. "부모님의 연세는 기억하고 있지 않아서는 안 된다. 〔부모님의 연세가 많아진다는 것은 곧 부모님께서 무병장수하심이니〕 한편으로는 기뻐하고, 다른 한편으로는 〔부모님께서 앞으로 살아계실 세월이 적어짐이니〕 두려워해야 한다."

子曰: "父母之年, 不可不知也。一則以喜, 一則以懼。"

❖ 소(疏)

① 「나무는 가만히 있고자 하나 바람이 멈추지 아니하고, 자식은 봉양하고자 하나 부모님께서 기다려 주시지 않는다. 지나가면 쫓아가서 붙잡을 수 없는 것이 세월이고, 떠나가시면 다시 볼 수 없는 것이 부모로다(樹欲靜而風不止, 子欲養而親不待也。往而不可追者, 年也; 去而不可得見者, 親也。).」

(韓嬰, 『韓詩外傳』 卷九)

■ 공자께서 말씀하셨다. "〔무릇 무슨 일을 하든지 간에〕 검약(儉約)하고서도 실패하는 자는 드무니라."

子曰: "以約^①失之者鮮矣."

✤ 주(注)

① 約(약): '約'은 곧 '묶다'는 뜻이니, 안으로는 그 마음을 다잡아 묶고, 밖으로는 그 몸을 다잡아 묶어서, 말은 조심해서 하고, 행동은 신중하게, 여러 가지 일들을 주도면밀하게 처리하고, 거만하지 않고 겸손하며, 씀씀이는 절약하고, 생활은 검소하게 하는 것, 이런 모든 것들이 '約'으로 표현되는 행동방식이다.

✤ 소(疏)

① 「자신에게 〔깨끗하고 밝고 명예로운 것을 상징하는〕 흰 것이 있음을 알고서도 〔더럽고 어둡고 불명예스러운 것을 상징하는〕 검은 것을 그대로 간직하며(知其白, 守其黑), 〔힘과 용기와 진취성을 상징하는〕 수컷의 성질, 즉 웅성(雄性)을 그 내부에 간직하고 있으면서도 〔유약하고 보수적이고 소극적임을 상징하는〕 암컷의 성질, 즉 자성(雌性)을 그대로 지킬 줄 알아야 한다(知其雄, 守其雌).」

(『老子』二十八章)

■ 공자께서 말씀하셨다. "군자는 말을 함에 있어서는 어눌(語訥)하기를 바라고, 말한 것을 실행함에 있어서는 민첩하기를 바란다."

子曰: "君子欲訥①於言而敏於行."

✿ 주(注)

① 訥(눌): 자형은 '言'(언)과 '內'(=納)로 되어 있다. 말(言)을 밖으로 쉽게 내뱉지 못하고 안으로 거두어 들이는(納) 모습으로써 "말을 더듬다"는 뜻을 나타내고 있다. '內' 대신에 '出'을 덧붙인 '詘'(눌)이나 '말'(言) 대신에 '입'(口)을 부수자로 가지고 있는 '吶'(눌)이나 모두 같은 음(音), 같은 뜻(意)의 같은 자(字)들이다.

* 높은 직위에 있는 사람이나 아는 것이 많은 학자들의 일반적인 병폐는 말은 번지르르 쉽게 하면서도 실천이 그것을 따라가지 못하는 것에 있다. 따라서 말은 어눌한 듯이 하고(欲訥), 행동은 타고난 성질이 급하여 무슨 일이든 제때에 다 해버리지 아니하고는 못배기는 사람처럼 민첩하게 행동한다면(欲敏), 그런 병폐를 많이 줄일 수 있을 것이다.

4. 里仁(리인)

■ 공자께서 말씀하셨다. "덕(德)이 있는 사람은 외롭지 아니하나니, 반드시 그를 따르는 좋은 사람들이 있느니라."

子曰: "德不孤, 必有鄰①。"

❀ 주(注)

① 有鄰(유린): "이웃이(鄰) 있다(有)." 이 '鄰'에 대해서는, ㉠ '近'의 뜻으로 해석하여 "도움을 줄 사람이 가까이 있다(近助)"라고 해석하거나, ㉡ '報'(보)의 뜻으로 해석하여 "덕을 베풀면 반드시 보답을 받게 된다"고 해석하거나, ㉢ '親'(친)의 뜻으로 해석하여 "같은 부류의 사람들이 그와 친하게 지내면서 그를 따른다(其類從之)"고 해석하는 세 가지 견해가 있다.

❀ 소(疏)

① 「단향목(檀)과 산뽕나무(柘)는 산지(産地)가 따로 있고, 관목과 갈대는 무리지어 자라는데, 이는 사물이 부류별로 서로 따른다는 것을 말해 준다. 공자께서는 말씀하셨다: "德不孤, 必有鄰"이라고.

그러므로 어진 탕(湯) 임금이 일어나자 현자인 이윤(伊尹)이 찾아오고 불인(不仁)한 자들은 멀리 도망갔다. 명군

(明君)이 위에 있는데도 난신(亂臣)이 그 아래에 있은 적은 없다.」

(桓寬, 『監鐵論』<論誹>)

②「주역에서 말했다. "같은 마음(同心)끼리 서로 호응하고, 같은 기질(同氣)끼리 서로 찾는 것이 인간이다"고. 그리고 또 "물은 습한 곳으로 흐르고 불은 건조한 곳으로 다가가는 바, 이것이 자연의 이치이다"(同心相應, 同氣相求, 人也… 水流濕, 火就燥, 天也。)고.」

(王夫之, 『讀四書大全說』)

③「군자가 자기 몸을 깨끗하게 하고 있으면 몸을 깨끗하게 가지는 자들이 모여들고, 그 말을 선(善)하게 하면 그와 같은 부류의 사람들이 응해 온다. 그러므로 말(馬)이 울면 말이 응하고, 소(牛)가 울면 소가 응한다. 이는 그들에게 지혜가 있어서가 아니라 자연의 이치가 그러하기 때문이다.」

(『荀子』<不苟>)

- - - - - - - - - -

■ 자유(子游)가 말했다. "임금을 섬기면서 자주 간(諫)하면 치욕을 당하게 되고, 벗을 사귀면서 자주 충고(忠告)하면 사이가 멀어진다."

子游^①曰:"事君數^②, 斯辱矣。朋友數, 斯疏矣。"

✤ 주(注)

① **子游**(자유) : 공자의 제자. 성은 언(言), 이름은 언(偃), 子游는 그의 字이다.
② **數**(삭) : '자주,' '누차,' '번거롭게 하다.'

* 여기서 '數'(삭)이란 간(諫)해도 들어 주지 않는데도 불구하고 그만두지 않고 자꾸만 거듭 간하는 것을 말한다. 되지도 않을 일을 그만두지 않으면 결국에 가서는 치욕을 당하게 되거나 사이가 멀어진다. 군신(君臣), 붕우(朋友)는 의(義)로 맺어진 인륜의 관계이므로, 의기가 합치되면 서로 함께 일하지만, 합치되지 않으면 떠나가면 된다. 자신의 생각을 상대방에게 강요하려고 하다가는 결국은 자신이 화를 당하게 된다는 뜻이다.

* 오륜(五倫) 중에서 부자(父子), 형제(兄弟)는 하늘이 맺어준 천륜(天倫)이며, 군신(君臣), 붕우(朋友)는 의(義)로 맺어진 인륜(人倫)이며, 부부(夫婦)는 천륜인 동시에 인륜에 속한다. 그리고 부자, 형제, 부부는 은(恩)으로 맺어진 관계이므로 가정 내에서 비록 번거롭게 하더라도 그것을 깨닫지 못하거나 깨닫더라도 참고 견디는 수밖에 없다.

그러나 군신(君臣)이나 붕우(朋友)의 관계에서는, 한 쪽이 다른 한 쪽을 자주 간(諫)하거나 충고하면 곧 싫증을 내고, 나아가서 미워하는 마음이 생겨, 결국에는 치욕을 당하거나 사이가 멀어지는 지경에 이른다. 그러므로 "충고하여 선(善)으로 이끌되, 그래도 되지 않으면 그만두어야 스스로 치욕을 당하는 일이 없게 된다〔忠告而善道之, 不可則止, 無自辱焉。(『論語』<顔淵>)〕"고 하였다.

5. 公冶長(공야장)

●●●●●●●●●

■ 공자께서 제자인 공야장을 평하여 말씀하셨다.
"사위로 삼을 만하다. 비록 감옥에 갇힌 일은 있었으나 그의 죄 때문이 아니었다."
그리고는 자기 딸을 그에게 시집보내셨다.

子謂①公冶長:"可妻②也。雖在縲絏之③中, 非其罪也。"以其子妻之④。

●●●●●●●●●

✤ 주(注)

① **謂**(위): 평하여 말하다. ~에 관하여 말하다.
② **可妻**(가처): 可妻(之). "그에게(之) 시집보낼 만하다(可妻)."
여기서 '妻'는 '아내'란 뜻의 명사로서가 아니라 '딸을 시집보내

다'라는 뜻의 동사로 쓰였다.
③ 縲絏(루설) : '絏'은 '紲'로도 쓴다. "포승줄(로 묶다)." 즉, '감옥'이란 뜻이다.
④ **以其子妻之**(이기자처지) : "자기의 딸을(以其子) 그에게(之) 시집보냈다(妻)." '以Ⓐ妻Ⓑ'는 'Ⓐ를 Ⓑ에게 시집보내다'는 뜻이다.

✤ 소(疏)

①「(공자의 제자인 공야장이 감옥에 들어가게 된 경위에 관해서 전해 오는 얘기가 있다.)

공야장이 위(衛) 나라에서 노(魯) 나라로 돌아오는 도중에 국경 지역에 이르렀는데, 한 떼의 새들이 지저귀는 소리가 나서 가만히 들어 보니, "우리 청계(淸溪)에 가서 죽은 사람의 고기를 먹자"고 하는 것이었다. 공야장이 이상하게 생각하면서도 계속 걸어가는데, 조금 지나자 한 노파가 길에서 울고 있었다. 공야장이 그 이유를 물어보자 그 노파는, "아이가 어제 집을 나갔는데 아직도 돌아오지 않고 있소. 이미 죽은 게 틀림없을 것 같은데 어디서 죽었는지 모르겠소" 하고 대답했다.

이에 공야장이, "조금 전에 새들이 지저귀는 소리를 들었는데, '청계에 가서 고기를 먹자'고 했소. 아마 그것이 할머니네 아이가 아닌지 모르겠소."

노파가 가서 보니 정말로 자기 아이가 맞았으나, 이미 죽어 있었다. 노파가 이 사실을 마을 이장(村司)에게 알리자, 이장은 노파에게 죽은 아이를 어떻게 찾을 수 있었느냐고 물었다. 노파는 "마침 공야장이란 사람을 만났는데, 그가 알려 주었소" 하고 대답했다. 그러자 마을의 관원이, "만약 공야장이 사람을 죽이지 않았다면, 그가 어떻게 그것을 알았겠는가?" 하고는 그를 포박하여 감옥에 집어넣고 왜 사람을 죽였느냐고 물었다. 공야장이, "나는 새들이 서로 하는 말을 들었을 뿐 사람을 죽이지는 않았소" 하고 대답했다. 그러자 옥리(獄吏)가 말했다. "시험을 해 봐야지. 만약 정말로 새들의 말을 해석할 수 있으면 풀어 주겠지만, 해석하지 못하는 날에는 죽을 줄 아시오!"

공야장이 감옥 속에 갇혀 있기를 60여 일, 마침 하루는 참새들이 날아와서 감옥 난간 위에서 서로 부르면서 말하기를, "찌찌 짹짹, 백련수(白蓮水) 가에서 마차가 뒤집혀졌는데, 마차 끌던 소들은 뿔이 부러지고 곡식들은 흩어져 있으나, 그것을 다 거두어 들이지 못하고 있다네. 모두 불러모아 우리 함께 가서 쪼아 먹자"고 하는 것이었다. 공야장으로부터 이 말을 전해 들은 옥리는 도저히 믿어지지 않았으나 사람을 보내어 알아보게 했더니 과연 공야장의 말 그대로였다. 그후 공야장은 돼지의 말과 제비의 말까지 알아들었으므로 마침내 풀려날 수 있었다.」

(皇侃, 『論語注疏』)

② 「『주례』(周禮)<추관편>(秋官篇)에는 이예(夷隸)와 맥예

(貊隷)란 관직이 나오는데, 온갖 새들의 우는 소리를 알아듣고 해석하는 일을 담당하는 관리가 이예(夷隷), 소나 말 또는 맹수들의 소리를 듣고 해석하는 일을 담당하는 관리가 맥예(貊隷)이다. 이렇게 부르는 이유는, 중국 동북 지방의 민족〔이들은 곧 예맥(濊貊)이라 하였다〕의 포로들 중에서 이 일을 잘하는 사람들이 많아서, 그들 중에서 뽑아 임명했기 때문에 붙여진 것이다.」

(鄭玄注, 『周禮』<秋官>)

* 「오디세이」에는 이도메네우스의 아들 멜람푸스가 태어날 때부터 동물들의 언어를 이해하는 능력을 갖고 있었다는 이야기가 나온다. 그는 사람들이 모르는 일을 동물들로부터 들어 알 수 있었으므로 훌륭한 예언자로 인정받았고 뛰어난 의사가 될 수 있었다. 인간과 동물이 서로의 언어를 이해할 수 있었거나 또는 이해할 수 있기를 바란 것은 동서양 모두에 공통된 일이다.

■ 공자께서 남용(南容)을 평가하여 말씀하셨다. "나라가 제대로 다스려지고 있을 때에는 버려지지 않고〔뽑혀서 쓰일 것이고〕, 나라가 제대로 다스려지지 않아 혼란할 때에도 형벌을 받아 처형당하는 일은 면할 것이다."

그리고는 자기 형의 딸을 그에게 시집보내셨다.

子謂南容: "邦有道, 不廢; 邦無道, 免於刑戮①。"
以其兄之子妻之。

❖ 주(注)

① 刑戮(형륙): 형벌(刑)이나 목 베임(誅戮)을 당하는 것. 처형을 당하는 것.

■ 자공(子貢)이 물었다. "저는 어떤 사람입니까?"
  공자께서 대답하셨다. "자네는 그릇과 같은 사람이지."
  (자공): "어떤 그릇 말씀입니까?"
  (공자): "〔종묘의 제사 때 곡식을 담아 제단에 올리는〕 호련(胡璉)이란 그릇 말이야."

子貢問曰: "賜也何如?" 子曰: "女①器也。" 曰: "何器也?" 曰②: "瑚璉③也。"

✤ 주(注)

① 女(여): 汝(여:너)와 음(音)이 같아서 서로 통용된다.
② 曰(왈): 앞에 이미 주어가 나와 있으므로, (子貢)이 생략되어 있다. 뒤의 "(孔子)曰"도 마찬가지이다.
③ 瑚璉(호련): 옛날부터 지금까지의 대부분의 주석가들은 이것을 "종묘제사 때 서직(黍稷)을 담아 놓는 그릇으로, 하(夏) 나라 때는 호(瑚), 상(商) 나라 때는 련(璉), 주(周) 나라 때는 보궤(簠簋)라고 불렀다"고 해석해 왔다. 그러나 최근 고문자와 고고학의 연구 결과 이 그릇은 주(周) 나라 때 처음 등장하였고, 최초의 그릇 이름은 '🅴🅴(또는 鉒𣪘 → 𥓓𣪘: 호궤)'였으나 '𣪘'(궤)가 같은 음(音)의 '軌'로, 이것이 다시 비슷한 자형 '連'(→ 璉)으로 잘못 바뀌면서 '胡連' → '瑚璉'으로 되었다고 한다. 이것은 그림과 같이 뚜껑과 그릇이 닮은 모양의 방형(方形)으로, 벼나 수수 등을 담아서 제사상에 올리는 청동으로 만들어진 예기(禮器)이다.

●●●●●●●●●●

■ 어떤 사람이 "옹(雍)은 인(仁)하긴 한데 말재주가 없습니다"고 말했다.
　공자께서 말씀하셨다. "말재주가 있은들 그것

을 어디에 쓰겠는가? 구변(口辯)만으로 사람을 응대하게 되면 남들에게 자주 미움을 받게 된다. 그가 인(仁)한지 어떤지는 모르겠으나, 말재주가 있은들 그것을 어디에 쓴단 말이냐?"

或曰: "雍也仁而不佞①." 子曰: "焉用佞①? 禦②人 以口給③屢憎於人. 不知其仁, 焉用佞①?"

✤ 주(注)

① 佞(녕): 재주, 특히 '말재주가 좋다.' '아첨하다'는 뜻이 있다. 자형은 '仁'과 '女'로 이루어져 있는데, 고문자 '仁'(㐰·𠈍) 자체에 본래 '두 사람이 만나서 인사하고 있다'는 뜻이 있으므로, 여자 둘이 만나서 서로 수다를 떠는 모습에서 '말재주'란 뜻이 파생된 것이 아닐까 생각된다.
② 禦(어): 대하다. 응답하다.
③ 口給(구급): '구변.' '말재주가 좋음.' 말을 잘 하는 모습이 마치 '누에가 입에서(口) 실을 끊임없이 토해내듯이(給) 끊임없이 말을 공급한다'는 뜻에서 생긴 말이다.

■ 공자께서 말씀하셨다. "나의 도(道), 즉 이상(理想)이 이곳에서는 실현될 수 없을 것 같아서 뗏목을 타고 바다를 건너갈까 한다. 이때 나를 따라올 자는 아마도 자로(子路)뿐이겠지?"

자로가 이 말을 듣고 〔스승이 자기를 인정해 주시는 것으로 생각하고〕 기뻐하자, 공자께서 말씀하셨다. "자로는 용감하기는 나보다 더하지만, 뗏목 만들 재료를 구할 길이 없구나."

子曰: "道不行, 乘桴①浮于海。從我者, 其②由與?" 子路聞之喜。子曰: "由也 好勇過我, 無所取材③。"

✤ 주(注)

① 桴(부): 뗏목. 대나무 또는 나무를 엮어서 만든 것으로 큰 것을 筏(벌), 작은 것을 桴(부)라 한다.
② 其(기): '아마도.' 추측의 뜻을 나타내는 부사.
③ 無所取材(무소취재): '材'에 대한 해석이 매우 분분하다. ㉠ '哉'(감탄의 어기를 나타내는 어기사)로 보아서, '자로에게서는 취할 바가(所取) 없다'고 하는 해석과(楊伯峻), ㉡ '裁'(재: 자르다, 재단하다)의 가차자(假借字)로 보아서, '용감하기는 나

보다 더하나 사리를 따져서 절제하거나 마름질할 줄 모른다'고 하는 해석도 있지만(朱子), ⓒ '뗏목 만들 재료'로 보는 해석(鄭玄·楊樹達 등)이 맞는 것 같다. 이 대화가 한가한 시간 스승과 제자 사이의 대화라는 점을 감안하면, 다른 해석들은 지나치게 냉정하다.

❖ 소(疏)

① 「공자께서는 구이(九夷 : 東夷. 즉 발해 동쪽 지역에 있는 朝鮮을 가리킨다)로 건너가서 살고 싶어하셨다. 그러자 어떤 자가 말했다. "그곳은 더러울 텐데요."
　　공자께서 말씀하셨다. "군자가 그곳에서 사는데 어찌 더럽겠느냐?"」

(『論語』<子罕篇>)

② 「동이(東夷)의 경우에만 '大'자를 따르는데, 이는 '大人'을 뜻하기 때문이다. 동이족의 풍속은 인(仁)한데, 인자(仁者)는 장수하므로, 군자가 죽지 않는 나라가 있다. 그래서 공자께서 말씀하셨다 : "도가 행해지지 않으니 구이(九夷)로 가서 살고 싶구나. 뗏목을 타고 바다를 건너가면 된다"라고.」

(許愼, 『說文解字』<四篇上·羊部>)

● ● ● ● ● ● ● ● ● ●

■ 공자께서 자공(子貢)에게 말씀하셨다. "자네와 안회(顔回) 둘 중에서 누가 더 뛰어나다고 생각하느

냐?"

　자공이 대답하여 말했다. "제가 어찌 감히 안회와 같기를 바라겠습니까? 안회는 하나(一)를 들으면 열(十)을 알지만, 저는 하나를 들으면 둘(二)을 아는 데 불과합니다."

　공자께서 말씀하셨다. "그래, 안회만 못하지. 나나 자네나 둘 다 안회만 못할 거야."

子謂子貢曰: "女與回也孰愈①?" 對曰: "賜也何敢望回? 回也聞一以知十, 賜也聞一以知二." 子曰: "弗如也, 吾與女弗如②也."

- - - - - - - - - -

✿ 주(注)

① **女與回也孰愈**(여여회야숙유): "자네(女=汝)와(與) 안회(回) 둘 중에서 누가(孰) 더 나은가(愈)" '孰'은 두 가지 중에서 어느 한 가지를 선택할 때 쓰는 의문대사로, 앞에 선택의 범위를 나타내는 선행사(先行詞)가 있고, '孰'은 그 중에서 하나를 대체하는 역할을 하며, 그 뒤에 선택의 기준을 나타내는 말이 따른다.

* 예문
1. 父與夫孰親? (左傳・桓公 15年) → 父(아버지)와 夫(남편)중에서 누가 더 親하냐?

2. 禮與食孰重?(孟子·告子下) → 禮와 食 중에서 어느 것이 더 重한가?
3. 弟子孰爲好學?(論語·雍也) → 弟子들 중에서 누가 學을 더 좋아하느냐?

② **吾與女弗如**(오여여불여): '女'(여)는 '汝'(여: 너), '爾'(이: 너)의 뜻이다. 여기서 논란이 되는 부분은 '與'인데, ㉠ 이것을 連詞(즉, 접속사)로 보아서 "나와 너는 둘 다 (안회만) 같지 못하다"(吾與汝, 俱不如回也)고 하는 해석과, ㉡ 이것을 '動詞'('인정한다,' '허여한다'는 뜻)로 보아서 "나는, 자네가 (안회만) 같지 못하다는 것을 인정(허여)한다(吾許與, 汝之不如回)"라고 하는 해석 두 가지가 있으나, 안회를 그처럼 사랑했고 일찍 죽은 것을 애통해 했던 스승 공자의 심정을 감안한다면, 앞의 해석이 더 자연스럽다.

• • • • • • • • • •

■ 재여(宰子)가 낮에 드러누워 자고 있었다.
　공자께서 말씀하셨다. "썩은 나무에는 조각을 할 수 없고, 거름 흙으로 쌓은 담장에는 흙손질을 할 수 없다. 재여와 같은 자에 대하여 무엇을 책망하겠는가?"
　〔그리고 또〕 공자께서 말씀하셨다. "처음에 나

는 사람을 대하면서 그의 말을 듣고는 그의 행동을 믿었다. 그러나 지금은 사람을 대하면서 그의 말을 듣고도 그의 행동을 살펴보게 되었다. 재여를 대하면서 그 방식을 바꾼 것이다."

宰予晝寢。子曰: "朽木不可雕也, 糞土之牆不可杇①也。於予與②何誅?" 子曰③: "始吾於人也, 聽其言而信其行; 今吾於人也, 聽其言而觀其行。於予與改是④。"

● ● ● ● ● ● ● ● ● ●

✤ 주(注)

① 杇(오): 흙손, 흙손질. 흙손으로 벽면을 바르고 고루는 일.
② 於予與(어여여): '與'는 어기사(語氣詞)이다. 於予與(어여여): "재여(予)와 같은 사람에 대하여(於)."
③ 子曰(자왈): 이 부분은 앞의 말과 다른 시기에 한 말이므로 다시 '子曰'을 붙인 것이다. 이것을 별개의 절(節)로 나눈 판본도 있다.
④ 改是(개시): "이것을(是: 곧 그 말을 듣고 그의 행동을 믿는 태도)를 바꾸다(改)."

✤ 소(疏)

① 「공자께서 말씀하셨다. "나는 안색(顔色)으로써 사람을

평가하려 했으나 제자인 멸명(滅明)을 대하면서 그것을 바꾸었고, 말로써 사람을 평가하려 했으나 재여(宰予)를 대하면서 그것을 바꾸었고, 용모로써 사람을 평가하려 했으나 자장(子張)을 대하면서 그것을 바꾸었다."」

(『大戴禮記』<五帝德>)

■ 자공(子貢)이 말했다. "나는 다른 사람들이 나를 무함(誣陷)하거나 능멸하는 것을 바라지 않거니와, 저 또한 남을 무함하거나 능멸하는 일이 없기를 바랍니다."

공자께서 말씀하셨다. "자공아, 그것은 네가 해낼 수 있는 일이 아니다."

子貢曰: "我不欲人之加諸我①也, 吾亦欲無加諸人." 子曰: "賜也, 非爾所及②也."

✤ 주(注)

① **人之加諸我**(인지가제아): 이것은 '人加諸我'란 독립절이 '(我不)欲'이란 동사의 빈어구(목적구)로 바뀌면서 주어와 동사

사이에 조사 '之'가 첨부된 형태이다. 여기서 '加'는 '추가하다,' '더하다'는 뜻이 아니라, '능멸하다,' '업신여기다,' '무함(誣陷)하다' 등의 뜻을 나타낸다. '加'의 고문자형 '𠯐'은 쇠스랑(𠃌 → 力) 옆에 말(口: 言)을 덧붙여, "말로 부추겨서 더욱 힘껏 일하도록 한다"는 뜻을 나타낸 것으로, "말을 덧붙이다"는 뜻이 있다〔譖(증), 誣(무)와 같은 뜻이다〕. 칭찬의 뜻으로 말을 덧붙이는 것은 '嘉'(가), '賀'(하)이다. 여기서는 사실과 다른 말을 덧붙여 욕을 보이는 것을 나타내는 뜻으로 쓰이고 있다. '諸'는 '之於'의 합음으로, '之'는 남들이 나를 헐뜯거나 무함하는 그 어떤 내용을 가리킨다.

② 非爾所及(비이소급): "네가(爾) 미칠 수 있는 바가(所及) 아니다(非)." 앞의 두 가지는 바로 '恕'이자 '仁'이다. 이것은 평생 동안 노력해도 쉽게 도달할 수 없는 높은 경지이므로, 공자께서는 "네가 쉽사리 해낼 수 있는 일이 아니다"고 말씀하신 것이다.

✤ 소(疏)

①「자공이 물었다. "평생동안 실천해야 할 한 마디 말이 있다면, 그것은 무엇입니까?" 공자께서 말씀하셨다. "아마도 恕(서)일 것이다. 자기가 바라지 않는 것을 남에게 하지 않는 것이지(己所不欲, 勿施於人)."」

(『論語』<衛靈公>)

■ 자로(子路)는 어떤 가르침을 듣고 나서 그것을 아직 실천하지 못하고 있을 때 또 다시 새로운 가르침을 듣게 되는 것을 두려워했다.

子路有聞, 未之能行①, 惟恐有②聞。

❀ 주(注)

① 未之能行(미지능행): 본래의 어순은 '未能行之'이다. 부정문에서는 대사(之)가 전치(前置)된다는 문법적 성질 때문에 이렇게 순서가 바뀌었다.
② 有(유): '又'(우: 또)의 뜻이다.

❀ 소(疏)

① 「군자에게는 세 가지 근심 걱정(三患)이 있으니, 아직 가르침을 듣지 못했을 때는 들을 수 없을까봐 걱정하고(患弗得聞), 이미 듣고 난 후에는 배울 수 없을까봐 걱정하고(患弗得學), 이미 배우고 난 후에는 그것을 실천할 수 없을까봐 걱정한다(患弗能行).」

(『禮記』<雜記>)

■ 자공(子貢)이 물었다. "〔위(衛) 나라 대부로 그 사생활이나 정치적 업적 등 모든 측면에서 좋은 점보다 나쁜 점이 훨씬 더 많았던〕 공문자(孔文子)에게 '문'(文)이란 시호를 부여한 이유가 무엇입니까?"

공자께서 말씀하셨다. "그는 명민(明敏)하고 배우기를 좋아했으며, 자기보다 못하거나 아래에 있는 사람에게 묻기를 부끄러워하지 않았다. 그래서 그의 시호에 '文'이 들어가게 되었다."

子貢問曰: "孔文子何以謂之'文'①也?" 子曰: "敏而好學, 不恥下問, 是以②謂之'文'也。"

주(注)

① 謂之文(위지문): "그(之)를 '文'이라 부르다(謂)." 孔文子의 이름은 孔圉(공어)이고, '文子'는 그의 시호이다. 시호(諡號)는 높은 지위에 있던 사람이 죽었을 때 그가 생전에 한 여러 가지 선행(善行)이나 이룩한 업적들 중 어떤 특징적인 것을 들어서 호(號)를 지어 부름으로써 사후에 그의 이름을 높이는 제도이다.

② 是以(시이): 以是. 그래서. 그런 이유로.

■ 공자께서 말씀하셨다. "안평중(晏平仲)은 다른 사람들과 잘 사귀었는데, 사귄 지 오랠수록 남들은 그를 더욱 존경하였다."

子曰: "晏平仲①善與人交, 久而敬之②."

✿ 주(注)

① 晏平仲(안평중): 안자(晏子). 제(齊) 나라 대부(大夫)로 이름은 영(嬰).「안자춘추」(晏子春秋)란 책의 저자이다.
② 久而敬之(구이경지): "오래도록(久) 그를(之) 존경하였다(敬)." '之'를 안평중으로 보느냐, '남들'로 보느냐에 따라, ㉠ '남들은 그를 존경하였다'라고 하는 해석과, ㉡ '그는 남들을 존경하였다'라고 하는 두 가지 해석이 있다. 그러나 사귄 지 오래도록 계속 존경을 받으려면 안평중처럼 존경할 만한 인품과 식견을 가진 사람이어야 하고, 또 사람 사귀는 방식이 훌륭해야 한다. 이 둘은 안평중 정도의 인물이 될 때 비로소 가능하다. 따라서 '남들이 안평중을 존경하였다'고 보는 해석이 타당하다.

■ 자장(子張)이 물었다. "초(楚) 나라의 재상 자문(子文)은 세 차례나 재상(令尹)이 되었으나 기뻐하는 기색이 없었고, 세 차례나 재상을 그만두었으나 원망하는 기색이 없었다고 합니다. 〔그리고 매번 그만둘 때마다〕 자기가 맡고 있던 정무(政務)를 신임 재상에게 설명해 주면서 업무를 인계하였다고 합니다. 이런 분이라면 어떻습니까?"

공자께서 대답하셨다. "〔자기가 맡은 일에〕 충성(忠)을 다했다고 할 수 있지."

자공 : "인(仁)하다고 할 수 있겠는지요?"

공자 : "모르겠다. 어찌 인(仁)하다고까지 할 수 있겠느냐?"

子張問曰: "令尹①子文三仕爲令尹, 無喜色; 三已之, 無慍色。舊令尹之政, 必以告新令尹。何如?" 子曰: "忠矣。" 曰: "仁矣乎?" 曰: "未知, 焉得仁②?"

주(注)

① 令尹(영윤) : 초(楚) 나라의 재상을 이렇게 불렀다.
② 未知, 焉得仁(미지, 언득인) : 세 가지 해석이 있다. ㉠ 역사적

사실에 근거하여 '知'(알다)를 '智'(지혜)의 뜻으로 보고, "지혜롭지 못하였으니, 어찌 인(仁)할 수 있었겠느냐?"라고 해석하는 것이다(班固, 王充, 鄭玄).

ⓒ '未知其仁也'(그가 仁한지 어떤지를 알지 못한다)의 뜻으로 해석하고 있다(孔安國, 何晏, 朱子).

ⓒ '未知'와 '焉得仁'을 끊어 읽으면서, '未知'는 단순히 "알지 못한다"는 뜻이 아니라 앞의 말을 완곡하게 부정하는 것이고, '焉得仁'은 '安得仁乎'로, "어찌 仁하다고 할 수 있겠는가" → '仁이 될 수 없다'는 뜻으로 해석하고 있다(刑昺 등).

ⓒ의 해석이 옳다. 맹무백(孟武伯)이 공자에게 자로(子路)가 仁한지 어떤지 물었을 때, 공자께서는 "不知其仁也(그가 인한지 어떤지 잘 모르겠다)"라고 대답하였지, '不知焉得仁也'라고 대답하지 않은 예가 ⓒ의 해석이 적절하지 않음을 보여 준다.

- - - - - - - - -

■ 공자께서 말씀하셨다. "백이(伯夷)와 숙제(叔齊)는 다른 사람의 지난날의 잘못을 마음에 새겨두는 일이 없었으므로, 그를 원망하는 사람들도 드물었다."

子曰: "伯夷, 叔齊①不念舊惡②, 怨是用希③."

✤ 주(注)

① **伯夷, 叔齊**(백이, 숙제) : 은(殷) 나라 말기 고죽국(孤竹國)의 왕자들로, 은이 망하고 주(周) 나라가 들어서자 수양산에 들어가 고사리만으로 연명하다가 마침내 굶어 죽었다는 이야기로 유명하다.

② **不念舊惡**(불념구악) : '念'은 마음에 새겨두고 잊지 않는 것. '舊惡'은 '다른 사람이 옛날 자기에게 잘못하여 원망을 산 일'이란 뜻이다.

③ **怨是用希**(원시용희) : '怨'은 다른 사람들이 백이·숙제를 원망하는 것을 나타낸다. '是用'은 '是以'와 같은 뜻으로 이유, 원인을 나타낸다. 따라서 이 구절은 '怨是用希 → 怨是以希 → 是以(人之所)怨(之)希 : 이 때문에(是以) 남들이(人) 그를(之) 원망하는 일이(怨) 드물었다(希)'의 축약형으로 보면 된다.

●●●●●●●●●●

■ 안연(顔淵)과 자로(子路)가 곁에서 모시고 있을 때 공자께서 말씀하셨다. "너희들이 뜻하는 바를 각자 말해 보지 않겠느냐?"

자로가 말했다. "저는 수레(車)와 말(馬)과 비싼 고급 갖옷(輕裘)을 친구들과 함께 타고 입다가, 그것들이 망가지고 헤져도 서운하게 생각하지 않게 되기를 바랍니다."

안연이 말했다. "저는 저 자신의 장점을 자랑하는 일이 없고, 남들에게 수고로움을 끼치는 일이 없었으면 좋겠습니다."

자로가 말했다. "선생님께서 뜻하시는 바도 들어보고 싶습니다."

공자께서 말씀하셨다. "노인들은 나를 대하면 편안하게 생각하고, 친구들은 나를 믿어 주고, 젊은이들은 나를 그리워 따르게 할 수 있었으면 좋겠구나."

顏淵, 季路侍。子曰: "盍①各言爾志?" 子路曰: "願車馬衣輕裘 與朋友共②, 敝之而無憾。" 顏淵曰: "願無伐善③, 無施勞④。" 子路曰: "願聞子之志。" 子曰: "老者安之, 朋友信之, 少者懷之。"

● ● ● ● ● ● ● ● ● ●

❋ 주(注)

① 盍(합): "어찌(何) …하지 않는가(不)." '何 …不'의 뜻이다.
② 共(공): 共의 갑골문 자형 '𠔏'은 물건을 두 손으로 들고 있는 모습으로, 본래의 뜻은 '함께 쓰다,' '바치다'이다.
③ 伐善(벌선): "善(선)을 자랑하다(伐)." 여기서 '善'은 단순한 선행만이 아니라 자신이 가진 일체의 장점을 나타낸다.
④ 施勞(시로): "공로(勞)를 자랑하다(施)"란 뜻이라고 하는 해

석(勞 = 功勞)과, "남들, 또는 백성들에게 수고스런 일(勞)을 시키지(施) 않는다"라고 하는 해석 두 가지가 있으나, 전자는 앞의 '伐善'과 중복되는 뜻이므로, 후자를 따른다.

⚜ 소(疏)

①「큰 도(道)가 행해지고 있을 때에는 천하는 모두의 것이었다. 현명하고 유능한 자를 뽑아 직위를 주었으며, 서로 믿음(信)을 가질 수 있었고, 화목하게 지내려고 하였다. 그러므로 사람들은 자기 부모만을 부모로 여기지 않았고, 자기 자식만을 자식으로 여기지 않았다. 늙은이는 노후를 편안하게 보내다가 죽음을 맞이할 수 있었고, 청년이나 장년들은 일할 수가 있었으며, 어린애들은 성장할 수 있었다. 홀아비와(矜) 과부와(寡) 고아와(孤) 자식없는 늙은 부부나(獨) 병든 자들(廢疾者) 모두가 보호받을 수 있었으며, 남자들에게는 직분이 주어졌고, 여자들은 시집을 갈 수 있었다.」

(『禮記』<禮運>)

②「자기 부모를 모시는 마음을 넓혀 남의 부모를 모시고, 자기 아이를 사랑하고 보호해 주는 마음을 넓혀 남의 아이를 사랑하고 보호해 준다면, 천하도 손바닥 위에 올려놓고 움직이는 것처럼 쉽게 다스릴 수 있다. (老吾老, 以及人之老; 幼吾幼, 以及人之幼, 天下可運於掌。)」

(『孟子』<梁惠王上>)

■ 공자께서 말씀하셨다. "그만둬라! 나는 여태 자신의 잘못을 보고 속으로 스스로를 책망할 줄 아는 사람을 본 적이 없다."

子曰: "已矣乎①! 吾未見能見其過而內自訟② 者也."

✿ 주(注)

① 已矣乎(이의호): '끝났구나.' '그만두자.' '已'는 '止'(지: 그치다)의 뜻이고, '矣乎'는 감탄의 뜻을 나타내는 어기사이다.
② 內自訟(내자송): "마음 속으로(內) 자기 자신을(自) 책망하다(訟)." '訟'은 본래 '시비를 걸다,' '송사하다'는 뜻인데, '自訟'은 '자기 자신에게 시비를 걸다' → '자책하다'는 뜻이 된다.

■ 공자께서 말씀하셨다. "열 집쯤 있는 작은 마을에도 충성스럽고(忠) 신실하기가(信) 나만한 사람은 반드시 있겠지만, 그러나 그들도 나만큼 배우기를 좋아하지는 못할 것이다."

子曰: "十室之邑, 必有忠信^①如丘者焉, 不如丘之好學^②也。"

✤ 주(注)

① 忠信(충신): 무슨 일에건 마음을 다하는 것(心之盡)이 '忠'이고, 그 말과 실제 행동이 부합되는 것(言之實)이 '信'이다.
② 好學(호학): "배우기를(學) 좋아하다(好)." '忠'과 '信'은 타고난 바탕에 의해 결정되는 측면이 강하지만, 그것을 온전히 유지·발전시키려면 '好學'이 뒷받침되어야 한다. '忠'과 '信'은 쉽게 찾아볼 수 있어도 '好學者'는 찾아보기 어렵다는 점을 말하면서, 공자는 배움의 중요성을 특히 강조하고 있다.

✤ 소(疏)

① 「창날 비록 날카로워도 갈지 않으면 자르지 못하고, 재능 비록 훌륭해도 배우지 않으면 높이 오르지 못하며, 맛있는 술과 좋은 안주가 있어도 맛을 보지 않으면 그 맛을 알 수 없고, 좋은 도(道)가 있어도 배우지 않으면 그 공(功)을 이룰 수 없다. 그러므로 배우고 난 다음에야 스스로의 부족함을 알게 된다(劍雖利, 不厲不斷; 材雖美, 不學不高; 雖有旨酒嘉殽, 不嘗不知其旨; 雖有善道, 不學不達其功。故學然後知不足。)。」

(韓嬰,『韓詩外傳』<卷三>)

② 「옛날 자공(子貢)이 공자에게 물었다. "선생님께서는 성

인이시지요?"

공자께서 말씀하셨다. "성인이야 내 어찌 될 수 있겠느냐? 그러나 나는 배우는 데 싫증내지 않고, 가르치는 데 권태로움을 느끼지 않느니라."」

(『孟子』<公孫丑上>)

6. 雍也(옹야)

■ 공자께서 말씀하셨다. "염옹(冉雍)은 [그 인품이나 행동으로 봐서] 인군(人君)이 되어 백성들을 다스려도 될 것이다."

염옹이 자상백자(子桑伯子)에 대하여 묻자, 공자께서 말씀하셨다. "그만하면 괜찮겠지. 그 행동이 소탈하고 번거롭지 않으니까."

염옹이 말했다. "신중하고 주도면밀하게 생각한 후(居敬), 간결명료하게 실천에 옮긴다면(行簡), 그리고 그런 자세로 정치에 임한다면, 되지 않겠습니까? 그렇지 않고 생각도 간략하고 행동도 간략하다면, 이는 지나치게 간략한 것이 아닙니까?"

공자께서 말씀하셨다. "옹의 말이 맞다."

子曰: "雍也可使南面①." 仲弓問子桑伯子②. 子曰: "可也簡③." 仲弓問: "居敬而行簡③, 以臨其民, 不亦可乎? 居簡③而行簡③, 無乃大簡③乎?" 子曰: "雍之言然."

❀ 주(注)

① 南面(남면): 옛날 천자(天子)나 제후(諸侯)는 남쪽을 향하여 앉고 신하들은 북쪽을 향하여 앉아 정사를 논의했다. 여기서는 "제후가 되어 한 나라를 다스린다"는 뜻이다.
② 子桑伯子(자상백자): 당시 무위자연(無爲自然)의 도가(道家) 사상을 신봉하던 자로서, 공자가 그를 찾아갔을 때 옷도 입지 않은 채 그를 맞았다고 한다.
③ 簡(간): 간결하다, 소략하다, 소박하다 등의 뜻이다.

❀ 소(疏)

①「공자께서 자상백자를 찾아갔을 때, 그는 옷도 입지 않고 관(冠)도 쓰지 않은 채 공자를 맞았다. 제자가 물었다. "선생님께서는 무엇 때문에 이런 사람을 만나보십니까?"

공자께서 말씀하셨다. "그 바탕은 아름다운데 문식(文飾)이 없는 사람이지. 내가 설득해서 그를 문식시켜 보고 싶었다."

공자가 떠나가시자 자상백자의 문인은 불쾌해하면서 물었다. "선생님께서는 무엇 때문에 공자를 만나보십니까?"

자상백자가 말했다. "그 바탕은 아름다운데 문식이 너무 많고 번거로워. 내가 설득해서 그 문식을 벗겨내 보고 싶었지."

그러므로 바탕과 문식이 고루 갖추어진 사람을 군자(君子)라 하고, 바탕은 갖추었으되 문식이 없는 자를 촌스럽다(野)고 한다. 자상백자는 촌스러운데다 사람의 길(人之道)을 소나 말의 길(道)과 같게 만들고 싶어했다.」

(劉向, 『說苑』<脩文>)

●●●●●●●●●●

■ 노(魯)나라의 애공(哀公)이 공자께 물었다. "제자들 중에서 누가 가장 배우기를 좋아합니까?"

공자께서 대답해 말씀하셨다. "안회(顏回)라는 제자가 가장 배우기를 좋아했었지요. 그는 화가 나도 그것을 다른 사람에게 옮기지 않았고, 똑같은 잘못을 두 번 되풀이하지 않았습니다. 그러나 불행히도 명(命)이 짧아서 젊은 나이에 일찍 죽고 말았지요. 아쉽게도 지금은 안회와 같은 제자가 없습니다. 저는 더 이상 그처럼 배우기를 좋아하는 제자가 있다는 말을 들어보지 못했습니다."

哀公問: "弟子孰爲好學?" 孔子對曰: "有顏回者

好學, 不遷怒, 不貳過①。不幸短命死矣, 今也則亡②, 未聞好學者也."

● ● ● ● ● ● ● ● ● ●

✤ 주(注)

① **不遷怒, 不貳過**(불천노, 불이과) : "노여움을(怒) 다른 것에로 옮기지 않고(不遷), 같은 잘못을(過) 두 번 되풀이하지 않는다(不貳)."

　　마땅히 화를 내야 할 경우나 대상도 있다. 이런 경우 화를 내는 것은 도리에 맞는다. 그러나 도리에 맞게 낸 화라도 그것을 다른 것에로 옮기는 순간 그 노여움은 감정에 치우친 것이 되어 그 정당한 근거를 잃어 버리게 되는 것이다.

② **今也則亡**(금야즉망) : "지금은(今也) 곧(則) 없다(亡)." 여기서 '亡'은 '無'의 뜻인데, 이것을 "안회가 죽어서 없다(死亡)"는 뜻으로 해석하는 사람도 있지만, "好學者가 없다"는 뜻으로 해석하는 것이 자연스럽다.

● ● ● ● ● ● ● ● ● ●

■ 공서적(公西赤)이 사신이 되어 제(齊)나라에 갔는데, 염유(冉有)가 남아 있는 그의 모친을 위해 양식을 보내드리자고 부탁했다. 공자께서 말씀하셨다. "양식 한 부(釜)를 보내드려라."

〔그것이 적다고 생각한 염유가〕 좀 더 많이 보내 드리자고 부탁했다. 공자께서 말씀하셨다. "그러면 한 유(庾)를 보내드려라."

그런데 염유는 제멋대로 다섯 병(秉)이나 보내드렸다. 공자께서 말씀하셨다. "공서적이 제 나라로 갈 때, 그는 살찐 말을 타고 가볍고 따뜻한 갖옷을 입고 가더구나. 내가 듣기로는, 군자는 궁박한 처지에 있는 사람은 구제해 주지만, 부자에게 더 보태 주어 그의 부가 더 늘어나도록 하지는 않는다고 했다."

子華使於齊, 冉子爲其母請粟。子曰: "與之釜①。" 請益。曰: "與之庾①。" 冉子與之粟五秉①。子曰: "赤之適齊也, 乘肥馬, 衣輕裘。吾聞之也; 君子周急不繼富②。"

✤ 주(注)

① **釜·庾·秉**(부·유·병): 세 가지 모두 중국 고대의 용량의 단위이다.
② **周急不繼富**(주급불계부): "급박한 처지에 있는 사람은(急) 구제해 주지만(周), 부유한 사람에게 그 부유함을(富) 더 늘어나게 해 주지는 않는다(不繼)."

■ 공자께서 중궁(仲弓)을 평하여 말씀하셨다. "밭을 가는 얼룩소의 새끼라도 그 털이 붉고 그 뿔도 단정하게 잘 생겼다면, 비록 그 태생이 천하다고 해서 제물로 쓰지 않으려 하더라도, 산천(山川)의 신(神)들이야 어찌 그를 내버려 두겠느냐?"

子謂仲弓, 曰: "犁牛①之子騂且角②, 雖欲勿用, 山川其舍諸?"

주(注)

① 犁牛(리우) : 얼룩소. '犁'에는 이 밖에도 '검다,' '쟁기' 등의 뜻이 있는데, 이때는 '려'로 읽는다.
② 騂且角(성차각) : '騂'은 본래는 '적황색의 말'을 가리키지만, 그 털색이 붉기 때문에 '털이 붉다'는 뜻으로 쓰이며, '角'은 본래 '뿔'이란 뜻이지만, 여기서는 '단정하고 실하게 생긴 뿔'을 가리킨다. '且'는 '그리고'(and)의 뜻이다.

소(疏)

① 「그 어미가 얼룩소이지만 송아지의 털이 붉다면, 그 송아지를 희생 제물로 쓰지 못할 이유가 없고, 그 조상은 탁(濁)하지만 그 후손이 맑다면(清), 그가 뛰어난 인물이

되지 못할 이유가 없다. 우(禹)임금은 성인이었으나 그의 아버지 곤(鯀)은 악했고, 순(舜)임금은 신령스러웠으나 그의 아버지 수(叟)는 맹인에다 완고하였으며, 안회(顏回)는 절륜(絶倫)의 인물이었으나 그의 아버지 안로(顏路)는 용렬하고 고루하였다.」

(王充,『論衡』<自紀>)

■ 공자께서 말씀하셨다. "안회는 그 마음이 오랫동안 인(仁)의 덕에서 벗어나는 일이 없었지만, 그 나머지 제자들은 잠시동안 인(仁)의 덕에 도달했다가는 곧 그만두고 만다."

子曰: "回也, 其心三月不違仁①, 其餘則日月至焉而已矣②。"

✣ 주(注)

① **違仁**(위인) : '違'는 '어기다,' '떨어지다,' '달아나다' 등의 뜻이다. '違仁'은 인(仁)에서 떨어져 나가거나, 인(仁)을 어긴다는 뜻이다.

② **至焉而已矣**(지언이이의) : "그곳에(焉) 도달했다가(至) 그리고는(而) 그만두고(已) 만다(矣)."

- - -

■ 공자께서 말씀하셨다. "현자(賢者)로다, 안회(顔回)는! 한 그릇의 밥과 한 바가지의 냉수만으로 끼니를 때우고 누추한 동네에 살면서도, 다른 사람들 같으면 그런 가난의 근심걱정을 견뎌내기 어려울 텐데, 안회는 도리어 그 즐거워하는 바를 바꾸려 하지 않는구나. 현자로다, 안회는!"

子曰: "賢哉, 回也! 一簞食, 一瓢飮, 在陋巷①, 人不堪其憂, 回也不改其樂②。賢哉, 回也!"

- - -

✣ 주(注)

① **在陋巷**(재루항) : ㉠ '누추한 동네'란 해석과, ㉡ '마을의 골목길'이란 해석, ㉢ '허름하고 낡은 집'이란 해석 세 가지가 있다.
② **不改其樂**(불개기락) : '不改其所樂'의 뜻이다. "그의(其) 즐거워하는 바를(所樂) 바꾸지 않는다(不改)."
　　여기서 그가 즐거워하는 바가 구체적으로 무엇인지에 대한

해석은 매우 다양하다. 이를 아래의 소(疏)에서 소개한다.

✤ 소(疏)

① 「도를 즐거워했다(樂道)는 것이다. 소위 '안빈낙도'(安貧樂道)라는 것으로, 가난한 생활을 편안히 여기면서 도를 닦고 실천하는 것을 즐거워했다는 것이다.」

(孔穎達, 『論語正義』)

② 「안회가 즐거워한 바(所樂)를 이해하려면 먼저 사람들이 견뎌내기 어려운 근심걱정이 무엇인지 알아야 한다. 어떤 책에서 "고대인들은 동굴 속에 살면서도 그 온전한 정신을 잃어 버리지 않았으나, 말세에는 천자의 높은 자리에 있으면서도 날마다 근심하고 슬퍼한다"고 했다.」

(楊愼, 『談苑醍』)

③ 「자신의 몸에 도(道)와 인(仁)이 없는 자는 설령 천하를 차지하더라도 역시 초췌하다. 천리(天理)를 훤히 알고 있으면 천만 가지 도리에 어둡지 않을 것인바, 이렇게 되면 단표누항(簞瓢陋巷)은 말할 것도 없고 번쩍이는 칼날이 머리 위에 떨어지더라도 스스로 유유자적할 수 있다. 여기서 말하는 낙(樂)은 곧 득의(得意)함을 말한다.」

(王夫之, 『讀四書大全說』)

④ 「공자께서 일찍이 안회에게 물으셨다. "집도 가난하고 빈천한데 어째서 관직에 나아가지 않느냐?"

안회가 대답했다. "성 밖에 약간의 논밭이 있어서 죽 끓여 먹을 만한 양식은 얻을 수 있고, 성 안에도 약간의 밭이 있어서 그곳에다 뽕나무를 심거나 삼을 심어 옷을 해 입을 수 있습니다. 그러니 거문고를 타면서 혼자 놀 수 있고, 선생님께 배우는 것으로써 스스로 즐길 수 있습니다. 그래서 저는 관직에 나아가기를 원하지 않습니다. 저는 가난을 부(富)처럼, 천(賤)을 귀(貴)처럼 여기고, 용기가 없으면서도 위엄을 가지고 선비들과 사귀면서 죽을 때까지 환난(患難) 없기만을 바랍니다. 그렇게 해도 되지 않겠습니까?"

공자께서 말씀하셨다. "훌륭하도다, 안회는! 가난하면서도 부유한 것처럼 생각한다면, 이는 족(足)함을 알고 욕심이 없음이며, 천하면서도 귀한 것처럼 생각한다면, 이는 겸양하고 예(禮)를 좋아함이며, 용기가 없으면서도 위엄을 갖는다면, 이는 공경함으로써 사람들로부터 버림을 받지 않는 것이며, 죽을 때까지 환난이 없다는 것은 곧 말(言)을 골라서 하는 것이니, 그 덕이 지극하구나, 안회는!"」

(韓嬰, 『韓詩外傳』卷十)

⑤ 「어떤 사람이 말했다. "만약 내가 붉은 비단옷을 입고 황금을 품에 지니고 있다면 그 즐거움이 헤아릴 수 없을 텐데."

내가 말했다. "붉은 비단옷을 입고 황금을 품에 지니고 있는 자의 즐거움도 안회의 즐거움만 못하다. 안회의 즐거움은 마음 속에서 우러나온 것이고, 붉은 비단옷에 황금을 지닌 자의 즐거움은 외부로부터 주어진 것이다."

그가 말했다. "그렇다면 쌀 항아리가 자주 텅텅 비어 먹을 것이 없는 사람(안회)의 속마음은 어떤 것인가요?"

내가 말했다. "만약 안회에게 공자 같은 스승이 없었다면, 설령 그가 천하를 얻는다고 하더라도, 그에게는 즐거움이 될 수 없었을 것이다."」

(楊雄,『法言』<學行>)

⑥「정자(程子)가 말하기를, "옛날 주무숙(周茂叔) 선생님께 배울 때, 매번 공자와 안회가 즐거워했던 것이 무엇인지, 즐거워했던 것이 어떤 일이었는지 생각해 보라고 하셨다."고 했다. 정자의 말은, 배우는 사람들이 깊이 생각하여 스스로 그것을 터득하기를 바란 것이다. 지금 나 또한 감히 이에 대해 망녕되이 설명을 덧붙이지 않는 것은 … (배우는 자들이 힘껏 공부해 가는 과정에서) 스스로 터득하게 되기를 바라서이다.」

(朱子,『四書集注』)

━━━━━━ ● ● ● ● ● ● ● ● ● ● ━━━━━━

■ 염구(冉求)가 말했다 : "저는 선생님의 도(道)를 듣고 즐거워하지 않는 바는 아니지만, 그것을 배우고 실천하기에는 저의 힘이 모자랍니다."

공자께서 말씀하셨다 : "정말로 힘이 모자라는 사람은 중도에 허물어지고 만다. 그러나 지금 자네는 스스로 한계를 긋고 멈추는 것이다."

冉求曰: "非不說子之道, 力不足也." 子曰: "力不足者, 中道而廢①。今女畫②."

✤ 주(注)

① 中道而廢(중도이폐): "중도에서(中道) 허물어지다(廢)"는 뜻이다. 흔히 '廢'를 '폐지하다,' '그만두다'는 뜻으로 해석하지만, 본래의 뜻은 '지붕이 허물어져 내리다,' '지붕이 허물어져 더 이상 못쓰게 되다'이다. 사람의 경우, 힘이 다하여 쓰러져 죽거나, 다시 일어설 수 없게 된 그런 상태를 가리킨다.

② 畫(획): 고문의 자형 '𦘠·𤴑' 등은 손에 붓을 들고 그림이나 무늬를 그리고 있는 모습으로, 본래의 뜻은 '그림을 그리다'이고 '화'라고 읽는다. 선을 그을 때도 그림을 그릴 때와 같은 동작을 보이므로 '선을 긋다'는 뜻도 가지게 되었는데, 이 때는 '획'이라 읽는다. 후에 와서 이 둘을 서로 구분하기 위하여 부수자 '刂'(도: 칼)를 덧붙여 '劃'으로도 쓴다. "스스로 일정한 선을 그어 놓고 멈추어 서서 더 이상 앞으로 나아가지 않으려 한다." 는 뜻이다.

✤ 소(疏)

①「인(仁)을 실천하면서 힘이 모자라는 사람은 없으니, 인(仁)의 실천을 자신의 임무로 간주하는 자는 죽은 후에나 중

단한다. 염유가 힘이 모자라는 것을 걱정하였으나, 이는 그의 힘이 모자라는 것이 아니라 스스로 한계를 긋고 멈추어 선 것이다. 소위 중도에 폐한다는 것은, 비유하자면, 길을 가다가 중도에 발을 못 쓰게 된 것과 같다. 배우는 자가 성인을 따라 배우는 경우, 불행히도 죽게 되었을 때에만 그만두는 것이다.」

(張栻, 『論語解』)

② 「군자는 선(善)으로 옮겨가는 것을 귀하게 여긴다. 선으로 옮겨가는 사람이야말로 성인을 따르는 무리이다. 모든 시냇물은 바다를 배워 바다에 도달하지만, 작은 구릉은 산을 배우되 산에 도달하지 못한다. 그러므로 나는 스스로 한계를 긋고 멈추어 서는 것을 미워하는 바이다(百川學海, 而至于海; 丘陵學山, 而不至于山。是故惡夫畫也。).」

(楊雄, 『法言』<學行>)

● ● ● ● ● ● ● ● ● ●

■ 공자께서 말씀하셨다. "맹지반(孟之反)은 자기의 공(功)을 자랑하지 않았다. 그는 패하여 달아날 때에 적을 막아 싸우느라 뒤에 남아 있다가, 성문(城門)에 들어올 때에는 자기 말에 채찍질하여 앞으로 나오면서 말하기를, '일부러 뒤에 남아 있으

려 했던 것은 아니고, 말이 빨리 달리지 못했기 때문이다'고 했다."

子曰: "孟之反不伐①, 奔而殿②, 將入門, 策其馬, 曰: '非敢後也, 馬不進也.'"

✤ 주(注)

① **不伐**(불벌): "공을 자랑하지(伐) 않았다(不)." '伐'의 고문자형 '𢦒'은 '창'(千→戈)으로 '사람'(亻→亻·人)을 찌르고 있는 모습으로, 본래의 뜻은 '창으로 찌르다,' '베다'이다. 전쟁에서는 적을 찔러 죽이는 것이 곧 '공'(功)이므로, '공'(功)이란 뜻을 갖게 되었고, 공을 이루게 되면 자랑하고 싶어지는 것이 사람의 본능이므로, '자랑하다'는 뜻을 갖게 되었다.
② **殿**(전): 군대가 이동할 때 후미에서 적의 추격을 막는 것을 '殿'이라 하고, 앞에 서서 인도하는 것을 '啓'(계)라 한다.

✤ 소(疏)

① 「제(齊)의 국서(國書) 고무비(高無㔻)가 군사를 이끌고 노(魯) 나라로 쳐들어 와서, 노 나라 군사와 제 나라 군사가 들판에서 싸웠다. 이때 맹유자(孟孺子) 설(洩)은 우사(右師)를 통솔하고 염구(冉求)는 좌사(左師)를 통솔했다. 노 나라 군대가 제 나라 군대 안으로 쳐들어 갔으나 결국 우사(右師)

는 패주하고 그 뒤를 제 나라 군사가 추격해 오는 형세가 되었다. 이때 맹지측(孟之側)은 뒤에 처져서 '殿'을 맡았으나, 성문 가까이 와서는 화살을 뽑아 말을 때리면서 말했다. "말이 앞으로 나아가지를 않는다."」

(『左傳』<哀公十一年>)

■ 공자께서 말씀하셨다. "사람의 삶은 곧아야 한다. 곧지 않고도 살아가는 사람이 있지만, 그런 자는 요행히 죽음을 면하고 있는 것에 불과하다."

子曰: "人之生也直, 罔之生也①幸而免②."

✤ 주(注)

① 罔之生也(망지생야): '罔'은 곧 '無'(무)의 뜻이다. "정직함이(之) 없이도(罔) 살아감은(生也)"

② 幸而免(행이면): "요행히(幸) 죽음을 면하다(免)." 여기서 '幸'은 '다행'(多幸), '행복'의 뜻이 아니라 '요행'(徼幸)의 뜻이다. '免'의 빈어(목적어)가 생략되어 있는데, 여기서는 '요사'(夭死), '횡사'(橫死) 등 죽음(死)을 가리킨다. 죽어 마땅한데 죽지

않는 것은 '幸而免'이고, 죽을 수 없는데 죽는 것은 '不得其死'(부득기사)이다.

❧ 소(疏)

① 「공자께서 말씀하셨다. "군자에게는 요행(幸)은 없으나 불행(不幸)은 있고, 소인에게는 요행(幸)은 있으나 불행(不幸)은 없다."(君子無幸而有不幸, 小人有幸而無不幸。)」

(王充,『論衡』<幸偶>)

② 「당(唐)의 한자(韓子)가 말했다. "군자가 화(禍)를 입는 것은 불행(不幸)이지만, 소인이 화를 입는 것은 항상 있는 일(恒)이다. 군자가 복(福)을 받는 것은 항상 있는 일(恒)이지만, 소인이 복을 받는 것은 요행(幸)이다."」

(黃式三,『論語後案』)

●●●●●●●●●●

■ 공자께서 말씀하셨다. "그것을 아는 것은 그것을 좋아하는 것만 못하고, 그것을 좋아하는 것은 그것을 즐기는 것만 못하다."

子曰: "知之①者, 不如好之者; 好之者, 不如樂之者。"

✤ 주(注)

① 知之(지지): "그것을(之) 안다(知)." '之'는 구체적으로 무엇을 가리키는가? 여러 가지를 가리킬 수 있는 경우, 이를 범지대사(泛指代詞)라 한다. 여기서 '之'는 배움, 학문 등을 가리키고 있다.

✤ 소(疏)

①「배움에는 깊고 얕음이 있다. '知之'란 배움이 유익함을 안다는 것이다. '好之'란 배움을 좋아하는 것이다. '樂之'란 그것을 크게 즐긴다는 것이다. 비록 배움이 유익함을 알지만 때로는 이것저것 따져 보고 그 속에 유익함이 있음을 알고 나서야 배울 줄 안다. 그러므로 이것을 독실하게 좋아하는 것만 못하다. 좋아함에는 왕성할 때와 시들할 때가 있다. 따라서 이는 깊이 즐기는 것만 못하다.」

(皇侃, 『論語義疏』)

②「맛을 같이 느끼면서도 그것을 더 좋아하는 자는 반드시 그것을 달게 여기는 자이고, 같은 스승 밑에서 배우더라도 무리에서 뛰어나는 자는 그 스승의 가르침을 즐거워하는 자이다. 달게 여기지도 않고 즐거워하지도 않으면서 뛰어날 수 있었다는 얘기는 들어보지 못했다.」

(劉安, 『淮南子』<繆稱>)

③ 「장경부(張敬夫)가 말했다. "오곡(五穀)에 비유하자면, '知者'는 그것이 먹을 수 있는 것임을 아는 자이고, '好者'는 그것을 먹어보고 그 맛을 좋아하는 자이고, '樂者'는 그 맛을 좋아해서 배불리 먹는 자이다. 알고서도 좋아할 줄 모르는 것은 앎이 지극하지 못해서이고, 좋아하면서도 즐기는 데 이르지 못하는 것은 좋아함이 지극하지 못해서이다. 이것이 곧 옛 학자들이 자강불식(自強不息)한 까닭일 것이다."」

(朱子, 『四書集注』)

■ 공자께서 말씀하셨다. "지자(知者)는 물을 좋아하고, 인자(仁者)는 산을 좋아한다. 지자는 동적(動的)이고 인자는 정적(靜的)이다. 지자는 즐거워하고 인자는 오래 산다."

子曰: "知者樂水①, 仁者樂山。 知者動, 仁者靜。 知者樂, 仁者壽。"

❖ 주(注)

① **知者樂水**(지자요수): "지혜로운(知) 사람은(者) 물을(水) 좋아한다(樂)." '樂'은 '좋아한다'는 뜻일 때는 '요'라 읽고, '즐거워하다'는 뜻일 때는 '락'으로 읽고, '음악'이란 뜻으로 쓰일 때는 '악'으로 읽는다.

❖ 소(疏)

① 「누가 물었다. "지자(知者)는 왜 물을 좋아합니까?"

이에 말했다. "물이란 순리를 좇아 가면서 조그만 빈틈도 남겨 두지 않고 모두 채우는 것이 지자(知者)를 닮았고, 움직일 때는 아래에 처(處)하는 것이 예절바른 사람(禮者)을 닮았고, 깊은 곳으로 떨어지면서도 주저함이 없으니 이는 용자(勇者)를 닮았고, 방해물을 만나 갇혔을 때는 스스로를 맑게 하니 이는 천명을 아는 자(知命者)를 닮았고, 중도에 꺾이지 않고 마침내 목적지에 이르니 이는 덕있는 자(德者)를 닮았다. 천지는 물이 있음으로써 이루어지고, 많은 무리의 생물은 물이 있음으로써 살아가며, 국가는 물이 있음으로써 안녕을 누리고, 만사는 물이 있음으로써 평온을 누리는바, 이러한 이유로 지자(知者)는 물을 좋아하는 것이다.」

(韓嬰, 『韓詩外傳』卷三)

② 「자장(子張)이 물었다. "인자(仁者)는 왜 산을 좋아합니까?"

공자께서 말씀하셨다. "산은 우뚝 높이 솟아 있다. 우뚝 높이 솟아 있다고 해서 왜 좋아하는가? 산은 초목이 그곳에서 자라고, 새와 짐승들이 그곳에 모여들고 그곳에서 번식하고, 온갖 재물이 그곳에서 번식하는데, 산은 그것들을 낳아 자라게 하면서도 그것들을 자기 소유로 여기지 않는다. 사방에서 산에 있는 것들을 베어 가는데도 자기 것이라 여기지 않고 기꺼이 내어 준다. 산은 구름과 바람을 만들어 내어 하늘과 땅 사이를 소통시켜 양(陽)과 음(陰)의 기운이 화합하게 하고, 비와 이슬을 내려 만물이 살아가게 하는데, 백성들은 그것을 먹고 살아간다. 이러한 이유로 인자(仁者)는 산을 좋아하는 것이다."」

(『孔子家語』·『尙書大全』)

③ 「인자(仁者)는 의리(義理) 지키는 것을 편안히 여기고, 그 성품이 중후하여 쉽게 옮겨가지 않는다. 이는 산의 성질과 비슷하므로, 그래서 인자는 산을 좋아하는 것이다.」

(朱子, 『四書集注』)

④ 「지자(知者)는 자신의 재주와 지혜를 사용하여 사물에 민첩하게 대처하는 것을 즐기는데, 이는 물이 쉬지 않고 끊임없이 흘러가는 것과 같으므로 동적(動的)이라 하였고, 인자(仁者)는 산처럼 느긋이 한 자리에 고정되어 있는 것을 편안히 여기고 즐기는데, 자연은 움직이지 않으므로 비로소 만물이 그곳에 터잡고 살아갈 수 있는 것과 같은 이치이다. 그래서 정적(靜的)이라 한 것이다.」

(包咸, 『論語章句』)

⑤ 「인자(仁者)가 오래 사는 것은 밖으로는 탐내는 것이 없고, 안으로는 청정(淸淨)한 삶을 살고, 마음은 화평하여 중정(中正)을 잃지 않으며, 천지 가운데서 좋은 것을 취하여 그것으로 자기 몸을 기르기 때문이다.」

(董仲舒,『春秋繁路』<循天之道>)

■ 공자께서 말씀하셨다. "만약 지금 고(觚)라고 부르고 있는 그릇이 고(觚)의 본래 모습과 같지 않다면, 그것이 고(觚)이겠느냐, 고(觚)이겠느냐?"

子曰: "觚不觚①, 觚哉, 觚哉!"

✤ 주(注)

① 觚不觚(고불고): 앞의 '觚'는 공자 당시 사람들이 '觚'라고 부르고 있던 그릇의 명사이고, 뒤의 '觚'는 본래의 '觚'라는 그릇의 모습을 가리키는 형용사이다. 명사 앞에 부정사 '不'이 있으면 그 명사가 형용사로 쓰이고 있음을 나타낸다. (예: 君子不器)

'觚'의 본래 모습은 위는 입이 둥글고 큰 나팔형이며, 중간의 배 부분이 가늘어지면서 네모난 허리가 있고, 발은 둥글면서도 네 개의 능각(稜角)이 있었는데, (그림 ①), 이것이 후에 와서는 허리가 몹시 가늘고 긴 원통모양으로 변했다(그림 ②).

그림 ①   그림 ②

✤ 소(疏)

①「제(齊) 경공(景公)이 공자께 정치에 관해 묻자, 공자께서 대답하셨다. "임금은 임금다워야 하고(君君), 신하는 신하다워야 하며(臣臣), 아비는 아비다워야 하고(父父), 자식은 자식다워야(子子) 합니다."」

(『論語』<顏淵>)

②「이는 모두 공자께서 주장하신 정명(正名), 즉 명분을 바르게 해야 한다는 뜻이다. '觚'란 술그릇이 본래의 '觚'처럼 생기지 않았다면 그 명칭(名)과 실제(實)가 혼란스러워지고 만다. 공자께서는 이처럼 작은 사물을 보시고도 느끼신 바가 있어서 하신 말씀이지, 어찌 구구하게 그릇 하나하나의 형태에 대해서 따져 말씀하신 것이겠느냐? 임금이 임금답고, 신하가 신하답고, 아비가 아비답고, 자식이 자식다운 경우는 '觚不觚'의 경우와는 다른 것이다.」

(楊樹達, 『論語疏證』)

- - - - - - - - - -

■ 재아(宰我)가 물었다. "인자(仁者)는, 만약 그에게 '우물에 사람이 빠져 있습니다'고 말한다면, 그는 빠진 자를 구하러 우물 속으로 뛰어듭니까?"

　공자께서 말씀하셨다. "어찌 그렇게 하겠느냐? 군자라면, 그를 우물가로 가게 할 수는 있으나, 그가 우물 속에 뛰어들게 할 수는 없고, 사리(事理)에 맞는 말로 그를 속일 수는 있으나, 도리에 어긋난 말로 그를 속여 해칠 수는 없다."

宰我問曰: "仁者, 雖告之曰: '井有仁焉[1],' 其從之[2]也?" 子曰: "何爲其然也? 君子可逝也, 不可陷[3]也; 可欺也, 不可罔[4]也."

- - - - - - - - - -

주(注)

① 井有仁焉(정유인언): "우물이(井) 그곳에(焉) 사람을(仁=人) 가지고 있다(有)." 즉 "우물 속에 사람이 빠져 있다"는 뜻이다.
② 從之(종지): "그를(之) 따라가다(從)." 즉, "우물 속에 빠진 사

람을 구하러 자신도 우물 속으로 따라 들어간다"는 뜻이다.
③ **可逝, 不可陷**(가서, 불가함): "(우물가로) 가게 할 수는 있으나, 그가 빠지게 할 수는 없다."
④ **可欺, 不可罔**(가기, 불가망): '欺'는 도리에 맞는 말로 속이는 것이고, '罔'은 사리분별할 줄 모르는 어리석은 경우에만 속을 수 있는 방법으로 속이는 것이다.

✤ 소(疏)

①「"가서 보니 정말 우물 속에 사람이 빠져 있다면 어찌 합니까?"

소씨(蘇氏)는 말했다. "물에 빠진 자를 구하는 것은 인자(仁者)라면 반드시 해야 할 일이다. 그러나 자신의 목숨을 희생시키고도 남에게 유익함이 없는 짓은 인자라면 반드시 하지 말아야 할 것이다"고.

만약 임금이나 부모가 위험에 처해 있다면 신하나 자식 된 자가 구하러 달려가는 것이 옳은 도리이겠으나, 그럴 때에도 구할 장비를 찾아서 해야지 맨몸으로 무턱대고 따르지는 않는다.」

(朱子, 『論語或問』)

②「군자는 도리에 맞는 방법으로 속일 수는 있으나, 도리에 맞지 않는 방법으로 속이기는 어렵다(君子可欺以其方, 難罔以非其道).」

(『孟子』<萬章上>)

■ 공자께서 말씀하셨다. "군자가 폭넓게 학문을 배우고, 그 배운 것을 예(禮)로써 잡도리한다면, 또한 도(道)를 어기지 않을 수 있을 것이다."

子曰: "君子博學於文①, 約之②以禮, 亦可以弗畔矣夫!"

주(注)

① 文(문): 학문. 여기에는 시서(詩書) 등의 전적(典籍)뿐 아니라 역사, 제도, 문물, 선왕의 가르침 등도 포함된다.
② 約之(약지): "그것을(之) 잡도리한다(約)." 폭넓게 배운 학문의 내용을 나뭇가지 무더기에 비유한다면, 예(禮)라는 끈으로 그것들을 단단히 묶어서 흩어지지 않게 하는 것이 곧 '約'이다.

■ 자공(子貢)이 말했다. "만약 백성들에게 널리 은덕을 베풀고 대중을 구제해 줄 수 있는 사람이 있다면, 어떻습니까? 그를 인자(仁者)라고 할 수 있습니까?"

공자께서 말씀하셨다. "어찌 인자(仁者)에 그치겠느냐? 그는 반드시 성인(聖人)일 것이다. 요(堯) 임금이나 순(舜) 임금 같은 성인들도 그렇게 하지 못함을 걱정했었다. 대저 인자(仁者)란, 자기가 서고자 하는 곳에 남들도 서게 하고, 자기가 이루고자 하는 것은 남들도 이루도록 한다. 가까이 있는 것, 즉 자신의 몸이나 마음에서 유추하여 그것을 남에게 미치게 할 수 있는 것, 이것이 곧 인(仁)을 실천하는 방법이라 할 수 있을 것이다."

子貢曰: "如有博施於民而能濟衆, 何如? 可謂仁乎?" 子曰: "何事於仁①! 必也聖乎! 堯舜其猶病諸②! 夫仁者, 己欲立而立人, 己欲達而達人。能近取譬③, 可謂仁之方也已。"

✣ 주(注)

① 何事於仁(하사어인) : "어찌(何事) 인에만(仁) 있겠느냐(於)." 즉, 인(仁)의 경지를 넘어선다는 뜻이다. 여기서 '事'는 곧 '爲'의 뜻이다.
② 其猶病諸(기유병제) : "아마도(其) 오히려(猶) 그것을(之) 걱정했을(病) 것이다(乎)." '諸'는 '之乎'의 합음(合音)이다.
③ 近取譬(근취비) : "가까운 데서(近) 비유를(譬) 취하다(取)."

❖ 소(疏)

①「가까이 자기 몸에서 취하여 그것을 다른 사람에게로 미루어 본다. 그러면 자기가 원하는 것은 남도 원하는 것인 줄 알게 된다. 그런 후에 자기가 원하는 것을 미루어서 남에게도 미치게 하는데(推己及人), 이것이 곧 '恕'(서)에 해당하는 일이자 '仁'(인)을 실천하는 방법인 것이다.」

(朱子, 『四書集注』)

②「자기 집 어른을 공경하는 마음을 미루어서 그것을 남의 집 어른에게까지 미치게 하며, 자기 자식을 귀여워하고 보살피는 마음을 미루어서 그것을 남의 집 자식에게까지 미치게 한다.」

(『孟子』<梁惠王上>)

③「이윤(伊尹)은 말했다. "하늘이 이 백성들을 낳아 기름에 있어서 먼저 알고 먼저 깨달은 사람으로 하여금 뒤늦게 알고 뒤늦게 깨치는 사람들을 알게 해 주고 깨우쳐 주도록 했다. 나는 하늘이 낳은 백성들 가운데서도 먼저 깨달은 자이다. 내가 이 도(道)로써 이들을 깨우쳐 주지 않는다면, 누가 이들을 깨우쳐 주겠느냐?"」

(『孟子』<萬章上>)

7. 述而(술이)

■ 공자께서 말씀하셨다. "나는 옛 성현들의 가르침을 풀이하여 전할 뿐 새로운 것을 창작해 내지는 않았고, 옛 것을 믿고 좋아하였다. 이런 점에서 나의 방식을 옛날의 노팽(老彭)이란 분과 비교해 본다."

子曰:"述而不作①, 信而好古, 竊比於我老彭。"

✤ 주(注)

① 述而不作(술이부작): '述'은 곧 '傳述'(전술)의 뜻이다. 앞선 사람의 사상이나 학문, 또는 선왕의 제도 등을 풀이하여 전하는 것. '作'은 곧 '創作'(창작)이니, 없던 것을 새로 만드는 것이다.

② 竊(절): 본래는 '훔치다'란 뜻의 동사로 쓰이지만, 여기서는 '혼자 속으로 그렇게 생각해 본다'는 뜻을 나타내는 부사로 쓰이고 있다.

■ 공자께서 말씀하셨다. "덕(德)을 닦지 않는 것, 배운 것을 제대로 익히지 않는 것, 의(義)에 대해 듣고서도 그것을 따라 실천할 수 없는 것, 나의 좋지 못한 점을 고칠 수 없는 것, 이 네 가지가 내가 평소에 걱정하는 것들이다."

子曰: "德之不修, 學之不講, 聞義不能徙, 不善不能改, 是吾憂也。"

✤ 소(疏)

① 「군자가 배우는 모습은 마치 벌레가 허물을 벗는 것과 같으니, 신속히 다른 모습으로 옮겨간다. 그러므로 그들은 행동할 때에도 배우고, 서 있을 때에도 배우고, 앉아 있을 때에도 배우고, 그 얼굴 표정과 말할 때의 어조(語調)까지 배운다. 선한 것을 보고는 머뭇거리지 않고 따라 하고, 의문나

는 것이 있으면 밤이 새기를 기다리지 않고 곧바로 물어본다.」

(『荀子』<大略>)

② 「윤씨(尹氏)는 말했다. "덕(德)은 반드시 닦은 후에야 이루어지고, 학문은 반드시 익힌 후에야 분명해지고, 선한 일을 보고는 그대로 따라 할 수 있고, 잘못을 고치기를 주저하지 않는 것, 이 네 가지는 날마다 새로워지기 위한 요체이다(日新之要). 성인조차 이를 제대로 하지 못할까봐 걱정했는데, 하물며 배우는 자에게 있어서랴!"」

(朱子, 『四書集注』)

■ 공자께서 말씀하셨다. "배우려고 단단히 결심하고 있는 자가 아니면 깨우쳐 주지 않고, 하고 싶은 말이 입 안에 뱅뱅 돌 정도가 아니면 터트려 주지 않는다. 한 모퉁이를 들어서 보여주었을 때 나머지 세 모퉁이까지 알아낼 정도로 준비되어 있지 않은 자에게는 되풀이해서 설명해 주지 않는다."

子曰: "不憤①不啓②, 不悱①不發②。擧一隅, 不以三隅反, 則不復也。"

❖ 주(注)

① 憤·悱(분·비): '憤'은 무엇을 하고자 하는 마음으로 꽉 차 있는 것. '悱'는 마음 속으로 이해하고 있고 그것을 말로 표현하고자 하나, 어떻게 표현해야 좋을지 몰라서 더듬거리고 있는 것. 흔히 '말이 입 속에서 뱅뱅 돈다'고 말하는 그런 상태를 가리킨다.

② 啓·發(계·발): '啓'의 고문자형 '启'은 문(月→戶)과 손(彳→攵)과 입(ᄇ→口)으로 이루어져 있다. "손(彳)으로 문(戶)을 열 듯이 말(口)로써 열어준다(깨우쳐 준다)"는 뜻을 나타낸다. '發'의 고문자형 '癹·發'은 손(彳→又)으로 막대기나 창(丨→殳·几)을 들고 달려와서 그것을 막 던지는 순간 멈추어 선 두 발(屮屮→癶)의 모습으로, 본래의 뜻은 '던지다,' '나가다,' '터지다'이다.

❖ 소(疏)

① 「처음으로 시초(蓍草) 점을 쳤을 때는 점괘가 그 길흉(吉凶)을 말해 주지만, 두 번이나 세 번 거듭 점을 치게 되면, 이는 점괘를 모독하는 것이 된다. 점괘를 모독하게 되면 점괘는 길흉을 말해 주지 않는다. 이럴 때는 올바름을 지키고 있는 것이 이롭다.」

(『周易』<蒙卦象傳>)

■ 공자께서는 상(喪)을 당한 사람 곁에서 식사하실 때에는 배불리 드시는 일이 없으셨다. 공자께서는 곡(哭)을 하신 날에는 노래를 부르시지 않으셨다.

子食於有喪者之側, 未嘗飽^①也。子於是日哭, 則不歌。

❊ 주(注)

① 未嘗飽(미상포) : "일찍이(嘗) 배불리 먹은 적이(飽) 없었다(未)"

❊ 소(疏)

①「상(喪)을 당했을 때는 즐거운 일(樂)을 이야기하지 않고, 제사를 지낼 때는 흉한 일(凶)을 말하지 않으며, 공무를 보는 곳(公廷)에서는 부녀자에 관해서 말하지 않는다.」

(『禮記』<曲禮>)

■ 공자께서 말씀하셨다. "부(富)를, 만약 의(義)에 합당하게 추구할 수 있다면, 나는 손에 채찍을 들

고 길을 트는 천한 길나장이 역할이라도 할 것이다. 만약 그렇지 못한다면, 내가 좋아하는 일을 하겠다."

子曰: "富而可求①也, 雖執鞭之士②, 吾亦爲之。如不可求, 從吾所好。"

주(注)

① 富而可求(부이가구): '而'는 '만약'(如)의 뜻이다. '可求'는 단순히 어떤 방식으로든 추구한다는 것이 아니라, 의(義)에 어긋나지 않게 추구한다는 뜻이 전제되어 있다. 옛날에는 '富'는 곧 높은 관직(貴)을 맡아 많은 봉록(祿)을 받아야만 가능했으므로, 이것은 "의(義)에 합당하게 관직을 맡는다"는 것과 같은 뜻이다.
② 執鞭之士(집편지사): 높은 사람이 행차할 때 앞에서 채찍을 잡고(執鞭) "길 비켜라! ㅇㅇ대감 행차시다!"라고 소리치며 길을 틔우는 나졸. 성문이나 시장 앞에서 채찍을 들고 질서를 유지하는 사람이라고 해석하는 학자도 있다.

소(疏)

① 「불의(不義)한 짓을 하여 부귀해지는 것은 나에게는 뜬구름과 같다(不義而富且貴, 於我如浮雲。)」

(『論語』<述而>)

② 「만약 도리에 어긋난다면 한 그릇의 밥도 남에게서 얻어 먹어서는 안 되고, 만약 도리에 맞는다면 순(舜) 임금이 요(堯) 임금에게서 천하를 물려받은 것조차 과분하다고 할 수 없다.」

(『孟子』<滕文公下>)

③ 「부귀(富貴)는 모든 사람들이 바라는 것이다. 만약 의(義)에 합당한 방법으로 추구할 수 있다면, 비록 자기 자신을 굽히더라도 무방하다. 그러나 그것을 추구하는 것이 의(義)에 어긋나는 경우에는, 차라리 빈천한 상태에 머물면서 자신의 뜻을 지키는 것이 낫다.」

(陳天祥,『四書辨疑』)

* * *

■ 공자께서 말씀하셨다. "거친 밥을 먹고, 냉수를 마시면서, 팔을 굽혀 베개삼고 누웠으되, 즐거움은 또한 그런 가운데도 있느니라. 불의한 짓을 해서 부귀(富貴)해지는 것은 나에게는 뜬구름과 같으니라."

子曰: "飯疏食①, 飮水, 曲肱而枕之②, 樂亦在其中矣。不義而富且貴, 於我如浮雲。"

❈ 주(注)

① 飯疏食(반소사) : "거친 현미밥(疏食)을 먹다(飯)." '疏'는 '현미' 또는 '조'라는 해석과 '나물'(蔬菜)이란 해석이 있는데, 둘 다 통한다. '食'은 '먹다'는 뜻일 때는 '식,' '밥'이란 뜻일 때는 '사'라 읽는다.
② 曲肱而枕之(곡굉이침지) : "팔을(肱) 굽혀서(曲) 그리고(而) 그것을(之) 베개삼다(枕)."

❈ 소(疏)

①「군자는 현재 부귀한 처지에 있다면 그에 맞게 행동하고, 현재 빈천한 처지에 있다면 또한 그에 맞게 행동한다… 군자는 어떤 환경에 처하든지 자득(自得)하지 않음이 없다. 따라서 군자는 평이한 가운데 처하면서 천명(命)을 기다리고, 소인은 위험한 행동을 하면서 요행(幸)을 바란다.」

(『禮記』<中庸>)

②「"백이(伯夷)와 이윤(伊尹), 그리고 공자 이 세 분에게는 공통점이 있습니까?"

"있지. 사방 백 리의 조그만 땅이라도 가진 군왕(君王)의 자리에 있었더라면, 세 분 모두 그 땅을 근거로 천하를 차지하여 제후들의 조회를 받을 수 있었을 것이다. 그러나 만약 한 가지라도 불의(不義)한 일을 행하거나 무고한 사람을 죽여야만 천하를 차지할 수 있다고 한다면, 이 세 분께서는 천하를 차지하지 못할지언정 그런 일은 하시지 않았을 것이다.

이것이 그 세 분의 공통점이다."」

(『孟子』<公孫丑上>)

■ 초(楚) 나라의 섭공(葉公)이 자로(子路)에게 공자에 관하여 물었으나, 자로는 대답하지 않았다.
공자께서 말씀하였다. "너는 어째서 이렇게 대답하지 않았느냐? 그분의 사람됨은 발분(發憤)해서 어떤 일을 할 때에는 식사조차 잊어버리고, 즐거워할 때에는 모든 근심걱정을 잊어버리고, 머지 않아 곧 노인이 된다는 사실조차 알지 못하는 그런 사람이라고."

葉公問孔子於子路①, 子路不對。子曰: "女奚不曰: '其爲人也, 發憤忘食, 樂以忘憂, 不知老之將至② 云爾。'"

❋ 주(注)

① **問孔子於子路**(문공자어자로) : "자로에게(於子路) 공자에 관하여(孔子) 묻다(問)." "問Ⓐ於Ⓑ"는 "Ⓑ에게 Ⓐ에 관하여 묻

다"는 표현의 문장형식이다.
② **不知老之將至**(부지노지장지) : "늙음이(老) 장차(將) 이른다는(至) 것을(之) 알지 못한다(不知)."

　　이것은 본래 독립적인 '老 + (將)至'(늙음이 장차 이른다)가 '知'의 빈어(목적어)구로 되면서, 절(節)을 구(句)로 바꾸는 조사 '之'가 주어 '老'와 술어 '將至' 사이에 추가된 형식이다.

✤ 소(疏)

①「공자께서는 '발분(發憤)한다'고만 말씀하시고 그 발분하신 바가 무엇인지는 말씀하시지 않았다. 그리고 '즐거워한다(樂)'고만 말씀하시고 그 즐거워하신 바가 무엇인지는 말씀하시지 않았다. 그러면서도 이어서 "늙음이 곧 찾아오고 있음을 알지 못한다"고 하셨으니, 아, 그 발분하신 바와 즐거워하신 바는 참으로 지극하구나.」

(焦竑, 『焦氏筆乘』)

②「보통 사람들의 발분함은 공명(功名)과 부귀(富貴)에 불과하고, 얻지 못했을 때는 발분하여 도모하지만, 이미 얻은 후에는 뜻을 이루었다고 즐거워한다. 발분하고 즐거워한다는 점에서는 (군자나 보통 사람이나) 같으나, 그 발분하고 즐거워하는 이유는 다르다.」

(李顒, 『四書反身錄』)

③「시경(詩經)의 소아편(小雅篇)에서 말했다. "높은 산 우러러보고, 넓은 길 걸어가네"라고.

공자께서는 말씀하셨다. "시인(詩人)의 인(仁)을 좋아함이 이와 같구나! 도(道)를 향하여 가다가 중도에 몸이 허물어져야 그만둘 뿐, 몸이 늙어감도 잊고, 살아갈 연수도 얼마 남지 않았음을 모른 채, 날마다 부지런히 노력하다가 죽고 나서야 그만둔다."」

(『禮記』<表記>)

■ 공자께서 말씀하셨다. "나는 태어나면서부터 안 사람이 아니다. 옛 것을 좋아하여 부지런히 힘쓰면서 그것을 추구했던 사람이다."

子曰:"我非生而知之^①者, 好古, 敏以求之者也。"

주(注)

① 生而知之(생이지지) : "나면서(生而) 그것을(之) 알다(知)."

소(疏)

① 「어떤 사람은 태어나면서부터 알고(生而知之), 어떤 사람은 배워서 알고(學而知之), 어떤 사람은 곤경에 처해 본

다음에야 안다(困而知之). 그러나 아는 데 이른다는 점에 있어서는 한가지이다.」

(『禮記』<中庸>)

■ 공자께서 말씀하셨다. "세 사람이 함께 갈 때, 그 중에는 반드시 나의 스승이 있다. 그들 가운데서 좋은 점은 찾아서 본받아 따르고, 좋지 않은 점은 찾아내어 그것을 고쳐 나간다."

子曰: "三人行, 必有我師焉; 擇其善者①而從之, 其不善者而改之."

✱ 주(注)

① 擇其善者(택기선자) : "그의(其) 좋은 점(善者)을 택한다(擇)." 이것은 나를 제외한 두 사람 중에는 좋은 사람과 나쁜 사람이 있으므로 좋은 사람을 골라서 스승으로 삼는다는 뜻이 아니고, 나를 제외한 다른 사람들의 행동들 중에서 좋은 점을 골라 취한다는 뜻이다. "擇其不善者"도 같은 뜻이다.

❖ 소(疏)

① 「초(楚) 나라의 장왕(莊王)이 말했다. "옛날 탕(湯) 임금의 신하였던 중훼(仲虺)가 이런 말을 했었다. '제후의 덕(德)은, 스스로 스승을 취할 수 있으면 천자가 될 수 있고, 스스로 자신과 비등한 자를 벗으로 취할 수 있으면 생존할 수 있고, 스스로 자신보다도 못한 자를 택하면 멸망할 것이다.'라고. 이제 과인이 어리석은데다 군신들이 내놓은 계책들이 나보다 못하니, 나는 아마도 멸망하려는 것인가?"」

(『呂氏春秋』<驕恣>)

② 「자산(子産)이 말했다. "그의 좋은 점은 내가 그것을 실천하고, 그의 나쁜 점은 내가 그것을 고쳐 나간다면, 이들이 곧 나의 스승이다."」

(『左傳』<襄公三十一年>)

●●●●●●●●●●

■ 공자께서 물고기를 잡으실 때, 〔한 번에 한 마리씩 잡을 수 있는〕 낚시로는 잡으셨으나, 〔한꺼번에 많은 고기를 잡을 수 있는〕 주낙으로는 잡지 않으셨다. 그리고 새를 잡으실 때, 날아가는 새를 주살로 쏘아서 잡기는 하셨으나, 둥지에서 잠자고 있는

새를 쏘아 잡지는 않으셨다.

子釣而不綱①, 弋②不射宿。

🟊 주(注)

① 綱(강) : 한 줄에 여러 개의 낚시바늘을 매달아 강에 가로 걸쳐 놓아서 물고기를 잡는 주낙. 이것을 '網'(망)의 오자(誤字)로 보고 '그물'이라고 해석하기도 한다.
② 弋(익) : 화살에 실을 묶어서 쏨으로써 화살을 맞은 새가 멀리 도망가지 못하게 만들어 놓은 주살.

🟊 소(疏)

①「큰 못에 촘촘한 그물을 던져 물고기 새끼까지 다 잡지 않도록 한다면, 물고기와 자라는 다 먹을 수 없을 정도로 많아질 것이고, 도끼로 나무를 베는 데도 알맞은 때를 정해서 한다면, 목재는 다 쓸 수 없을 만큼 많아질 것이다.」

(『孟子』<梁惠王上>)

②「홍씨(洪氏)는 말했다. "공자는 어렸을 때 빈천하였다. 어머니를 봉양하고 제사를 지내기 위하여 때로는 부득이 하여 낚시도 하고 새도 잡았는데, 사냥시합에 참여한 것도 그런 이유에서였다. 그러나 그는 그런 경우에도 눈에 띄는 대로 몽땅 잡아서 본래의 의도에서 벗어나는 일은 하지 않았

다. 이로써 인(仁)한 사람의 본심이 어떤 것인지 볼 수 있다. 물건을 대하는 마음씨가 이러하였으니, 그가 어떻게 사람을 대하였는지 알 수 있고, 작은 것을 이처럼 하였으니, 큰 것을 어떻게 하였는지 알 수 있다"고.」

(朱子,『四書集注』)

■ 공자께서 다른 사람들과 노래를 하실 때, 그 노래가 좋으면 반드시 한 번 더 불러보도록 하신 후, 그 노래를 함께 따라 부르셨다.

子與人歌而善, 必使反之, 而後和之①。

✤ 주(注)

① 和之(화지): "그것에(之) 화답하다(和)." 즉, 남이 부르는 노래에 금(琴)이나 슬(瑟) 또는 육성(聲)으로 화답(和答)하는 것을 말한다. 이것을 '따라서 함께 불렀다'고 해석해도 된다.

✤ 소(疏)

① 「공자께서 제(齊) 나라에 가셨을 때, 순(舜) 임금이 지었

다는 소(韶)란 악곡을 들으시고는 그 음악에 심취하시어 석달 동안이나 고기 맛을 알지 못하셨다(三月不知肉味). 그리고는 말씀하셨다. "소(韶)라는 음악이 이처럼 아름답고 훌륭한 줄은 미처 몰랐다(不圖爲樂之至於斯也)."」

(『論語』<述而>)

■ 공자께서 말씀하셨다. "내 어찌 감히 성인(聖人)과 인자(仁者)라고 자처(自處)하겠느냐? 그러나 그것을 배우는 데 싫증내지 않고, 남을 가르치는 데 게으르지 않았다고 말할 수는 있을 것이다."

그러자 공서화(公西華)가 말했다. "바로 그 점을 저희 제자들은 도저히 따라 배울 수가 없습니다."

子曰: "若①聖與仁, 則吾豈敢? 抑②爲之不厭, 誨人不倦, 則可謂云爾已矣③。" 公西華曰: "正唯弟子不能學也。"

✤ 주(注)

① 若(약): 연사(連詞)로서, 앞에서 뒤에 나오는 내용을 제시하는 데 쓴다. '及'(급), '至'(지)의 뜻이다. '…에 관하여는,' '…에

이르러서는.'
② 抑(억) : 연사(連詞)로서, 전절(轉折)의 뜻을 나타낸다. '그러나(but)'
③ 云爾已矣(운이이의) : "…처럼 할 따름이다." 어기사 '云爾'와 어기사 '已矣'가 합해진 것으로, '云爾'는 '…와 같이(如此)'란 어기를, '已矣'는 긍정의 어기를 강조하는 것이다.

✤ 소(疏)

①「자공(子貢)이 공자께 물었다. "선생님께서는 성인이시지요?"

공자께서 말씀하셨다. "성인이야 내 어찌 될 수 있겠나. 다만, 나는 배우는 데 싫증내지 않고, 남을 가르치는 데 게으르지 않을 따름이다."

그러자 자공이 다시 말했다. "배우는 데 싫증내지 않음은 '지'(知)이고, 가르치는 데 게으르지 않음은 '인'(仁)입니다. 인(仁)과 지(知)를 겸하셨으니, 선생님께서는 이미 성인이십니다."」

(『孟子』<公孫丑上>)

- - - - - - - - - -

■ 공자께서 말씀하셨다. "〔예(禮)를 행할 때, 예에 규정되어 있는 것보다〕 사치하면 불손해지고, 검소하

면 고루해진다. 그러나 불손해지기보다는 차라리 고루해지는 쪽이 낫다."

子曰: "奢則不孫①, 儉則固。與其不孫也, 寧固②。"

❖ 주(注)

① **不孫**(불손): 여기서 '孫'은 곧 '遜'(손: 따르다. 공손하다)의 뜻이다.
② **與其不孫也, 寧固**(여기불손야, 녕고): "불손하기(不孫) 보다는(與其…也) 고루한 쪽이(固) 차라리 더 낫다(寧)." "與其 + Ⓐ + 也, 寧 + Ⓑ"는 "Ⓐ보다는 차라리 Ⓑ쪽이 더 낫다"는 비교의 뜻을 나타내는 문장형식으로, '也'는 일단 숨을 멈추는 역할을 하는 어기사이다. (예: "禮, 與其奢也, 寧儉。" → 예는, 사치스런 것보다는 차라리 검소한 편이 낫다.)

❖ 소(疏)

①「나라에 도(道)가 없을 때, 예를 규정대로 다 행하는 것을 군자는 수치로 생각한다. 나라가 사치스러울 때는 검소함을 실천하여 모범을 보이고, 나라가 검소할 때는 예를 행함으로써 모범을 보인다.」

(『禮記』<檀弓下>)

7. 述而(술이)

8. 泰伯(태백)

■ 공자께서 말씀하셨다. "〔주(周) 나라의 시조 고공단보(古公亶父)의 첫째 아들〕 태백(泰伯)은 참으로 지극한 덕(德)을 지니셨구나! 세 번이나 천하를 자기 동생에게 양보하였으되 백성들이 그의 덕(德)을 칭송할 수 없게 감쪽같이 하였으니."

子曰: "泰伯①, 其可謂至德也已矣②! 三以天下讓③, 民無得而稱焉。"

✿ 주(注)

① 泰伯(태백): 주(周) 나라의 시조 고공단보(古公亶父)에게는 태백(泰伯), 우중(虞仲), 계력(季歷)이란 세 아들이 있었다. 그

런데 고공단보는 막내 아들 계력이 낳은 손자 창(昌: 후에 文王이 됨)에게 큰 기대를 걸고 있었다.

아버지의 이런 뜻을 눈치 챈 맏아들 태백은 바로 아래 동생 우중과 함께 약초를 캐러 간다고 핑계대고 슬그머니 집을 나와서는 당시 야만상태에 있던 오(吳) · 월(越) 지방으로 가서 몸을 숨겼다.

후에 고공단보가 죽자 계력이 형들을 찾아가서 부친의 사망 소식을 전하고 함께 돌아가자고 권했다. 고향으로 돌아가서 부친의 장례를 마치고는 막내인 계력으로 하여금 아버지의 뒤를 잇게 한 후, 자신은 바로 아래 동생과 함께 다시 오·월 지방으로 가서 온 몸에 문신을 하고 단발을 하여 그곳 원주민들과 함께 살았다.

그후 계력을 거쳐 서백(西伯), 즉 문왕(文王) 대에 이르러 주(周) 나라는 강성해졌으며, 다시 문왕의 아들인 무왕(武王) 때에 이르러 은(殷) 나라를 멸망시키고 천하를 차지하였다.

이처럼 당연히 자기의 차지가 될 임금의 자리를 아버지의 뜻을 헤아려 자진해서 동생에게 양보한 태백의 행동을 공자는 '지극한 덕(德)을 지닌' 것으로 극찬하고 있다.

(참고:『史記』<周本紀>·『吳越春秋』·『韓詩外傳』)

② **也已矣**(야이의): 어기사 '也'와 '已'와 '矣'를 연용(連用)한 것으로, 판단 및 감탄의 어기를 동시에 나타낸다. "…던 것이다." "…하였느니라" 등으로 번역될 수 있다.

③ **三讓**(삼양): "세 번(三) 양보하다(讓)." 한 번 사양하는 것을 '禮辭'(예사), 두 번 사양하는 것을 '固辭'(고사), 세 번 사양하는 것을 '終辭'(종사)라고 한다.

■ 공자께서 말씀하셨다. "공손하면서 예(禮)가 없으면 몸만 고달프게 되고, 신중하면서 예가 없으면 겁내는 것이 되고, 용감하면서 예가 없으면 난(亂)을 일으키게 되고, 곧으면서 예가 없으면 야박하게(박절하게) 된다."

子曰: "恭而無禮則勞; 愼而無禮則葸①, 勇而無禮則亂, 直而無禮則絞②。"

주(注)

① 葸(사): '두려워하다,' '삼가다'
② 絞(교): 본래의 뜻은 '두 개 이상의 물건을 끈으로 꽁꽁 묶다'이다. '목매어 죽이다'는 뜻도 있다. 확대되어 '꽉 막히다,' '박절하다' 등의 뜻도 갖게 되었다.

소(疏)

①「자로(子路)가 말했다. "군자도 용감함을 높이 평가합니까?"

공자께서 말씀하셨다. "군자는 의(義)를 최상으로 생각한다. 군자가 용감은 하나 의(義)가 없으면 난(亂)을 일으키고, 소인이 용기만 있고 의(義)가 없으면 도둑질을 하게 된다."」

(『論語』<陽貨>)

② 「섭공(葉公)이 공자에게 말했다. "우리 고을에 별명이 곧은 몸(直躬)일 정도로 곧은 자가 있는데, 그의 아버지가 양을 훔치자 자식인 그가 그 사실을 관(官)에 고발했습니다."

공자께서 말씀하셨다. "우리 고을의 곧은 사람은 그와는 다릅니다. (비록 그런 일이 있더라도) 아비는 자식을 위해 감추어 주고, 자식은 아비를 위해 감추어 줍니다. 참된 곧음은 그런 가운데 있습니다."」

(『論語』<子路>)

■ 증자(曾子)가 병이 나서 임종이 가까워지자 제자들을 불러놓고 말했다. "이불을 열어 젖히고 나의 발을 보고 나의 손을 보아라. 『시』(詩)에서 말하기를, '두려워하고 조심하기를 깊은 못 가에 선 듯, 살얼음을 밟듯 하네'라고 했다. 지금 이후에야 비로소 나는 〔나의 몸을 다칠까봐 전전긍긍하던〕 그런 걱정에서 벗어나게 되었구나, 애들아!"

8. 泰伯(태백)

曾子有疾, 召門弟子曰: "啓予足, 啓予手!『詩』云; '戰戰兢兢①, 如臨深淵, 如履薄氷.' 而今而後②, 吾知免夫, 小子!"

❈ 주(注)

① **戰戰兢兢**(전전긍긍) : '戰戰'은 두려워하는 모양이고, '兢兢'은 무거운 짐을 지고 넘어질까봐 조심하는 모양이다.
② **而今而後**(이금이후) : 앞의 '而'는 '乃'(내: 이에)의 뜻이고, 뒤의 '而'는 '以'의 뜻이다. 즉, '乃今以後'와 같다.

❈ 소(疏)

①「몸과 머리카락, 피부는 모두 부모로부터 받은 것이므로, 감히 이를 훼손시키지 않는 것이 효도의 시작이다(身體髮膚, 受之父母, 不敢毀傷, 孝之始也。).」

(『孝經』)

②「악정자춘(樂正子春)이 마당으로 내려오다가 발을 다쳤는데, 다쳤던 발이 다 나은 후 여러 달이 지나도록 외출도 하지 않고 얼굴에는 걱정하는 기색이 있었다. 그래서 제자들이 물었다. "선생님께서 다치셨던 발은 다 나았는데, 여러 달이 지나도록 외출도 하시지 않고 얼굴에는 걱정하시는 기색까지 있는데, 이유가 무엇입니까?"

악정자춘이 말했다. "나는 증자(曾子)께 듣고, 증자는 공자께 들은 말에 의하면, '하늘이 낳고 땅이 기르는 것 중에서 가장 위대한 것은 사람이다. 그러므로 부모님께서 온전하게 낳아 주신 몸을 자식이 온전히 되돌려 드리는 것이 효도라고 할 수 있다. 온전하다는 것은 몸을 다치지 않는 것이다. 그러므로 군자는 발걸음을 옮길 때에도 이것을 감히 잊어서는 안된다.'고 했다. 그런데 지금 나는 효(孝)의 도(道)를 잊어버렸던 것이니, 그래서 걱정하고 있는 것이다."라고.」

(『禮記』<祭儀>·『大戴禮』<曾子大孝>)

■ 증자(曾子)가 병이 나서 누워 있자 노(魯) 나라의 대부인 맹경자(孟敬子)가 그에게 병문안을 갔다. 〔그리고 군자가 몸을 닦고 정치에 임하는 방법을 묻자〕 증자가 말했다. "새가 장차 죽으려 할 때는 그 우는 소리가 애절(哀切)하고, 사람이 장차 죽으려 할 때는 그 하는 말이 선(善)합니다. 〔따라서 나의 말은 선의(善意)에서 우러나온 충고이니 잘 들으시오.〕 군자가 귀하게 여기는 세 가지 도(道)가 있는데, 용모를 단정하게 함으로써 난폭함과 방자함이 멀어지고, 안색을 바르게 지님으로써 사람들의 신뢰를 받게 되고, 말하고 숨쉴 때에는 비

루하고 사리에 어긋난 것을 멀리해야 합니다. 이 밖에 제사상을 차리는 등의 사소한 일들은 담당 관리(有司)에게 맡겨도 됩니다."

曾子有疾, 孟敬子問之。曾子言曰①: "鳥之將死, 其鳴也哀; 人之將死, 其言也善。君子所貴乎道②者三: 動容貌③, 斯遠暴慢④矣; 正顔色, 斯近信矣; 出辭氣⑤, 斯遠鄙倍⑥矣。籩豆之事⑦, 則有司存⑧。"

✤ 주(注)

① 言曰(언왈): "…에게 말한다"고 할 때는 '謂Ⓐ曰:,' '言Ⓐ曰:' 등의 문장형식이 쓰이는데, 여기서는 Ⓐ(=孟敬子)가 생략되어 있다.

② 所貴乎道(소귀호도): "도에(道) 있어서(乎) 귀하게 여기는(貴) 바(所)." 여기서 '乎'는 개사(介詞)로 '於,' '于'와 같은 뜻이다.

③ 動容貌(동용모): "용(容)과 모(貌)를 움직이다(動)." 즉, "용(容)과 모(貌)를 예에 맞게 단정하고 위엄있게 갖춘다"는 뜻이다. 본래 '容'은 '마음가짐,' '貌'는 '밖으로 드러난 모습'이란 뜻이지만, 합쳐서 '외부로 드러난 모습'을 가리킨다.

④ 斯遠暴慢(사원폭만): "그리하여(斯) 난폭함과(暴) 방자함을(慢) 멀리한다(遠)." '斯'는 '則'의 뜻이고, '遠'은 사동사(使動詞)로 쓰이고 있다.

⑤ 出辭氣(출사기): '辭'는 '언사'(言辭), 즉 '말'이란 뜻이고, '氣'는 호흡, 즉 숨쉬는 모습을 가리킨다.
⑥ 鄙倍(비배): '鄙'는 비루하고 천한 것, '倍'는 곧 '背'(배)의 뜻으로, '도리나 사리에 어긋나는 것'을 말한다.
⑦ 籩豆之事(변두지사): '籩'은 과일이나 포(脯)를 담는 대(竹)로 만든 그릇이고, '豆'는 나무를 깎아 만든 그릇으로, 모두 祭器(제기)이다. '변두지사'란 '제사상에 제물을 차리거나 제기를 관리하는 일'이란 뜻이다.
⑧ 有司存(유사존): "有司存(之)" 즉, "담당관리가(有司) 그것을(之) 관리한다(存)." '存'은 '관리한다,' '관장한다'는 뜻이다.

■ 증자(曾子)가 말했다. "능력이 있으면서 능력이 없는 사람에게 물어 보고, 아는 것이 많으면서 아는 것이 적은 사람에게 물어 보고, 능력과 지식이 있으면서 없는 듯이 행동하고, 능력과 지식이 가득 차 있으면서 텅 비어 있듯이 행동하고, 남이 나에게 덤벼들더라도 〔자신을 반성하고〕 따지지 않는다. 옛날 나의 친구는 일찍이 이처럼 하였느니라."

曾子曰: "以能問於不能, 以多問於寡; 有若無, 實

若虛；犯而不校①。昔者吾友嘗從事於斯②矣."

● ● ● ● ● ● ● ● ● ●

✤ 주(注)

① **犯而不校**(범이불교) : '犯'은 아랫사람이 윗사람에게 덤벼드는 것. '校'는 곧 '較'(교)의 뜻으로, '헤아리다,' '계산하다' → '따지다'의 의미이다.
② **從事於斯**(종사어사) : "이에(於斯) 종사하였다(從事)" → "이와 같이 행동했다"는 뜻이다.

✤ 소(疏)

①「사람이 덕(德)을 행함은 마치 빈 그릇과 같다. 그릇이 비면 거기에 물건을 담지만, 가득 차면 멈춘다. 그러므로 군자는 그 마음과 뜻을 비우고, 용모를 공순하게 갖고, 자신의 뛰어난 재주를 믿고 여러 사람들 위에 서려고 하지 않는다. 남을 볼 때는 훌륭하게 여기고, 자신을 볼 때는 부족하게 보므로, 남들은 기꺼이 그에게 알려 주면서도 피곤해 하지 않는다.」

(徐幹, 『中論』<虛道>)

■ 증자(曾子)가 말했다. "배움에 뜻을 두고 도(道)를 닦으려는 사람(士)은 그 뜻이 크고(弘), 의지는 굳세어야 한다(毅). 짐은 무거운데 가야 할 길은 멀기 때문이다. 인(仁)의 실천을 자신의 임무로 생각하니 무겁지 아니한가? 이 일은 죽은 다음에야 끝이 나니 멀지 아니한가?"

曾子曰: "士不可以不弘毅[1], 任重而道遠。仁以爲己任[2], 不亦重乎? 死而後已[3], 不亦遠乎?"

✤ 주(注)

① 弘毅(홍의): '弘'은 '크다,' '넓다'는 뜻이고, '毅'는 '굳세다,' '강인하다'는 뜻이다.
② 仁以爲己任(인이위기임): "인(仁)으로써(以) 자기의(己) 임무로(任) 삼다(爲)." 즉, "以仁爲己之任"의 뜻이다.
③ 死而後已(사이후이): "죽은(死) 후에(而後 = 以後) 그만두다, 그치다(已)."

✤ 소(疏)

①「공자께서 말씀하셨다. "인(仁)을 그릇이라 한다면 무겁고, 그것을 길(道)이라 한다면 멀다. 아무도 그 그릇을 들

수 없고, 아무도 그 길을 끝까지 갈 수 없다. 천하의 도(道) 가운데 많은 것이 인(仁)에 속하므로, 인(仁)을 실천하려고 힘쓰는 자 어찌 어렵지 않겠는가?"」

(『禮記』<表記>)

■ 공자께서 말씀하셨다. "시(詩)를 읽음으로써 감흥(感興)을 느껴 분발하고, 예(禮)를 배움으로써 행동이 바로 서고, 음악(樂)을 배움으로써 사람의 성정(性情)이 완성된다."

子曰: "興於詩①, 立於禮②, 成於樂③。"

✿ 주(注)

① 興於詩(흥어시): "시(詩)에서(於) 감흥을 느끼다(興)."

* 시는 시인의 생각이나 감정을 논리적으로 직접 표현하는 것이 아니라 일상 생활에서 쉽게 접할 수 있는 사물을 끌어들여 비유로써, 풍자로써, 또는 서술적으로 표현한다. 그리하여 시는 읽는 사람의 감정을 자극하여 감정이입(感情移入)이 쉽게 이루어진다. 시인의 감정과 시를 읽는 사람의 감정이 일체가 되면

시인의 생각이나 의도를 그대로 따라 실천하려는 마음도 쉽사리 일어나서 분발하게 된다. 예를 들어 "高山仰止, 景行行止"(높은 산 바라보고, 큰 길 걸어가네)란 시를 읽음으로써 인(仁)과 의(義)의 실천이라는 큰 목표를 향해 나아가려는 마음을 분발시키고, "如切如磋, 如琢如磨"(자르고 다듬고, 쪼고 갈듯이 하네)란 시를 읽음으로써 학문의 방법을 명심할 수 있고, "鳶飛戾天, 魚躍在淵"(소리개 하늘에서 날고, 물고기 연못에서 뛰노네)란 시를 읽음으로써 천지자연의 조화가 미물(微物)들에게까지 미치고 있음을 느끼게 해 준다.

② **立於禮**(입어예) : "예(禮)에(於) 서다(立)."
『논어』에는 이밖에도 여러 곳에서 예를 모르면 사람으로서 바로 서거나 세상에서 인정받기 어렵다는 점을 강조하고 있는데, "不學禮, 無以立."(<季氏>)과 "不知禮, 無以立也."(<堯曰>)는 모두 같은 뜻이다.

③ **成於樂**(성어악) : "악(樂)에서(於) 〔사람의 성정(性情)이 온전히〕 이루어진다(成)." 음악은 사람의 희(喜), 노(怒), 애(哀), 락(樂)의 감정을 소리로써, 노랫말로, 악기의 연주로써 표현한 것이다. 음악이 사람의 성정(性情)을 선하게 순화시켜서 온전히 이룰 수 있게 되는 이유와 과정에 대해서는 『예기』(禮記)의 <악기>(樂記)편에 자세하게 설명되고 있다. 음악이 인간의 감정 순화와 성정의 완성에 대하여 갖는 음악이론으로는 악기(樂記)만한 해설서를 달리 찾아 보기 어렵다.

소(疏)

① 「맹희자(孟僖子)가 죽으려 할 때 대부(大夫)들을 불러놓고 말했다. "예(禮)는 사람을 떠받치는 줄기(幹)이다. 예가 없으면 서 있을 수 없다."」

(『左傳』<昭公七年>)

② 「대저 사람이 마음을 쓸 때, 예에 맞게 문제를 생각하면 사리에 통달할 수 있지만, 예를 어기고 생각하면 패역하고 어지럽게 된다. 마시고, 먹고, 옷을 입고, 관을 쓰고, 움직이고, 멈추고, 거처하는 등 일체의 일이 예에 맞으면 절도에 어울리지만, 예에 어그러지면 곤경에 빠지고 병을 얻게 된다. 용모와 태도, 나아가고 물러나고, 달려가고 걸어가는 등의 모든 행동이 예에 맞으면 우아하게 되지만, 예에 어그러지면 오만해지고 비루해진다. 그러므로 사람은 예가 없으면 살아갈 수 없고, 일은 예가 없으면 이루어지지 않으며, 나라는 예가 없으면 안녕할 수 없고, 임금은 예가 없으면 머지 않아 망하고 만다. 그래서 『시경』에서 "사람이 되어서 예(禮)가 없다면, 왜 빨리 죽어 버리지 않는가?"라고 했다.」

(韓嬰, 『韓詩外傳』<卷一>)

③ 「음악은 성인들께서 즐거워하신 것으로, 민심을 선하게 할 수 있고, 사람을 깊이 감동시켜 풍속까지 바꿀 수 있다. 그래서 선왕(先王)들은 음악 교육을 진흥시켰던 것이다. …

　음악의 교화가 행하여지면 백성들은 바른 길을 향하여 가고, 군자의 큰 덕을 보고 따를 수 있다. …

군자는 음악을 들으면 그 본심이 감동되어 선을 좋아하게 되고, 소인은 사심(私心)을 씻고 잘못을 고치게 된다. …

음악을 배워서 마음을 다스리면 느긋하고, 정직하고, 자애롭고, 순한 마음이 솟아나오는데, 이러한 마음이 생겨나면 즐거워지고, 마음이 즐거워지면 몸도 편안해진다. 몸이 편안하면 오래 지속되고, 오래 지속되면 그 덕이 하늘과 같아진다. …

그러므로 종묘(宗廟)에서 음악을 연주하면 군신(君臣)과 상하(上下)가 다 함께 들으므로 모두가 화락하고 공경하게 되며, 문중이나 마을에서 음악을 연주하면 어른과 아이들이 다 함께 들으므로 화락하고 순종하지 않는 자가 없게 되고, 집 안에서 연주하면 부자와 형제가 다 함께 들으므로 모두가 화목하고 공순하게 된다. …

사람에게는 혈기(血氣)와 심지(心知)의 본성이 있으므로 희로애락(喜怒哀樂)의 정(情)이 있는데, 이것은 일정하지 않고 외물(外物)에 의해 영향을 받는다. 외물에 감응하여 움직이게 되면 감정이 밖으로 표현되는 것이다. 그리하여, 느리고 부드럽고 곡이 다채롭되 가락이 짧은 음악을 듣게 되면 마음이 이에 감동되어 편안하고 즐거워지고, 모나고 곧고 굳세고 장중하고 정성이 담긴 음악을 듣게 되면 마음이 이에 감동되어 엄숙해지고 공경하게 되고, … 정아(正雅)한 음악을 듣게 되면 마음이 감동되어 화락하고 공순한 기운이 생겨난다. …

노래(歌)와 말(言)의 관계를 보면, 말을 길게 한 것(永言)이 노래이다. 기뻐서 말을 하고, 말로써만은 부족하여 그것을 길게 말하며, 길게 말하는 것만으로는 부족하여 감탄도 하고 탄식도 하는데, 감탄과 탄식만으로는 부족하여 자신도 모르는 사이에 손이 덩실덩실 춤을 추고 발이 뜀질을 하게 되는 것이다.」

(『禮記』<樂記>)

■ 공자께서 말씀하셨다. "용감한 것을 좋아하고 가난한 것을 싫어하는 자는 난(亂)을 일으킨다. 사람으로 인(仁)하지 못한 자를 너무 심하게 미워하면〔그리하여 막다른 곳으로 몰아치면〕, 그런 자들 또한 난을 일으킨다."

子曰: "好勇疾貧①, 亂也; 人而不仁, 疾之已甚②, 亂也。"

✤ 주(注)

① 好勇疾貧(호용질빈): 이것은 "好勇而疾己之貧賤者"의 뜻이다.

즉, "용기를(勇) 좋아하고(好) 그리고(而) 자신의(己之) 가난하고 천함을(貧賤) 싫어하는(疾) 자(者)."
② **疾之已甚**(질지이심) : (사람들이) "그런 자를(之) 너무(已) 심하게(甚) 미워한다(疾)." '之'는 앞의 '人而不仁'(사람으로 불인한 자)을 가리키고, 동사 '疾'의 주어는 여기서 생략되어 있으나, '일반 사람들'(衆人)을 가리킨다.

✤ 소(疏)

① 「인자(仁者)는 반드시 남을 존중한다. 사람이 현(賢)하지 못한 것은 불초(不肖)하기 때문이다. 현명한 사람을 존경하지 않는 자는 금수(禽獸)와 같고, 현명하지 못한 자를 존중하지 않는 자는 호랑이를 놀리는 사람과 같다. 금수와 같은 자는 난(亂)을 일으킬 것이고, 호랑이를 놀리면 스스로 위험에 빠질 것이니, 그의 몸에는 재앙이 닥칠 것이다.

『시』(詩)에, "맨손으로 감히 호랑이를 치지 않고, 걸어서 감히 큰 강 건너지 않네. 그러나 사람들은 한 가지 위험만 알 뿐 다른 위험은 알지 못하네. 두려워하고 조심하기를 깊은 못가에 선 듯, 살얼음을 밟는 듯하네(戰戰兢兢, 如臨深淵, 如履薄氷)"라고 한 것은 이를 두고 한 말이다. 그러므로 인자는 반드시 남을 존중한다. 남을 존중하는 데는 방법이 있다. 현자는 귀하게 여겨 존경하고, 불초한 자는 두렵게 여겨 존중한다. 현자는 친하게 지내며 존경하고, 불초한 자는 멀리하며 존중한다.」

(『荀子』<臣道>)

■ 공자께서 말씀하셨다. "설령 주공(周公)과 같은 훌륭한 재주를 가졌다 하더라도, 만약 그가 교만하고 인색하다면, 그 나머지는 볼 가치조차 없느니라."

子曰: "如有周公^①之才之美, 使驕且吝, 其餘不足觀也已。"

✤ 주(注)

① 周公(주공): 주(周)나라 문왕(文王)의 아들이자 무왕(武王)의 동생으로, 형인 무왕을 도와서 은(殷)을 멸망시켰고, 그 후 조카인 성왕(成王)을 도와서 나라의 기틀을 공고하게 하고 수많은 문물과 제도를 정비하여 찬란한 주(周) 문화를 이루었다. 다재다능(多才多能)하기로 유명하다.

✤ 소(疏)

① 「주공이 성왕(成王)의 섭정이 되어 천자의 지위에 있던

칠년 동안, 그가 예물을 들고 찾아가서 스승으로 모신 선비가 열 명, 친구로 사귄 사람이 열 두 명, 궁벽한 마을까지 먼저 찾아가서 만나 본 사람이 마흔 아홉 명, 수시로 쓴 현자가 일백 명, 조정에서 관직을 맡도록 해 준 사람이 일만 명이나 되었다. 이때 만약 주공이 교만하고 인색했다면, 천하의 현사(賢士)들이 그를 찾아온 숫자는 이보다 훨씬 적었을 것이다.

성왕(成王)이 주공의 아들 백금(伯禽)을 노(魯) 나라의 제후로 봉(封)하자, 주공은 그에게 이렇게 훈계했다.

"봉지(封地)로 가거라! 너는 노(魯) 나라를 가졌다고 해서 선비들에게 교만하지 말아라! 나는 문왕의 아들이자 무왕의 동생이고, 지금의 천자(天子)이신 성왕의 숙부이다. 그리고 현재 천자를 보필하고 있으니, 천하의 어느 누구도 나를 가볍게 볼 수 없을 것이다.

그럼에도 불구하고 나는 한 번 목욕하면서 세 번이나 감던 머리를 쥐어 잡고 나와서 선비들을 만났고, 한 번 식사하면서 세 번이나 먹던 밥을 토해 내고 나와서 선비들을 만났는데, 그러면서도 혹시 천하의 인재들을 놓칠까봐 걱정했다.

내가 듣기로는, '덕행이 관유(寬裕)하더라도 공경하는 마음으로 그것을 지킬 때 비로소 번영하고, 토지가 넓더라도 검소함으로써 그것을 지킬 때 비로소 안전하고, 관직이 높더라도 스스로를 낮춤으로써 그것을 지킬 때 비로소 귀해지고, 인구가 많고 병력이 강하더라도 두려워하는 마음으로 그것을 지킬 때 비로소 승리한다'고 했다.'」

(韓嬰,『韓詩外傳』<卷三>・劉向,『說苑』<敬愼>)

■ 공자께서 말씀하셨다. "확고한 믿음을 가지고 배움을 좋아하고, 죽는 한이 있더라도 선한 도(道)를 지켜야 한다. 위태로운 나라에는 들어가지 말고, 어지러운 나라에는 살지 말라. 천하에 옳바른 도(道)가 행해지고 있으면 몸을 드러내고, 도(道)가 행해지고 있지 않으면 몸을 숨겨라. 나라에는 옳바른 도(道)가 행해지고 있는데도 가난하고 비천하다면, 이는 수치스런 일이다. 그러나 나라에 옳바른 도(道)가 행해지고 있지 않은데도 부귀(富貴)를 누리고 있다면, 이 또한 수치스런 일이다."

子曰: "篤信好學, 守死善道。危邦[1]不入, 亂邦[1]不居。天下有道則見, 無道則隱。邦有道, 貧且賤[2]焉, 恥也; 邦無道, 富且貴焉, 恥也。"

✤ 주(注)

① 危邦・亂邦(위방・난방): "위태로운(危) 나라(邦)・어지러운(亂) 나라(邦)."
② 邦有道, 貧且賤(방유도, 빈차천): "나라에(邦) 도가(道) 있는데도(有), 가난하고(貧) 또한(且) 미천하다(賤)."

✤ 소(疏)

①「관리들은 다스려지지 않고, 그들의 직분이 분명하지 않고, 법(法)과 정치(政)가 따로 놀고, 모든 일에 기강이 없는 것을 '어지럽다'(亂)고 한다. 땅에서는 식물이 번식하지 않고, 재물은 늘어나지 않으며, 많은 백성들이 굶주리고 추위에 떨고 있고, 가르침에 도(道)가 없고, 풍속은 음란하고, 백성들은 다른 나라로 달아나며, 인민들은 패가망신하여 뿔뿔이 흩어지고 있는 것을 '위태롭다'(危)고 한다.」

(『大戴禮記』<盛德>)

②「나라에 도(道)가 행해지고 있다는 것은 반드시 높은 지위에 현자(賢者)들이 많이 있어야만 가능하다. 이럴 때 만약 자기가 가난하고 미천하다면, 그 탓은 자신의 행위가 선(善)하지 못한 데 있다. 그러므로 군자는 이를 부끄럽게 여기는 것이다.

나라에 도(道)가 없다는 것은 곧 높은 지위에 현(賢)하지 못한 자들이 앉아 있거나 또는 현자들이 등용되지 못하고 있는 것으로, 이럴 때 자신은 등용되어 부귀를 누리고 있으려면 반드시 옳바른 도(道)를 희생시켜 가면서 윗사람의 비위를 맞추어야만 가능할 것이다. 그래서 군자는 이를 수치로 여기는 것이다.」

(劉寶楠, 『論語正義』)

■ 공자께서 말씀하셨다. "배움에 있어서는 자칫 따라잡지 못할까봐 걱정하듯이 하고, 또한 이미 배운 것조차 놓쳐 버리지나 않을까봐 두려워하듯이 해야 한다."

子曰: "學如不及①, 猶恐失之②."

✤ 주(注)

① **不及**(불급): "따라잡지(及) 못하다(不)." '及'의 고문자형 '⿰亻又'은 앞서가는 사람(亻)을 뒤에서 손(又)으로 잡으려는 모습으로, '不及'은 '소기의 목표나 수준에 도달하지 못한다'는 뜻이다.
② **猶恐失之**(유공실지): "또한(猶) 그것을(之) 잃어 버릴까봐(失) 두려워하다(恐)." '猶'에는 부사로서 '또한,' '여전히'의 뜻과 '오히려,' '같이' 등의 뜻이 있다.

❖ 소(疏)

①「도(道) 비록 가까와도 가지 않으면 도달할 수 없고, 일(事) 비록 작아도 하지 않으면 이룰 수 없다. 그 사람됨이 쉬는 날이 많은 듯한 자는 남들보다 멀리 앞서 나갈 수 없다.」

(『荀子』<修身>)

9. 子罕(자한)

■ 공자께서는 평소에 이익(利)과 운명(命)과 인(仁)에 대하여 드물게 말씀하셨다.

子罕言①利與命與仁②。

✿ 주(注)

① 罕言(한언) : "드물게(罕) 말하다(言)," "자주 말하지 않다." '罕'의 본래의 뜻은 '긴 자루가 달린 새잡이 망'이지만, 여기서는 '드물다,' '희소하다'는 뜻으로 가차(假借)되고 있다.
② 利與命與仁(이여명여인) : '與'는 첫째, 연사(접속사)로서 '…와(and)'의 뜻을 나타내거나, 둘째, 동사로서 '허락하다,' '인정하다' 등의 뜻과, '주다'는 뜻을 나타낸다. 위의 문장 전체를 어

디에서 단구(斷句)하고 '罕'과 '與'를 어떻게 해석하느냐에 따라서 여러 가지 해석이 가능하나, 대표적인 것 네 가지만 소개한다.

㉠ 罕言利, 與命與仁 : 利에 대해서는 드물게 말하고, 命을 인정하고 仁을 인정하셨다.

㉡ 罕言利與命, 與仁 : 利와 命에 대해서는 드물게 말하고, 仁은 인정하셨다.

㉢ '與'를 둘 다 연사로 보아서 본문처럼 단구하고 해석하는 것이다. 이 경우, 인(仁)을 강조한 공자의 사상과 부합되지 않는다는 문제점이 지적되지만, 여기서는 공자의 평소 일상생활에서의 대화의 주제를 말한 것으로 이해된다.

㉣ '罕'을 '顯'의 '가차자'로 보아서, '顯言'을 '분명히 밝혀 말하다'라고 해석하고, '與'는 둘 다 연사로 보아서, "利와 命과 仁에 대해 분명히 밝혀 말했다"라고 해석한다.

- - - - - - - - - -

■ 공자께서 광(匡) 지역에서 두려운 상황을 만나셨다. 이 때 공자께서 말씀하셨다. "주(周)의 문왕(文王)께서는 이미 돌아가셨지만, 그분께서 창조해 내신 문화는 없어지지 않고 나의 이 몸에 그대로 보존되어 있지 않느냐? 만약 하늘이 장차 이 문화를 없애버리려고 한다면, 내가 이 문화를 배

울 수도 없었을 것이다. 그러나 만약 하늘이 이 문화를 없애버리려고 하지 않는다면, 광(匡) 사람들이 나를 어찌 할 수 있겠느냐?"

子畏於匡, 曰: "文王旣沒, 文①不在玆乎? 天之將喪斯文也, 後死者不得與於斯文也。天之未喪斯文也, 匡人其如予何②?"

✤ 주(注)

① 文(문): 여기서 '文'은 주(周) 나라의 정치제도, 예의제도, 학문, 사상 등 문화 전체를 말한다.
② 其如予何(기여여하): "其如Ⓐ何"는 "Ⓐ를 어찌 하겠느냐?"의 뜻을 나타내는 문형(文型)이다.

✤ 소(疏)

① 「『사기』(史記)<공자세가>(孔子世家)에서, "공자께서 위(衛)를 떠나 진(陳)으로 가시면서 광(匡) 지역을 지나시게 되었다. 옛날 양호(陽虎)가 광(匡) 지역을 다스릴 때, 그곳 사람들을 포악하게 다루었는데, 마침 공자의 모습이 양호와 닮았으므로, 광(匡) 사람들은 공자의 행차를 막고 5일간이나 포위했다. 안연(顔淵)이 뒤쳐졌다가 나중에 도착하자 공자께서 말씀하셨다. '나는 네가 죽은 줄 알았다.' 그러

자 안연이 말했다. '선생님께서 살아계시는데 제가 어찌 감히 죽을 수 있습니까?' 광(匡) 사람들의 공자 포위가 더욱 좁혀져 오자 제자들은 겁을 먹었다. 그러자 공자께서 말씀하셨다, 운운(云云)." 이때 하신 말씀은 공자께서 제자들을 위로하여 안심시키느라 하신 말씀이다.」

(劉宝楠, 『論語正義』)

●●●●●●●●●●

■ 오(吳)나라의 태재(太宰), 즉 재상이 자공(子貢)에게 물었다. "공자께서는 성인(聖人)이신가? 어찌 그렇게 다재다능하신가?"

자공이 말했다. "그것은 본래 하늘이 그분에게 큰 성인의 덕(德)을 부여해 주고, 또 여러 가지 능력까지 주었기 때문입니다."

공자께서 이 말을 들으시고 말씀하셨다. "태재는 나를 알고 있구나! 나는 젊었을 때 미천했기 때문에 비천한 일까지 많이 배워서 할 수 있게 되었다. 군자는 할 줄 아는 것이 많아야 될까? 많지 않아도 된다."

大宰問於子貢曰: "夫子聖者與? 何其多能也?" 子

貢曰: "固天縱之將聖①, 又多能也." 子聞之, 曰: "大宰知我乎! 吾少也賤, 故多能鄙事②. 君子多乎哉? 不多也."

● ● ● ● ● ● ● ● ● ●

✸ 주(注)

① 縱之將聖(종지장성): "그에게(之) 큰(將) 성인의 덕을(德) 부여해 주었다(縱)." '將'에는 '장수,' '장차,' '또,' '나아가다' 등의 뜻 외에 '크다'는 뜻도 있다(『而雅』: 將, 大也).
② 多能鄙事(다능비사): "비천한(鄙) 일까지(事) 많이(多) 할 수 있다(能)."

　　공자는 젊었을 때 가난하였기 때문에 생계를 위하여 양곡창고의 회계원(委吏)으로 일하기도 했고, 목장의 관리인(乘田)으로 일하기도 했다.

● ● ● ● ● ● ● ● ● ●

■ 공자께서 말씀하셨다. "내가 아는 것이 뭐 있겠느냐? 아는 것이 없느니라. 다만 아무리 어리석고 비천한 사내가 나에게 묻더라도, 그의 묻는 태도가 진지하고 성실하다면, 나는 그 질문 내용의 양쪽 극단을 두드려 주는 데 내가 가진 힘을 모두 쏟느니라."

子曰:"吾有知乎哉? 無知也。有鄙夫問於我, 空空如①也。我叩其兩端②而竭焉③。"

✤ 주(注)

① 空空如(공공여): "悾悾如"와 같은 뜻으로, '정성을 다하여,' '진지하게'란 뜻이다.
② 叩其兩端(고기양단): "그것의(其) 양쪽(兩) 극단을(端) 두드려 주다(叩)." 즉, 질문한 내용의 본(本)과 말(末), 원인과 결과 등을 밝혀 드러내어 보여줌으로써 질문하는 자가 스스로 그것을 깨우칠 수 있게 하는 것. 이것은 곧 『중용』(中庸)에서 말하는 "執其兩端"(집기양단: 양쪽 끝을 잡다)을 통한 '執中'(집중)의 교육방식이다.

  '執中'의 예로서 병력(兵力)을 사용하는 경우를 보자.

  "그것을 사용함으로써 자칫 복잡한 문제만 야기시키고 아무런 성과도 없을 수 있다는 한 쪽 극단이 있고, 전혀 사용하지 않으면 국가의 위신이 떨어진다는 다른 한 쪽 극단이 있다. 이 두 가지 경우를 고려하면서 적절한 대응책을 세우는 것이 곧 '執中'인 것이다." (焦循, 『論語補疏』)
③ 竭焉(갈언): "거기에(焉) 가르치는 사람의 힘을 다 바친다(竭)."

■ 안연(顔淵)이 탄식하면서 말했다. "우러러볼수록 더욱 높고, 뚫어 볼수록 더욱 단단하다. 바라보면 앞에 서 계시는 것 같은데, 어느 사이엔가 뒤에서 계셔서 볼 수가 없다. 선생님께서는 사람들을 차근차근 잘 이끌어 주시는데, 학문(文)으로써 우리의 앎을 넓혀 주시고, 예(禮)로써 우리의 행동을 단속해 주신다. 그러므로 우리가 배움을 그만두려 해도 그렇게 할 수가 없다. 가르쳐 주신 것을 배우고 실천하느라 우리의 타고난 재주와 능력을 다하고 나서 보면, 어느덧 선생님께서 세우신 도(道)는 저만큼 우뚝 높이 솟아 있는 것 같다. 그래서 다시 그것을 따라 가려고 해도 좇아 갈 길이 없다."

顔淵喟然歎曰: "仰之彌高, 鑽之彌堅。瞻之在前, 忽焉在後。夫子循循然①善誘人, 博我以文, 約我以禮②, 欲罷不能。旣竭吾才, 如有所立卓爾③。雖欲從之, 末由也已④。"

❋ 주(注)

① 循循然(순순연) : 무슨 일을 차근차근 순서를 따라 하는 모양.
② 約我以禮(약아이례) : "예(禮) 로써(以) 나의 행위를(我) 단속한다·잡도리한다(約)."
③ 有所立卓爾(유소립탁이) : "(공자께서) 세우신 바가(所立) 높이 우뚝 솟아(卓爾) 있다(有)." 이것을, '立'의 주어를 '안회'로 보아, 안회가 자신의 학문 성취가 높은 경지에 도달하였음을 말하는 것이라고 주자(朱子)는 잘못 해석하고 있다. 그러나 '立'의 주어는 공자이다. '所立'을 '공자께서 서 계신 곳'으로 해석해도 뜻은 통한다.
④ 末由也已(말유야이) : '末'은 '無'의 뜻이고, '由'는 '말미암다,' '좇다,' '본받아 따라가다' 등의 뜻으로, 여기서는 좇아갈 길, 또는 방법이란 뜻이다. '也已'는 어기사 '也'와 '已'를 연용한 것으로, 감탄의 어기를 나타낸다.

●●●●●●●●●●

■ 자공(子貢)이 말했다. "여기에 아름다운 옥(玉)이 있다면, 선생님께서는 그것을 궤짝 속에 넣어 감추어 두시겠습니까? 아니면 좋은 장수를 찾아서 파시겠습니까?"

공자께서 말씀하셨다. "팔아야지! 그것을 팔아야지! 나는 그것을 살 장수를 기다리고 있느니라."

子貢曰: "有美玉於斯, 韞匵而藏諸①? 求善賈②而沽諸③?" 子曰: "沽之哉! 沽之哉! 我待賈者也."

✤ 주(注)

① 韞匵而藏諸(운독이장제): "독에(匵) 감추어(韞) 그것을(之) 저장할(藏) 것인가(乎)." '諸'는 '之乎'의 합음(合音)이다.
② 善賈(선고): "좋은(善) 장수(賈)." "좋은(善) 가격(賈)"이라고 해석할 수도 있다. '賈'는 본래 값을 치루고 물건을 받는 행위(즉, buy)와, 물건을 내 주고 값을 받는 행위(즉, sell), 이러한 매매행위가 성사되는 기준인 가격(價: price), 그리고 매매의 대상이 되는 상품(商品)과 매매행위를 전문으로 영위하는 장수(trader)까지 나타낸다. 장수에는 매매행위를 하되 장소를 옮겨다니며 하는 사람과 한 자리에 앉아 하는 사람이 있는데, 흔히 전자를 '商'(상), 후자를 '賈'라고 한다.
③ 沽諸(고제): '沽之乎'의 합음이다. '沽'는 '賈'의 가음자(假音字)로 '사다,' '팔다'의 뜻이다. '之'는 아름다운 옥(玉)을 가리키는데, 여기서는 공자 자신을 비유하고 있다.

■ 공자께서 구이(九夷)의 땅으로 가서 살고 싶어하셨다. 그러자 어떤 사람이 말했다. "그곳은 비루하

다고 하던데, 그런 곳에서 어떻게 사시겠습니까?"

그러자 공자께서 말씀하셨다. "군자가 그곳에서 살았는데, 어찌 비루하겠느냐?"

子欲居九夷。或曰: "陋, 如之何?" 子曰: "君子居之, 何陋之有?"

✤ 주(注)

① **九夷**(구이): "아홉 종류의(九) 이족(夷族)." 九夷에 대해서는 여러 가지 설명이 있으나, 공자가 가서 살고자 했던 곳은 九夷의 하나였던 '朝鮮'(조선)이었다는 설이 유력하다. (許愼, 『說文解字』<羊部>)

② **君子居之**(군자거지): "군자가(君子) 그곳에서(之) 살다(居)." 이에 대하여는 두 가지 설명이 있다.
   ㉠ 조선은 은(殷) 말기에 '箕子'(기자)가 봉해졌던 곳으로, 공자 당시에는 이미 예의 바르고 개명된 나라가 되어 있었다. (箕子朝鮮說)
   ㉡ 여기서 군자는 공자 자신을 가리키는데, 공자가 가서 살면서 교화를 한다면 그곳 사람들도 비루한 상태에서 벗어나게 된다는 뜻이다.

   여기서는 일단 ㉠의 주장을 따라서 해석했다.

■ 공자께서 냇가에 서서 흐르는 물을 보시고 말씀하셨다. "나아가는 것이 이와 같구나! 밤낮을 쉬지 않네."

子在川上, 曰: "逝者如斯夫①! 不舍②晝夜."

✤ 주(注)

① 如斯夫(여사부): "이와(斯) 같구나(如…夫)." 여기서 '夫'는 감탄의 어기를 나타낸다.
② 不舍(불사): "쉬지(舍) 않다(不)." '舍'에는 '집,' '머물다,' '쉬다,' '버리다' 등의 뜻이 있다. '舍'의 고문자 '舎·舍'는 길을 가다가 비를 피하거나 잠시 쉴 수 있도록 지어놓은 원두막같이 간단한 집의 모습으로, 본래의 뜻은 '집,' '쉬다'이다.

✤ 소(疏)

①「물이 샘에서 밤낮으로 콸콸 솟아나는 모습은 힘센 자(力者)를 닮았고, 움푹 패인 곳을 다 채우고 나서 흘러가는 모습은 매사를 공평하게 처리하는 자를 닮았고, 조금이라도 더 낮은 곳을 향해 흘러가되 작은 틈새도 남겨 두지 않는 것은 세밀하게 살피는 자(察者)를 닮았다. 계곡을 따라 흘러가되 길을 잃지 않고 만리 먼 길이라도 반드시 도달하는 것은

지자(知者)를 닮았으며, 산이나 제방 등 물길을 막는 것을 만나면 스스로 맑고 깨끗해질 수 있는 것은 운명을 아는 자(知命者)를 닮았고, 깨끗하지 않은 곳에 들어가서 깨끗하게 한 후에 나오니 교화를 잘 하는 자(善化者)를 닮았으며, 천 길 낭떠러지를 뛰어내리되 의심하거나 주저하지 않는 것은 용자(勇者)를 닮았다. 모든 것은 불을 만나면 곤란을 당하지만 물 하나만 그것을 이기니, 이는 무자(武者)를 닮았다. 모든 것은 이것을 얻으면 살고 이것을 잃으면 죽으니, 덕 있는 자(德者)를 닮았다. 공자께서 냇가에 서서, "나아가는 것은 이와 같구나! 밤낮을 쉬지 않네"라고 하신 것은 이것을 두고 하신 말씀이다.」

(董仲舒,『春秋繁路』<山川頌>)

② 「서자(徐子)가 물었다. "공자께서는 자주 물을 칭찬하시면서 '물이여! 물이여!'라고 하셨는데, 물의 어떤 점을 취하신 겁니까?"

맹자께서 말씀하셨다. "물은 샘에서 콸콸 솟아나서 밤낮을 쉬지 않고 흘러가는데, 파인 웅덩이가 있으면 채우고 나서 다시 흘러가서 마침내 바다에 도달한다. 근원(샘)이 있는 것은 본래 이와 같은데, 공자께서는 이 점을 취하신 것이다. 만약 근원이 없는 것은, 마치 칠팔월 장마에 빗물이 모여서 크고 작은 도랑들이 모두 물로 가득 차지만, 그 물들은 잠시 서서 기다리는 동안에 모두 말라버리는 것과 같다. 그러므로 명성(名聲)이 실제보다 지나치는 것, 군자는 이것을 부끄럽게 여긴다."」

(『孟子』<離婁下>)

● ● ● ● ● ● ● ● ● ●

■ 공자께서 말씀하셨다. "비유컨대, 흙을 쌓아 산을 만들면서 흙 한 삼태기가 부족하여 완성되지 않은 상태에서 그만둔다면, 그것은 내가 그만둔 것이다. 비유컨대, 땅을 메워 평평하게 하면서 비록 현재는 흙 한 삼태기를 부어놓은 데 불과하더라도 그것을 계속 메워 나간다면, 그것은 내가 나아간 것이다."

子曰: "譬如爲山, 未成一簣, 止, 吾止也①. 譬如平地②, 雖覆一簣, 進, 吾往也."

● ● ● ● ● ● ● ● ● ●

✽ 주(注)

① 止, 吾止也(지, 오지야): "그만둔다면(止), 내가(吾) 그만둔(止) 것이다(也)." 이 밖에도 ㉠ "그만둔다면, 나는 그것을 (앞서의 노력이나 공을 평가해 주지 않고) 중단된 것으로 여긴다." ㉡ "그만두어야 한다면, 나는 (앞서의 노력을 아쉬워하지 않고)

그만둔다"라고 해석하기도 한다. 어떤 각도에서 생각하느냐에 따라 달라질 수 있는데, 문법상으로는 모두 다 가능하다. "進, 吾往也"도 마찬가지이다.
② 平地(평지) : "땅을(地) 평평하게 만들다(平)."

❉ 소(疏)

① 「흙을 쌓아 산을 만들면 바람과 비가 그곳에서 일어나고, 물을 쌓아 못을 만들면 교룡(蛟龍)이 그곳에서 생겨나며, 선(善)을 쌓아 덕(德)을 이루면 신명(神明)이 저절로 생겨 성심(聖心)이 갖추어진다. 그러므로, 한 걸음 한 걸음 쌓지 않고는 천리 길을 갈 수 없고, 작은 냇물이 쌓이지 않고는 강과 바다를 이룰 수 없다. 천리마(千里馬)도 한 번 내달아서는 십 보(步)의 거리를 갈 수 없으나, 둔마(鈍馬)도 그보다 더 멀리 갈 수 있는 것은 쉬지 않고 가기 때문이다. 자르다가 그만두면 썩은 나무도 꺾을 수 없으나, 새기기를 계속하면 쇠나 돌에도 조각할 수 있다.」

(『荀子』<勸學>)

■ 공자께서 말씀하셨다. "싹은 돋아도 이삭은 패지 못하는 것이 있구나! 이삭은 패어도 열매는 맺지

못하는 것이 있구나!"

子曰: "苗而不秀①者有矣夫②! 秀而不實者有矣夫!"

❧ 주(注)

① 苗而不秀(묘이불수): 본래 '苗'는 싹, '秀'는 이삭이란 뜻의 명사이지만, 여기서는 '싹이 돋다,' '이삭이 패다'는 뜻의 동사로 쓰였다.
② 有矣夫(유의부): 있도다. 있구나. '矣夫'는 말 끝에서 감탄의 뜻을 나타내는 조사(助詞)이다.

❧ 소(疏)

①「이 문장은 공자께서 안회(顔回)의 요절(夭折)을 한탄하신 것이라고 설명하는 사람들이 많으나, 그러나 이것은 천지 생물의 보편적인 이치이다.」

(丁若鏞, 『論語古今注』)

■ 공자께서 말씀하셨다. "후배(後生)들은 두려워할 만하다. 그들의 장래의 성취가 지금의 우리보다 못

할 줄 어찌 알겠느냐? 그러나 마흔이나 쉰 살이
되어도 그의 명성을 들을 수 없다면, 그런 사람은
역시 두려워할 만하지 못하니라."

子曰: "後生可畏①, 焉知來者②之不如今也? 四十
五十而無聞焉③, 斯亦不足畏也已."

✤ 주(注)

① 可畏(가외): '두려워할 만하다'와 '두려워해야 한다'는 두 가지
뜻으로 해석할 수 있다.
② 來者(래자): "장래의(來) 것(者)." "장래의 일이나 성취."
③ 無聞焉(무문언): "그에 관하여(焉) 듣는 것이(聞) 없다(無)."

✤ 소(疏)

①「때가 지난 후에 배우려면 부지런히 고생해도 이루기가
어렵다. 배움에서 귀하게 여기는 것은 때를 놓치지 않는 것
이니, 그래서 군자는 하루하루를 아낀다.」

(『禮記』<學記>)

■ 공자께서 말씀하셨다. "한 나라 군대로부터 그 장수를 빼앗아 올 수는 있어도, 한 필부(匹夫)가 세운 뜻을 지키려 할 때, 그것을 빼앗을 수는 없다."

子曰: "三軍可奪帥也, 匹夫①不可奪志也."

✤ 주(注)

① 匹夫(필부): 옛날에, 사대부(士大夫) 이상에게는 첩이 있었지만, 일반 사람들은 첩이 없고 부부가 짝(匹)이 되었다. 그래서 '匹夫,' '匹婦'란 말이 생겼다.

✤ 소(疏)

①「필부가 뜻을 세우고 그것을 지킬 때 그것을 빼앗는 것은 삼군(三軍), 즉 한 나라 군대 전체의 최고 장수를 빼앗아 죽이는 것보다 어렵다. 삼군의 장수는 수많은 사람을 자신의 호위로 삼고 있지만, 강적을 만나면 사람들이 뿔뿔이 흩어지므로 빼앗을 수 있다. 그러나 필부가 세운 뜻은 스스로 세운 것이므로 하나로 고정되어 있어서 빼앗을 수 없다. 만약 그것을 빼앗을 수 있다고 한다면, 그것은 그가 세운 뜻(志)이 본래부터 없었기 때문이다.」

(鄭玄,『論語注』)

■ 공자께서 말씀하셨다. "날씨가 추워진 다음에야 소나무와 잣나무는 그 잎새가 다른 나무들보다 늦게 시든다는 것을 알 수 있다."

子曰: "歲寒①, 然後知松柏之後彫②也."

✤ 주(注)

① 歲寒(세한): 일년은 봄, 여름, 가을, 겨울 사계절로 이루어져 있는데, 이것이 '一歲'이다. '歲寒'은 이 사계절 중에서 추운 때, 곧 '겨울'이란 뜻이다.
② 松柏之後彫(송백지후조): "소나무와(松) 잣나무는(柏) 뒤늦게(後) 시든다는(彫) 것(之)." '之'는 독립된 절(節)을 구(句)로 바꾸는 기능을 하는 조사(助詞)이고, '彫'는 주로 '새기다,' '조각하다'는 뜻으로 쓰이지만, '凋'(조)와 통용되어 '시들다'는 뜻으로도 쓰인다.

✤ 소(疏)

①「군자는 곤궁함에 처해서도 자기 자신을 잃지 않고, 지치고 피로해도 구차하게 행동하지 않으며, 환난을 당하여도 평상시의 말들을 잊어 버리지 않는다. 추울 때가 아니면 소나무와 잣나무를 알 길이 없고, 어려울 때가 아니면 군자를 알

길이 없다.」

(『荀子』<大略>)

■ 공자께서 말씀하셨다. "지자(知者)는 미혹되지 않으며, 인자(仁者)는 걱정하지 않으며, 용자(勇者)는 두려워하지 않는다."

子曰: "知者不惑, 仁者不憂, 勇者不懼。"

소(疏)

①「지자(知者)는 사물을 잘 분별할 줄 알고 이치에 밝다. 그래서 헷갈리는 일이 없다.

인자(仁者)는 인(仁)을 실천하는 데서 편안함을 느끼고, 올바른 도리의 실천을 사사로운 일보다 우선시하고, 어떤 상황에서도 그 즐거워하는 바를 바꾸지 않는다. 그래서 걱정이 없다.

용자(勇者)는 자신의 행동이 의(義)로운 것임을 알기 때문에 상대가 아무리 강하더라도 두려워하지 않는다.」

(皇侃, 『論語義疏』)

② 「증자(曾子)가 제자인 자양(子襄)에게 말했다. "자네는 용기를 좋아하는가? 나는 일찍이 선생님한테 큰 용기(大勇)에 대해 들은 적이 있는데, 스스로 반성해 보아서 내가 옳지 않을 때는, 비록 상대가 비천한 사람이라 하더라도, 나는 그에게 겁을 주지 않으며, 스스로 반성해 보아서 내가 옳으면, 비록 상대가 천군만마(千軍萬馬)라도, 나는 앞으로 나아간다고 하셨다."」

(『孟子』<公孫丑上>)

■ 공자께서 말씀하셨다. "함께 배울 수는 있어도 함께 인의(仁義)의 도(道)로 나아갈 수 없는 사람이 있고, 함께 도(道)로 나아갈 수는 있어도 함께 설 수 없는 사람이 있고, 함께 설 수는 있어도 함께 권도(權道)를 행할 수 없는 사람이 있다."

子曰: "可與共學, 未可與適道①; 可與適道, 未可與立②; 可與立, 未可與權③。"

✤ 주(注)

① 可與適道(가여적도) : "함께(與) 도(道)로 나아갈(適) 수 있다(可)." 함께 배운다고 그들의 지향(指向)이 모두 같은 것은 아니다. 그 배우는 목적이 자기 일신의 이익추구에만 있는 사람도 있고, 자신의 인격완성과 사회에 공헌하려는 데 있는 사람도 있다. 목적이나 목표가 다르므로 같은 길을 갈 수 없는 것이다.

② 立(립) : 여기서 '立'은 '立德'(입덕), '立功'(입공), '立言'(입언)의 뜻이다. 목표 지점이나 수준에 도달하여 자신이 뜻한 바를 펼칠 수 있게 되는 것을 뜻한다. 같은 목표를 추구한다고 해서 모두가 그 뜻을 이룰 수 있는 것은 아니다.

③ 權(권) : 본래의 뜻은 '저울,' '저울추'이다. 저울은 사물의 경중(輕重)을 재는 기구이다. 정상적인 경우라면 정해진 규정이나 예법을 따르기만 하면 되지만, 그렇게 할 수 없는 비상사태를 만나면 저울로써 물건의 무게를 달아 보듯이, 사용하려는 수단이 가져올 결과를 깊이 헤아려 보아야 한다. 따라서, 비상한 수단을 써서라도 문제 또는 사태를 해결하는 것이 도리어 선한 결과를 가져올 수 있다면, 그것을 써야 한다. 이처럼 비상사태에서 임기응변(臨機應變)으로 대처하는 것을 '權道'(권도)라고 한다.

✤ 소(疏)

① 「순우곤(淳于髡) : "남녀 사이에는 물건을 손으로 직접 주고 받지 않는 것이 예(禮)입니까?"

맹자(孟子) : "그렇게 하는 것이 예입니다."

순우곤: "형수가 물에 빠졌을 때는 손을 잡아 구해 주어야 합니까?"

맹자: "형수가 물에 빠져 죽게 생겼는데도 손을 잡아 구해 주지 않는다면, 그는 인간이 아니라 승냥이와 이리일 것이오. 남녀가 물건을 손으로 직접 주고 받지 않는 것은 (정상적인 상황에서의) 예(禮)이고, 형수가 물에 빠졌을 때 손을 잡아 구해 주는 것은 권도(權道)요."」

(『孟子』<離婁上>)

10. 鄕黨(향당)

■ 공자께서는 평소 마을에 계실 적에는 공순하신 모습이 마치 말씀을 하실 줄 모르는 것 같았다. 그러나 종묘(宗廟)의 제사에 참여하시거나 조정(朝廷)에서 정사를 논의하실 적에는 분명하고 조리있게 말씀하셨으나, 다만 삼가는 자세로〔조심스럽게, 신중하게〕하셨다.

孔子於鄕黨①, 恂恂如也, 似不能言者②。其在宗廟朝廷, 便便③言, 唯謹爾。

✤ 주(注)

① 鄉黨(향당) : 옛날에는 500가구를 '黨,' 12,500가구를 '鄉'이라 했다. 그러나 여기서는 마을, 고장, 향리란 뜻이다.
② 似不能言者(사불능언자) : "말을(言) 할 줄 모르는(不能) 것(者) 같다(似)." 여기서 '者'는 '사람'이란 뜻이 아니고 '것,' '모습'이란 뜻이다.
③ 便便(편편) : 말을 분명하고 막히지 않게 하는 모습.

■ 공자께서 조정에서 하대부(下大夫)들과 말씀하실 때에는 화기애애하게 하셨고, 상대부(上大夫)들과 말씀하실 때에는 조용하고 정중하나 조리가 분명하게 하셨다.

朝, 與下大夫①言, 侃侃如②也; 與上大夫言, 誾誾如③也。

✤ 주(注)

① 下大夫(하대부) : 제후 아래에 '司徒'(사도), '司馬'(사마), '司空'(사공)의 직책을 맡고 있는 세 명의 '卿'(경)들이 있는데, 이들을 '上大夫'라 하고, 그 바로 아래에 여러 명의 '大夫,' 곧

'下大夫'(하대부)들이 있다. 공자는 당시 '司寇'(사구)의 직위에 있었으므로 하대부의 신분이었다.
② **侃侃如**(간간여): '간간(侃侃)한 모습(如).' 형용사나 동사 뒤에 '如'가 붙으면 '…한 모습'이란 뜻이 된다. '侃侃'(간간)은 '기뻐하다,' '화락하다'는 뜻이란 해석과, '강직하다'는 뜻(즉, 우리 말의 '깐깐하다')이란 해석 두 가지가 있다. '侃'의 고문자형 '𠆢⻌·𠆢⻌' 등은 '𠆢ㅏ'(→ 信)에 밝게 빛나는 모양을 나타내는 기호(彡 → 彡, ⺍)를 덧붙인 것으로, 그 말에 거짓이 없으면서도 밝고 따뜻한 기운이 있다는 의미가 내포되어 있다. 따라서 '화기애애하다'는 뜻에서 크게 멀지 않다. 공자가 동료나 그 아래 직급의 사람들과 이야기하면서 강직한 모습을 하였다는 주자(朱子)의 이해는 우리가 상상할 수 있는 성현들의 모습과는 잘 어울리지 않는다. '衎'(간: 기뻐하다)의 가차자(假借字)란 해석도 있다.
③ **誾誾如**(은은여): 공경하는 마음이 말씨에 담겨 있으나 사리를 분명히 밝히고, 마음 속으로 옳다고 생각한 것은 굽히지 않고 주장하는 모습.

●●●●●●●●●●

■ 공자께서 재계(齋戒)하시려고 목욕을 하실 때에는 반드시 비단이나 삼베로 만든 욕의(浴衣)를 입으셨다. 재계하실 때에는 평소에 잡수시던 음식을 바꾸셨고, 거처도 반드시 옮기셨다.

齊, 必有明衣①, 布。齊必變食, 居必遷坐。

✤ 주(注)

① 明衣(명의) : 재계할 때는 반드시 목욕을 하는데, 목욕이 끝나고 몸이 채 마르지 않은 상태에서 몸을 청결하게 유지하기 위해 입는 욕의(浴衣)를 '明衣'라 한다.

✤ 소(疏)

① 「안회(顔回)가 말했다. "저의 집은 가난하여 술을 마시지 않고 생강 등을 먹지 않은 지가 여러 달이 됩니다. 이렇게 하였으니 재계를 했다고 할 수 있지 않겠습니까?"

　공자께서 말씀하셨다. "그것은 제사에 앞서 행하는 재계(祭祀之齋)이지 마음의 재계(心齋)는 아니다."」

(『莊子』<人間世>)

■ 공자께서는 밥도 고운 쌀로 지은 것이라고 해서 실컷 배불리 잡수시지 않았고, 회도 가늘게 썬 것이라고 해서 실컷 잡수시지 않았다.
　밥이 쉬어서 냄새가 나는 것과 맛이 변한 것,

생선이 상한 것과 고기가 썩은 것은 잡수시지 않았다. 음식의 색깔이 나쁜 것도 잡수시지 않았고, 나쁜 냄새가 나는 것도 잡수시지 않았다. 알맞게 익지 않은 것도 잡수시지 않았다. 제철에 나는 것이 아니면 잡수시지 않았다. 반듯하게 자른 것이 아니면 잡수시지 않았다. 간이 맞지 않는 것도 잡수시지 않았다.

고기는 많이 드시기는 해도 그 때문에 밥을 적게 드실 정도로는 드시지 않았다.

다만 술을 마시는 데는 정해진 양이 없었으나 술 취할 정도까지는 마시지 않으셨다.

입 안에 음식을 넣은 채 다른 사람과 말씀을 나누시지 않았고, 잠자리에 들어서는 말씀을 하시지 않았다.

자리가 단정하게 놓여 있지 않으면 앉으시지 않았다.

食不厭精①, 膾不厭細。食饐而餲②, 魚餒而肉敗③, 不食。色惡, 不食。臭惡, 不食. 不時, 不食④。割不正, 不食。不得其醬, 不食。肉雖多, 不使勝食氣。惟酒無量, 不及亂。
食不語, 寢不言⑤。

席不正, 不坐。

✤ 주(注)

① **食不厭精**(사불염정) : "밥은(食) 곱게 찧은 쌀로 지은 밥(精)이라고 해서 실컷 배불리 먹지(厭) 않았다(不).
* 대부부의 주석서에선 '不厭'을 '싫증내지 않다'로 해석하고 있으나, 이는 잘못이다. '厭'에는 '싫증내다'는 뜻 외에 '배불리 실컷 먹다'(饜)는 뜻도 있는데, 여기서는 '실컷 먹다'는 뜻이다. 『사기』(史記) <백이전>(伯夷傳)에는 "回也屢空, 糟糠不厭"(회야누공, 조강불염)이란 말이 나오는데, "안회(顔回)는 뒤주가 자주 텅텅 비어서, 지게미와 쌀겨조차도 실컷 배불리 먹지 못했다"는 뜻이다. 『맹자』(離婁下)에 나오는, "其良人出, 則必饜其酒肉而後反"(그 남편이 나가서는 반드시 술과 고기를 실컷 먹은 후에야 돌아왔다)에서도 같은 뜻으로 쓰였다.
② **饐而餲**(의이알) : '饐'는 밥이 쉬어 냄새가 나는 것, '餲'은 밥의 맛이 변한 것.
③ **魚餒而肉敗**(어뇌이육패) : "물고기가(魚) 상한 것과(餒) 고기가(肉) 부패한 것(敗)."
④ **不時不食**(불시불식) : '時'를 정해진 '식사 시간'으로 보는 해석과, 곡식이나 과일의 '수확 철'로 보는 해석이 있으나, 후자가 자연스럽다.
⑤ **食不語, 寢不言**(식불어, 침불언) : '語'는 상대가 있어 말하는 것이고, '言'은 혼자서 말하는 것이다. 여기서 '食'은 식사 시간 전체를 가리키기 보다는 (이때는 '밥 먹을 때는', '식사시간에는'

등으로 해석된다) '음식을 입에 넣고 삼킬 때까지의 동작'으로 보는 것이 자연스럽다(즉, '입 안에 음식을 넣고 씹을 때').

■ 공자의 집에 있는 마굿간이 불에 탔는데, 공자께서는 퇴청하시어 "사람이 다쳤느냐?"고 물어보셨다. 그러나 말(馬)에 대해서는 묻지 않으셨다.

廐^①焚。子退朝, 曰: "傷人乎?" 不問馬。

✤ 주(注)

① 廐(구): '마굿간.' 본래는 '廏'로 썼다. 공자는 당시 대부(大夫)의 신분이었으므로, 당시의 제도에 의하면, 집에는 최소한 15~20마리 정도의 말들을 기르고 있었다. 이것을 노(魯) 나라의 마굿간이라고 해석하는 사람도 있으나, 옳지 않다.

✤ 소(疏)

① 「인(仁)이란 사람의 일상생활에서 구현되는 것이고, 의(義)란 일의 처리가 예(禮)에 합당한 것이다. 그러므로 군자는 사람을 사랑하고, 그 사랑이 일체의 사물에 미치도록 하며, 비근(卑近)한 것을 다스림으로써 먼 곳까지 미치게 한다.

옛 책에서 말하기를, "무릇 살아 있는 모든 것 중에서 사람보다 귀한 것은 없다. 임금이 귀하게 여기는 것으로는 사람보다 더 중한 것이 없다. 그러므로 천지가 만물을 낳은 것은 그것으로써 사람에게 봉사하도록 하기 위해서이다. 사람 사랑을 으뜸으로 하는 것은 하늘에 순종하기 위해서이다. 여섯 종류의 가축과 금수로써 사람을 봉양한다는 말은 들었으나, 사람이 기르는 것으로써 사람을 해치게 한다는 말은 들어 보지 못했다"고 하였다. 노(魯) 나라의 마굿간이 불에 탔을 때, 공자께서 퇴청하시어 사람에 대해서는 물어 보셨으나 말에 대해서는 물으시지 않았는데, 이는 가축을 천하게, 사람을 귀하게 여기신 때문이다.」

(桓寬, 『鹽鐵論』 <刑德>)

■ 공자께서는 군주(君主)의 부름이 있을 때에는 타고 갈 수레가 준비될 때까지 기다리시지 않고 먼저 걸어 나가셨다〔먼저 걸어 나가시다가 좇아오는 수레를 타고 가셨다〕.

태묘(太廟)에 들어가셔서는 매사를 물어 보셨다.

君命召, 不俟駕行矣。
入太廟, 每事問。

✤ 주(注)

① 不俟駕(불사가) : "탈 것을(駕) 가다리지(俟) 않다(不)" 대부(大夫)는 움직일 때 수레를 타고 가는 것이 당시의 예법이었지만, 그리고 기다렸다가 수레를 타고 가거나 먼저 걸어 나가다가 뒤쫓아오는 수레를 타고 가거나 조정에 도착하는 시간은 같지만, 마음의 자세라는 측면에서 양자간에는 차이가 있다.
② 太廟(태묘) : 한 나라를 창건한 임금을 모신 사당. 여기서는 주공(周公)의 사당을 가리킨다.

✤ 소(疏)

①「예(禮)에서 말하기를, "부모님께서 부르시면 느릿하게 대답하지 않고, 임금께서 부르시면 수레가 준비되기를 기다리지 않는다"고 했다.」

(『孟子』<公孫丑下>)

②「제후가 신하를 부르면, 신하는 수레를 기다리지 않고 옷을 뒤집어 걸친 채 달려나가는 것이 예이다.」

(『荀子』<大略>)

③「공자께서 태묘(太廟)에 들어가셔서는 매사를 물어 보셨다. 그러자 어떤 사람이 말했다. "누가 저 추인(鄹人)의 아

들이 예를 안다고 했지? 태묘에 들어가서는 매사를 물어보던데"라고 했다.

공자께서 이 말을 들으시고 말씀하였다. "그런 경우에는 그렇게 하는 것이 예이니라."」

(『論語』<八佾>)

■ 공자께서는 벗이 죽었으나 장사지내 줄 친척이 없자 말씀하셨다. "나의 집에다 빈소를 차리고 장례를 치루거라."

朋友死, 無所歸①, 曰: "於我殯②."

✤ 주(注)

① **無所歸**(무소귀): "돌아갈(歸) 곳이(所) 없다(無)" 즉, 가족이나 친척이 없어서 장례를 주관하여 치뤄 줄 사람이 없다는 뜻이다.

② **於我殯**(어아빈): "나의 집(我)에다(於) 빈소를 차려라(殯)." '殯'은 보통 시체를 관에 넣은 후 안치해 두는 것을 말하지만, 매장하는 것도 '殯'이라 한다. 따라서 여기서는 장례 절차 전체를 가리킨다.

♣ 소(疏)

①「예기(禮記)에서 말하기를, "한 스승 밑에서 같이 배운 자를 '朋'(붕)이라 하고, 뜻을 같이 하는 자를 '友'(우)라고 한다"고 했다. 붕우(朋友)의 사귀는 도리는 친구에게 선한 점이 있을 때는 마음으로 좋아하고, 친구에게 나쁜 점이 있을 때는 가슴 아파하고, 재물이나 돈은 서로 융통해 주되 따져 계산하지 않고, 근심과 걱정은 함께 하면서 서로 구제해 준다. 그러나 삶을 의지하거나 죽음을 의탁하지는 않는다.」

(班固,『白虎通』<三綱六紀>)

●●●●●●●●●●

■ 공자께서 수레에 오르실 때는 반드시 바로 서서 손잡이 끈을 잡으셨다. 수레 안에서는 고개를 돌려 안쪽을 보시지 않았고, 말씀을 빨리 하시지 않았으며, 손가락질을 하시지 않았다.

升車, 必正立, 執綏①。車中, 不內顧②, 不疾言③, 不親指。

●●●●●●●●●●

✢ 주(注)

① 執綏(집수): "손잡이 끈을(綏) 잡다(執)."
② 內顧(내고): "안쪽을(內) 돌아다 보다(顧)." 여기서는 '고개를 뒤로 돌려 안쪽을 본다'는 뜻이다.
③ 疾言(질언): "빨리(疾) 말하다(言)." '疾'에는 '병'(病)이란 뜻 외에 '빨리'란 뜻이 있다. (예: '疾風'(질풍) → 빠른 바람)

■ 〔공자께서 제자들과 산길을 가실 때, 가까이 있던 꿩들이〕 위험을 느끼고는 훌쩍 날아 올랐다가, 다시 내려와 모여 앉았다.

이를 보시고 공자께서 말씀하셨다. "산간 다리 위의 저 까투리들은 좋은 때를 만났구나! 좋은 때를 만났어!"

자로(子路)가 그것을 잡으려 하자, 꿩들은 세 번 푸드득 날개짓을 하더니 날아가 버렸다.

色斯擧矣①, 翔而後集。曰: "山梁雌雉, 時哉! 時哉!" 子路共之②, 三嗅而作③。

---

10. 鄕黨(향당)

✤ 주(注)

① 色斯擧矣(색사거의) : 종래 많은 학자들은 '色'을 사람의 기색, 안색이라고 해석하고, '꿩이 사람 기색을 알아차리고 날아올랐다'고 해석하였다. 그러나 '色'은 '危'(위)자를 전사(轉寫)하는 과정에서 발생한 오자(誤字)로서, "위험을 느끼고 날아올랐다"고 해석하는 것이 좋다(商承祚・李孝定). 주자(朱子)는 이것을, "새가 사람의 안색이 선하지 못함을 보고 날아갔다"고 해석하고 있으나, 새들은 사람의 안색까지 살필 수 있을 정도로 영리하지 못하다.

② 共之(공지) : '共'의 고문자형 '㒳'은 어떤 물건(口)을 두 손(𦥑)으로 받들고 있는 모습으로, 이러한 자세는 두 손으로 꿩을 잡으려 할 때의 동작과 그 모습이 같다. 따라서 여기서 '共'은 곧 '拱'(두 손으로 잡다)의 뜻이고, "꿩을(之) 잡아 삶아서 두 손으로 공자께 드렸다(共)"는 뜻이 아니다.

③ 三嗅而作(삼후이작) : 여기서 '嗅'(후 : 냄새맡다)는 '狊'(격 : 새가 양 날개를 펴다)의 오자로 보고, '作'은 새가 앉아 있다가 훌쩍 날아 오르는 것으로 보아서, "세 번(三) 날개짓을 하다가(狊) 그리고(而) 날아 올랐다(作)"로 해석하는 것이 자연스럽다. 이것을 "(자로가 잡아서 삶아 올린 꿩고기를 공자께서) 세 번(三) 냄새를 맡아 보시고는(嗅) 드시지 않고 그냥 일어나셨다(作)"라고 해석하는 것은, 앞뒤 정황으로 보아서, 그리고 우리의 실제 경험으로 보아서도, 부적절한 해석이라 할 수 있다.

11. 先進(선진)

■ 공자께서 말씀하셨다. "먼저 예(禮)와 악(樂)을 배워서 이름이 난 후에 천거되어 관직에 나아가는 자를 일반인, 즉 야인(野人)이라 부른다. 〔세습(世襲)으로 얻은 작록(爵祿)에 의해 먼저 관직을 맡고 있다가〕 나중에 예와 악을 배우는 자를 군자(君子)라 부른다. 만약 사람을 쓴다면, 나는 먼저 예와 악을 배운 뒤에 관직에 나아간 자를 택하겠다."

子曰: "先進於禮樂①, 野人也; 後進於禮樂, 君子也。如用之, 則吾從先進。"

✤ 주(注)

① **先進於禮樂**(선진어예약): "먼저(先) 예악에(於禮樂) 나아가다(進)." 뒤의 "後進於禮樂"과 함께 그 해석이 매우 분분하다. 여기서는 "관직에 나아가기에 앞서 예악을 먼저 배운다"라고 한 해석(劉寶楠, 『論語正義』)을 따른다. 이것은 "學而優則仕"(학이우즉사), 즉 "배워서 뛰어나면 관직에 나아간다"는 것과 같은 취지의 말이다.

■ 〔공자의 제자들 중에서〕 덕행(德行)이 뛰어났던 제자로는 안연(顔淵)과 민자건(閔子騫)과 염백우(冉伯牛)와 중궁(仲弓)이 있었고, 말을 잘 한 제자로는 재아(宰我)와 자공(子貢)이 있었고, 정사(政事)를 잘 처리하기로는 염유(冉有)와 계로(季路)가 있었고, 고대 문헌에 대한 지식이 뛰어났던 제자로는 자유(子游)와 자하(子夏)가 있었다.

德行①; 顔淵, 閔子騫, 冉伯牛, 仲弓。言語②; 宰我, 子貢。政事③; 冉有, 季路。文學④; 子游, 子夏。

✤ 주(注)

① 德行(덕행): 내적 수양을 '德'이라 하고, 그것을 실제 행동으로 실천하는 것을 '行'이라 한다.
② 言語(언어): 언어의 구사. 단순히 입으로써 하는 말만을 가리키지 않고 제문(祭文)을 잘 짓고, 남을 잘 설득하고(說), 시(詩)와 부(賦)를 잘 짓고, 출정에 앞서서 행하는 서(誓)를 잘 짓고, 정령(政令)을 잘 기초하는 등 언어·문장의 사용과 관련된 일 전부를 가리킨다.
③ 政事(정사): 실제 관직에 나가 일을 처리함에 있어서 정치적 수완을 잘 발휘하는 것.
④ 文學(문학): 현대적 용어로 말하는 시, 소설 등의 문학을 가리키는 것이 아니라, 고대의 문헌, 즉 공자가 산정(刪定)한 『시경』, 『서경』, 『역경』, 『예제』(禮制) 등에 대한 지식이 뛰어났다는 뜻이다.

■ 공자께서 말씀하셨다. "안회(顏回)는 나를 도와주는 자가 아니다. 그는 내가 하는 말이면 기뻐하지 않는 것이 없었다."

子曰: "回也非助我①者也。於吾言無所不說。"

✤ 주(注)

① 助我(조아): "나를(我) 도와 준다(助)."

教學相長(교학상장: 가르침과 배움은 서로를 자라게 한다) 이란 말과 'Teaching is learning'이란 말이 있다. 가르치는 사람은, 가르치기 위해 준비하는 과정에서 스스로 배우는 바가 있고, 또 배우는 사람의 질문을 통해 배우는 바가 있다. 그러나 안회는 공자의 말씀을 듣고 질문하는 일이 없었기 때문에 공자께서 이런 말씀을 하신 것이다. (*참고:『論語』<爲政>)

■ 자로(子路)가 귀신 섬기는 방법에 대해서 물었다. 공자께서 말씀하셨다. "산 사람도 섬길 줄 모르면서 어찌 죽은 자를 섬길 수 있겠느냐?"

자로가 다시 말했다. "죽음이란 어떤 것인지 감히 여쭈어 보고자 합니다."

공자께서 말씀하셨다. "삶에 대해서도 모르는데 어찌 죽음을 알 수 있겠느냐?"

季路問事鬼神①。子曰:"未能事人, 焉能事鬼?"
曰:"敢問死。"曰:"未知生, 焉知死?"

✤ 주(注)

① 事鬼神(사귀신) : "귀신을(鬼神) 섬기다(事)."

자로가 물었던 것은 아마 죽은 사람을 제사지내는 올바른 방법이나 도리에 관한 것이었을 것이다.

✤ 소(疏)

①「공자께서는, "산 사람도 섬길 줄 모르는데 어찌 죽은 자(鬼)를 섬길 수 있겠느냐?"고 했습니다. 가까운 곳조차 도달하지 못하면서 어찌 큰 바다를 알 수 있겠습니까? 그러므로 실용에 도움이 되지 않는 일을 군자는 하지 않습니다. 다스리는 데 이롭지 않은 방법을 군자는 쓰지 않습니다.」

(桓寬,『鹽鐵論』<論鄒>)

● ● ● ● ● ● ● ● ● ●

■ 자공(子貢)이 물었다. "자장(子張)과 자하(子夏) 두 사람 중에 누가 더 뛰어납니까?"

공자께서 말씀하셨다. "자장은 매사에 지나친 바가 있고, 자하는 매사에 모자라는 바가 있다."

자공이 말했다. "그렇다면 자장이 더 뛰어납니까?"

공자께서 말씀하셨다. "〔두 사람 모두 중용(中庸)에서 벗어나 있는 바〕 지나친 것은 모자라는 것과 같으니라."

子貢問: "師與商也孰賢①?" 子曰: "師也過, 商也不及." 曰: "然則師愈與?" 子曰: "過猶不及②."

✤ 주(注)

① 孰賢(숙현): "누가(孰) 더 나은가(賢)." 여기서 '賢'은 '현명하다'는 뜻이 아니라, 비교문에서 어느 한 쪽이 '더 뛰어나다,' '더 낫다'는 뜻을 나타낸다.
② 過猶不及(과유불급): "지나치는 것은(過) 모자라는 것과(不及) 같다(猶)."

✤ 소(疏)

①「공자께서 말씀하셨다. "(중용의) 도(道)가 밝혀지지 않는 이유를 나는 알고 있다. 지자(知者)는 (중용에서) 지나침이 있고, 우자(愚者)는 미치지 못하기 때문이다.

도(道)가 행하여지지 않는 이유를 나는 알고 있다. 현자(賢者)는 (중용에서) 지나침이 있고, 불초자(不肖者)는 미치지 못하기 때문이다."」

(『禮記』<中庸>)

■ 〔당시 그 신분이 제후의 신하에 불과한〕 계씨(季氏)는 〔자기의 채읍지(采邑地)로부터 고율의 세금을 거두어 들임으로써〕 천자의 신하인 주공(周公)보다 더 부유하였는데, 그럼에도 계씨 밑에서 벼슬살던 염구(冉求)는 그를 위하여 더 많은 세금을 긁어 모아 그의 부를 더욱 늘려 주었다.

이에 공자께서 말씀하셨다. "그는 나의 제자가 아니다. 자네들은 북을 치면서 그를 성토해도 좋다."

季氏富於周公①, 而求也爲之聚斂而附益之②。子曰: "非吾徒也。小子鳴鼓而攻之, 可也。"

주(注)

① 周公(주공): 여기서는 주공 단(旦)의 후손으로, 천자의 조정에서 경사(卿士) 등을 지낸, 계씨와 같은 시대의 주공 흑견(黑肩), 주공 열(閱) 등을 가리킨다.
② 附益之(부익지): "그것에다(之) 보태 주어(附) 더욱 늘어나게 하다(益)."

소(疏)

① 「공자가 사석(私席)에서 염유(冉有)에게 말했다. "관직

에 있는 자의 행동은 매사를 예(禮)에 맞게 헤아려 보아야 한다. 베풀 때는 두터운 쪽을 취하고, 일을 처리할 때는 중용을 취하고, 거두어 들일 때는 적은 쪽을 취해야 한다. 만약 그렇게만 한다면 나 역시 만족하겠다. 만약 예에 맞게 헤아려 보지 않고 한없이 탐욕을 부린다면, 설령 세금을 아무리 많이 거두어 들이더라도 부족할 것이다. 그리고 계씨(季氏)가 법도에 맞게 하고자 한다면, 주공(周公)께서 제정해 놓으신 법도가 있지 않느냐? 만약 그것을 지키지 않고 구차스럽게 다르게 행하려면, 무엇 때문에 나를 찾아 왔느냐?"

그러나 염유는 공자의 말을 듣지 않았다.」

(『左傳』<哀公十二年>)

②「맹자께서 말씀하셨다. "염구(冉求)가 계씨의 가신의 우두머리가 되었지만, 그의 잘못된 점들을 바로잡아 주기는커녕 도리어 세금을 그 전보다 두 배로 늘렸다. 그러자 공자께서 말씀하셨다. '염구는 나의 제자가 아니니, 자네들은 북을 치면서 그를 성토해도 좋다'라고. 이로써 본다면, 자기 임금이 인정(仁政)을 행하지 않는데도 도리어 그의 부를 늘여주는 자들은 모두 공자에게서 버림받을 자들이다."」

(『孟子』<離婁上>)

■ 공자께서 말씀하셨다. "안회(顔回)는 나의 도(道)를 배우고 실천하는 면에서는 거의 다 이루었으나, 그의 집 쌀통은 자주 텅텅 비었다. 자공(子貢)은 자신의 운명을 그대로 받아들이지 않고 재물을 늘렸는데, 그의 예측은 자주 들어맞았다."」

子曰: "回也其庶乎①, 屢空。賜不受命②, 而貨殖焉, 億則屢中③。"

❉ 주(注)

① **其庶乎**(기서호): "아마도(其) 가까울 것이다(庶乎)." '庶'는 '가깝다,' '거의 되다'는 뜻이다. 그러나 무엇이 거의 되었는지, 무엇에 가까이 갔는지는 언급되어 있지 않다. <옹야>(雍也)편의 '簞食瓢飮陋巷章'(단사표음누항장)에서의 '不改其樂'(불개기락)의 '其樂'과 같이, 공자로부터 배운 바 도(道)의 실천으로 보는 것이 좋다.

② **不受命**(불수명): "명을(命) 받아들이지 않다(不受)." 여기서 '命'은 ㉠ 운명, 천명이라고 하는 해석과(朱子), ㉡ 공자의 가르침(敎命)이라고 하는 해석, ㉢ 군명(君命)과 녹명(祿命)이라고 하는 해석, ㉣ 당시에는 매매행위를 하려면 관의 허가를 받아야 했는데, 그 허가를 받지 않고 매매행위를 한 것을 가리킨다는 해석 등이 있으나, ㉠을 취한다.

③ 億則屢中(억즉루중) : "예측을 하면(億) 곧(則) 자주(屢) 들어맞았다(中)." 여기서 '億'은 '예측하다,' '헤아리다'는 뜻이다.

✤ 소(疏)

①「자공(子貢)은 공자에게서 배운 후 물러나와 위(衛) 나라에서 벼슬하면서 조(曹)와 노(魯) 나라 간에 장사를 하여 많은 돈을 벌어 일흔 제자들 중에서 제일 부유했다. 그리고 안연(顔淵)은 한 그릇의 밥과 한 바가지의 냉수로 끼니를 때우면서 누추한 동네에서 살았다. 자공은 네 마리의 말들이 끄는 수레를 길게 이어 비단 묶음을 가득 싣고 제후들을 찾아가서 인사하고 선물을 바쳤다. 가는 곳마다 그 나라의 군주들은 그를 융숭하게 대접하고 제후와 동등한 예로써 그를 맞이하였다.」

(班固,『漢書』<貨殖傳>)

■ 자장(子張)이 어떻게 해야 선(善)한 사람이 될 수 있는지 그 길(道)을 물었다. 공자께서 말씀하셨다. "〔비록 그 바탕과 행실이 선한 사람이라 하더라도〕 옛 성현들의 발자취를 배우고 본받아 따르지 않는다면, 훌륭한 경지에는 들어가지 못한다."

子張問善人之道①。子曰:"不踐迹, 亦不入於室②。"

✤ 주(注)

① **善人之道**(선인지도): 선한 사람이(善人) 되기 위해서 실천하고 행동해야 할 도(道).
② **不入於室**(불입어실): "방 안(室)에(於) 들어가지 못한다(不入)." 『논어』에서 '入室'은 학문이나 도(道)가 높은 경지에 이른다는 뜻으로 쓰이고 있다. '入室'에는 미치지 못하나 상당히 높은 경지에 이른 것을 '升堂'(승당)이라고 한다.

■ 자로(子路)가 물었다. "들으면 곧바로 그것을 실행해야 합니까?"

공자께서 말씀하셨다. "부형(父兄)께서 계시는데, 어찌 들었다고 그것을 곧바로 실행할 수 있겠느냐?"

염유(冉有)가 물었다. "들으면 곧바로 그것을 실행해야 합니까?"

공자께서 말씀하셨다. "들으면 곧바로 그것을 실행해야 한다."

공서화가 말했다. "자로가, '들으면 곧바로 그것을 실행해야 합니까?' 하고 물으니, 선생님께서는 '부형께서 계시지 않느냐?'고 말씀하시고, 염유가, '들으면 곧바로 그것을 실행해야 합니까?' 하고 똑같이 물으니, 선생님께서는 '들으면 곧바로 그것을 실행해야 한다'고 하셨습니다. [이처럼 똑같은 질문에 정반대로 대답하시니] 저는 헷갈립니다. 그 이유를 감히 여쭈어 보고자 합니다."

공자께서 말씀하셨다. "염유(求)는 매사에 소극적이어서 움추러들기 때문에 그로 하여금 적극성을 갖고 앞으로 나아가도록 한 것이고, 자로(由)는 매사에 적극적이고 용감하기가 보통 사람의 갑절이나 되므로, 그래서 그로 하여금 한발 물러서도록 한 것이다."

子路問: "聞斯行諸①?" 子曰: "有父兄在, 如之何其聞斯行之?" 冉有問: "聞斯行諸?" 子曰: "聞斯行之." 公西華曰: "由也問'聞斯行諸,' 子曰, '有父兄在'; 求也問'聞斯行諸,' 子曰, '聞斯行之.' 赤也惑, 敢問." 子曰: "求也退, 故進之; 由也兼人②, 故退之."

❖ 주(注)

① 聞斯行諸(문사행제): "들으면(聞) 곧바로(斯) 그것을(之) 실천해야(行) 합니까(乎)." '斯'는 부사로서 '곧바로'란 뜻이고, '諸'는 '之+乎'의 합음(合音)이다.
② 兼人(겸인): 본래의 뜻은 "다른 사람의(人) 두 배(兼)"이지만, "여기서는 과단성이나 용감함이 보통 사람의 곱절이나 된다"는 뜻이다.

❖ 소(疏)

①「섭공자고(葉公子高)가 공자께 정치의 원리를 묻자, 공자께서 대답하셨다. "정치란 가까이 있는 자들(近人:自國民)을 기쁘게 해 주고, 멀리 있는 자들(遠人:他國民)을 찾아오게 하는 것입니다."

애공(哀公)이 공자께 정치의 원리를 묻자, 공자께서 말씀하셨다. "정치란 훌륭한 사람(賢士)을 가려 뽑는 것입니다."

제 경공(齊 景公)이 공자께 정치의 원리를 묻자, 공자께서 대답하셨다. "정치란 재물을 절약하는 것입니다."

이 세 분이 가고 나서 자공(子貢)이 물었다. "세 분께서 선생님께 정치의 원리를 물은 것은 동일한데, 선생님께서 그들에게 대답하신 내용은 같지 않으니, 그 이유가 무엇입니까?" 공자께서 말씀하셨다. "섭(葉) 나라는 도읍은 크고 나라는 작아서 백성들이 배반할 마음을 가지고 있다. 그래서 가까이 있는 자들을 기쁘게 해 주고, 멀리 있는 자들을 찾아오게 하는 것이라고 했다.

　노(魯) 나라의 애공(哀公)에게는 대신(大臣) 셋이 있는데, 이들은 밖으로는 다른 나라 제후들과 사방의 선비들이 찾아오는 것을 막고, 안으로는 서로 똘똘 뭉쳐서 자기 임금을 바보로 만들고 있으므로, 장차 종묘를 더럽히고 사직의 제사가 끊어지도록 만들 자는 반드시 이 세 신하들일 것이다. 그래서 정치란 훌륭한 사람을 가려 뽑는 것이라고 했다.

　제(齊) 나라의 경공(景公)은 지금 옹문(雍門)에 성을 쌓고 궁전을 짓고 있는데, 그 일을 위해 하루에 소모되는 재물은 전쟁시 전차 삼백 대를 공출할 수 있는 대부 셋이서 조달할 수 있는 양의 재물과 같다. 그래서 정치란 재물을 절약하는 것이라고 했던 것이다."」

(『韓非子』<難三>・劉向, 『說苑』<政理>)

■ 〔노(魯) 나라의 세도가인 계씨(季氏) 집안의 자제인〕 계자연(季子然)이 물었다. "자로(子路)와 염유(冉有)를 대신(大臣)이라 할 수 있겠습니까?"

　공자께서 말씀하셨다. "나는 자네가 다른 일에 관해 물을 걸로 생각했는데, 들어 보니 중유(仲由)

와 염구(冉求)에 대한 질문이군. 소위 대신이란 정도(正道)로써 임금을 섬기고, 그렇게 할 수 없으면 그만두고 물러난다. 지금의 중유와 염구는 〔그런 인물은 못 되고〕 숫자나 자리를 채우는 신하(具臣)라 할 수 있을 것이다."

계자연이 다시 물었다. "그렇다면 시키는 일을 따라 하는 자들입니까?"

공자께서 말씀하셨다. "그러나 자기 부모나 임금을 죽이라는 명령 같은 것은 역시 따르지 않을 것이다."

季子然問: "仲由, 冉求可謂大臣與?" 子曰: "吾以子爲異之問①, 曾由與求之問。所謂大臣者, 以道事君, 不可則止。今由與求也, 可謂具臣②矣。" 曰: "然則從之者與?" 子曰: "弑父與君, 亦不從也。"

주(注)

① 吾以子爲異之問(오이자위이지문): "나는(吾) 자네가(子) 다른 일을(異) 물을(問) 것으로(之) 생각했다(以爲)." 이것은 본래 "吾以爲 + 子問異(事)"가 합쳐진 복문(複文)으로, 뒤의 독립절이 앞 절의 빈어구(목적구)로 바뀌면서 조사 '之'가 추가되어, 문의 구조 및 빈어절의 순서가 "吾以爲子異(事)之問"

→"吾以子爲異(事)之問"으로 바뀐 것이다. '異'는 '異事,' 즉 '다른 일'이다. 흔히 '異'를 비상한 사람, 또는 '색다른 일'이라 해석하고 있는데, 이는 잘못이다.
② 具臣(구신) : 숫자 또는 자리를 채우고 정해진 일만 맡아 하는 하위직의 신하란 뜻이다.

✤ 소(疏)

① 「군주가 잘못을 범하면 간(諫)하고, 만약 거듭 간해도 듣지 않을 때는 관직을 버리고 떠나가야 한다.」

(『孟子』<萬章下>)

② 「임금에게 과실(過失)이 있는 것은 나라가 위태로워지고(危) 망할(亡) 싹이다. 임금의 과실을 보고도 간하지 않는 것은 임금의 위망(危亡)을 가볍게 여기는 것이다. 임금의 위망을 가볍게 여기는 일은 충신으로서는 차마 할 수 없다.

그러나 세 번을 간해도 들어 주지 않으면 떠나가야 한다. 떠나가지 않으면 몸을 망치게 되는데, 몸을 망치는 일을 인자(仁者)는 차마 하지 못한다. 간하지 않으면 임금을 위태롭게 하고, 고집스레 간하면 몸을 위태롭게 한다. 몸의 위험을 무릅쓰고 간해도 끝내 받아들여지지 않는다면, 그 간함은 아무 소용이 없다.

그러므로 지혜로운 자는 그 임금과 시기를 잘 헤아려 보고 그 완급(緩急)을 조절하여 적절하게 행동함으로써 위로는 임금을 위태롭게 하지 않고, 아래로는 자신의 몸을 위태롭게 하지 않는다. 그리하여 나라도 보존되어 위태로워지지 않고, 자기 몸도 보존되어 위태로워지지 않는다.」

(劉向, 『說苑』<正諫>)

12. 顔淵(안연)

■ 안연(顔淵)이 인(仁)에 대해 묻자, 공자께서 말씀하셨다. "자신의 사심(私心)과 사욕(私慾)을 극복하여 생각과 언행이 예(禮)에 합치되게 하는 것이 곧 인(仁)이다. 하루라도 이렇게 할 수 있다면 천하가 인(仁)으로 돌아올 것이다. 인(仁)의 실천은 자기 자신으로부터 말미암는 것이지 어찌 다른 사람에게 달려 있겠느냐?"

안연이 말했다. "그것을 실천할 구체적인 조목(條目)들을 가르쳐 주십시오."

공자께서 말씀하셨다. "예(禮)에 어긋나는 것들은 보지도 말고, 예에 어긋나는 것들은 듣지도 말고, 예에 어긋나는 것은 말하지도 말고, 예에 어굿나는 행동은 하지도 말라."

안연이 말했다. "제가 비록 불민(不敏)하오나 선생님의 이 말씀을 마음에 새겨두고 실천하겠습니다."

顏淵問仁。子曰: "克己復禮爲仁①。一日克己復禮, 天下歸仁②焉。爲仁由己, 而③由人乎哉?" 顏淵曰: "請問其目。" 子曰: "非禮勿視, 非禮勿聽, 非禮勿言, 非禮勿動。" 顏淵曰: "回雖不敏, 請事斯語矣。"

주(注)

① 克己復禮爲仁(극기복례위인): "자기의 사심과 사욕을(己) 억제·극복하여(克) 예로(禮) 되돌아 가는 것이(復) 곧 인이다(爲仁)." '克己復禮'란 말은 공자 이전부터 있었던 말인데, 이를 공자가 인(仁)과 예(禮)의 관계를 설명하는 데 인용한 것이다. 〔仲尼曰: "古也有志; 克己復禮, 仁也." (『左傳』<昭公十二年>)〕

② 天下歸仁(천하귀인): ㉠ "천하가(天下) 인으로(仁) 귀화하다·돌아오다(歸)"라고 하는 해석과, ㉡ '歸'를 '稱'(칭) 또는 '與'(여)의 뜻으로 보아서, "천하가(天下) 인자라고(仁) 불러준다(歸)"고 하는 두 가지 해석이 있으나, 전자를 택한다.

③ 而(이): 여기서 '而'는 부사로서 '豈'(기: 어찌) 또는 '寧'(녕: 어찌)의 뜻으로 쓰였다.

12. 顏淵(안연)

* 인(仁)이란 본래 '人人,' 즉 두 사람 사이의 관계란 뜻이다. 두 사람이 만났을 때 상대를 향하여 가져야 할 가장 기본적인 마음의 자세를 가리키는데, 인간이 태어나서 최초로 맺는 인간관계는 곧 부모와 자식간(孝와 慈), 그리고 형제간(弟와 敬)이다. 그래서 "효(孝)와 제(弟)는 인(仁)을 행하는(爲) 근본이다(本)"고 한 것이다. 이로부터 인간관계는 부부사이로(愛), 친구사이로(信), 임금과 신하로 대표되는 상하관계로(義), 일반 사람 전체에로 확대 발전해 간다(愛人).

모든 단계의 인간관계에서 공통되는 '仁'의 마음가짐과 자세는 자기 자신의 마음을 미루어 남에게 그대로 베푸려는 것이며(恕), 자신이 서고자 하는 곳은 남들도 서고 싶어한다는 점을 인정하고, 남들을 함께 서게 하는 것이며(己所欲立, 立人), 자신이 이루고자 하는 것은 남들도 함께 이루도록 하는 것이며(己所欲達, 達人), 자신이 원하지 않는 것은 남에게도 하지 않는 것이다(己所不欲, 勿施於人).

그리고 禮는 인간과 인간이 만나 사회를 이루어 살아갈 때 거기에 불화(不和)가 아닌 조화(調和)를, 무질서가 아닌 질서를, 야만이 아닌 문명의 상태를 유지하기 위한 인위적인 규범이자 제도이다. 모든 사람이 자신의 감정과 욕망, 충동에 따라 자기 멋대로 행동하게 될 때, 한 사회는 불화와 무질서와 야만적인 상태에 빠지게 된다. 이를 회피하기 위하여는 모든 개인은 사회적인 합의하에 설정된 禮라는 규범을 따라 지켜야 한다.

행위의 동기가 비록 善과 仁에서 나온 것이라 하더라도, 그 표현방식이 禮에 합치될 때에만 비로소 그 善과 仁은 사회적 규범 또는 가치로서 기능하게 되는 것이다. 비근한 예로서, 자기가 먹고 있던 과일이 맛이 있어서 그것을 곁에 있던 남에게도 주고 싶어하는 것은 '仁'의 발로이다. 그러나 자기가 씹어 먹고 있던 과일을 실제로 남에게 주는 경우에는 문제가 달라진다. 상대가 누구냐에 따라서 그 행위는 善도 되고 不善도 되는데, 이를 상황에 맞게 적용하는 것이 곧 '禮'이다.

■ 중궁(仲弓)이 인(仁)에 대해 묻자, 공자께서 말씀하셨다. "집 밖에 나가서 사람들을 대할 때는 마치 귀한 손님을 대하듯이 하고, 백성들에게 일을 시킬 때는 마치 큰 제사를 받들 듯이 해야 한다. 자신이 바라지 않는 것은 남에게 행하지 말라. 나라 일을 함에 있어 남들로부터 원망사는 일이 없고, 집안 일을 처리함에 있어서도 원망듣는 일이 없게 하라."

중궁이 말했다. "제가 비록 불민(不敏)하오나, 선생님의 이 말씀을 가슴에 새겨 실천하겠습니다."

仲弓問仁。子曰：" 出門如見大賓，使民如承大祭。己所不欲，勿施於人。在邦^①無怨，在家^①無怨。" 仲

弓曰: "雍雖不敏, 請事斯語矣."

✤ 주(注)

① **在邦, 在家**(재방, 재가): '在邦'은 '제후의 나라에서 관직을 맡는 것,' '在家'는 '대부의 채읍(采邑)에서 관직생활 하는 것'이라고 하는 해석도 있으나(劉寶楠), '在邦'을 '조정에서 나라 일을 하는 것,' '在家'를 '가정에서 집안 일을 처리하는 것'으로 해석한 정약용(丁若鏞)선생의 해석을 따랐다. (丁若鏞,『論語古今注』)

✤ 소(疏)

①「한 가정에서 원망듣는 일이 없다는 것은 인(仁)이 한 가정에 미침이고, 나라 일을 함에 있어서 원망듣는 일이 없다는 것은 인(仁)이 한 나라에 미침이다. 천하가 인(仁)으로 돌아옴은 인(仁)이 천하에 미침이다. 그러나 이처럼 인(仁)이 한 가정과 나라와 천하에 미치도록 하는 일은 단지 자기가 원하지 않는 것은 남에게 하지 않는 것에 불과하다.」

(焦循,『論語補疏』)

■ 사마우(司馬牛)가 군자에 대해 묻자, 공자께서 말씀하셨다. "군자는 걱정하지도 않고 두려워하지도 않는다."

사마우가 물었다. "걱정하지도 않고 두려워하지도 않는다면 곧 군자라 할 수 있습니까?"

공자께서 말씀하셨다. "스스로 반성해 보아서 잘못도 부끄러워할 것도 없는데, 무엇을 걱정하고 무엇을 두려워하겠느냐?"

司馬牛問君子。子曰:"君子不憂不懼。" 曰:"不憂不懼, 斯謂之君子已乎?" 子曰:"內省不疚①, 夫何憂何懼?"

✤ 주(注)

① 內省不疚(내성불구): "속으로(內) 반성해 보아도(省) 잘못이나 허물이(疚) 없다(不)."
* 이 '內省不疚'는 맹자가 말한 것처럼 "평소에 의(義)가 쌓인 결과 생겨나는 것(集義所生)"으로, "호연지기(浩然之氣)"의 바탕을 이룬다. 그리고 이것은 『중용』(中庸)에서 말하고 있는 것처럼 "그 뜻에 악함이 없고(無惡於志)," 또한 『대학』(大學)에서 말하고 있는 "스스로의 마음에 흡족함을 느낄 때(自慊)" 비로소 가능해진다.

■ 자장(子張)이 어떻게 해야 사리(事理)에 밝을 수 있는지 묻자, 공자께서 말씀하셨다. "물이 땅에 스며들어 땅을 적시듯 모르는 사이에 마음에 스며드는 참언(讒言)이나, 실정(實情)을 헤아려 보기도 전에 피부에 와 닿는 소언(愬言)이 통하지 않는 사람이 되어야 비로소 사리에 밝다고 할 수 있다. 그러한 참언이나 소언이 통하지 않는 사람이면 멀리까지 밝게 볼 수 있는 사람이라고 할 수 있다.

子張問明。子曰: "浸潤之譖①, 膚受之愬②, 不行焉③, 可謂明也已矣。浸潤之譖, 膚受之愬, 不行焉, 可謂遠④也已矣。"

주(注)

① **浸潤之譖**(침윤지참) : '浸'은 물이 땅에 스며드는 것이고, '潤'은 물이 땅을 적시는 것이다. '譖'은 남을 해치기 위해서 거짓 꾸며낸 말이다.
② **膚受之愬**(부수지소) : "피부(膚), 즉 감각적으로 받아들여지는(受), 남을 헐뜯는 거짓 내용의 말(愬)." '愬'는 '訴'(소)로 쓰기도 하는데, '謗'(방 : 비방)과 같은 뜻이다.
③ **不行焉**(불행언) : "그 사람에게서(焉) 행하여지지(行) 않다(不)." '行'은 여기서 피동(被動)으로 쓰였다.

④ 遠(원) : "멀리까지 밝게 본다"는 뜻이다.

❖ 소(疏)

① 「참소(譖)와 사악함(邪)은 항상 함께 나아가는데, 그 까닭은 윗사람에게 의심이 많기 때문이다. 이미 현인(賢人)을 등용하여 선정(善政)을 행하고 있을 때 어떤 자가 그를 참소하게 되면, 그 현인은 물러가고 선정은 원상태로 되돌려지고 만다. 여우처럼 의심이 많은 자에게는 참소하여 남을 헐뜯는 자들이 모여들게 마련이다. 우유부단한 자는 비뚤어진 무리들에게 문을 열어 준다. 참소하고 사악한 무리들이 나아가면 현인들은 물러나고, 비뚤어진 무리들이 들끓으면 올곧은 선비들은 사라진다.」

(班固, 『漢書』<劉向傳>)

●●●●●●●●

■ 자공(子貢)이 정치에 대하여 묻자, 공자께서 말씀하셨다. "식량을 충분하게 비축하고(足食), 군비와 병력을 충분하게 갖추고(足兵), 백성들이 믿고 따를 수 있도록 하는 것이다(民信之)."

자공이 말했다. "만약 부득이한 사정으로 이

세 가지 중에서 한 가지를 포기해야 한다면, 어느 것을 먼저 포기해야 합니까?"

공자께서 말씀하셨다. "군비와 병력을 우선 포기해야 한다."

자공이 말했다. "만약 부득이한 사정으로 남은 두 가지 중에서 한 가지를 포기해야 한다면, 어느 것을 먼저 포기해야 합니까?"

공자께서 말씀하셨다. "식량 비축을 우선 포기해야 한다.〔사람은 먹지 않고는 살 수 없지만, 그러나 먹을 것이 충분히 있다고 하더라도〕자고(自古)로 모든 사람들은 다 죽어갔다. 그러나 백성들이 믿고 따르지 않는다면 나라가 유지될 수 없다."

子貢問政。子曰: "足食①, 足兵②, 民信之③矣。" 子貢曰: "必④不得已而去, 於斯三者何先?" 曰: "去兵。" 子貢曰: "必不得已而去, 於斯二者何先?" 曰: "去食⑤。自古皆有死, 民無信不立。"

● ● ● ● ● ● ● ● ● ●

✿ 주(注)

① 足食(족식) : "식량을(食) 충분히 비축하는 것(足)."

『예기』(禮記) 왕제편(王制篇)에는 ; "오곡(五穀)을 모두 거두어 들인 후 나라의 쏨쏨이를 그에 맞추어 결정한다. 땅의 크고 작음과 한 해의 풍흉(豊凶)을 살피어 30년을 단위로 나라의 씀씀이를 결정하되, 항상 수입을 헤아려 지출한다(量入以爲出).… 나라에 9년간의 비축이 없으면 '부족(不足)하다'고 하고, 6년간의 비축이 없으면 '급(急)하다'고 하고, 3년간의 비축이 없으면 "나라를 그의 나라라 할 수 없다(國非其國)."고 했다. 그리고 『순자』(荀子) <부국편>(富國篇)에서는 ; "나라를 풍족하게 하는 방법으로는, 씀씀이를 절약하여 백성들을 여유있게 하며, 그 남는 것을 잘 저장하여 (흉년에 대비하는) 것이다."고 했다. 이로써 볼 때, '足食'은 단순히 식량생산의 증대뿐 아니라 흉년에 대비한 식량비축까지 의미하는 것으로 이해해야 한다.

② 足兵(족병) : "병을(兵) 충분히 갖추는 것(足)." '兵'의 갑골문자 '兵'은 무기인 도끼(丁→斤)와 그것을 잡고 있는 두 손(벗→𠂇)으로 이루어져 있다. 따라서 '兵'에는 무기, 즉 군비(軍備)란 뜻과 그것을 가지고 싸우는 사람, 즉 사졸(士卒)의 뜻이 함께 포함되어 있다. 지금의 국방력(國防力) 또는 군사력(軍事力)에 해당한다.

③ 民信之(민신지) : 이는 '使民信之'의 뜻으로, "백성들이(民) 그를(之) 믿고 따르도록(信) 한다(使)." 여기서 '之'는 치자(治者), 임금, 또는 현대에 와서는 국가나 정부를 가리킨다.

④ 必(필) : '만약'(若, 如)의 뜻이다. ("必, 猶'如'也" : 『古書虛字集釋』)

⑤ 去食(거식) : "식량비축 정책을(食) 포기하다(去)."

'去食'과 '無食'은 같지 않다. '無食'은 장기간의 흉년이나 장기간 성(城)이 포위된 상태에서 먹을 것이 없어서 아사(餓死)하거나 역자석해(易子析骸 : 자식들을 서로 바꾸어 잡아 먹음)하는 그런 상황을 가리키지만, '去食'은 흉년이나 재해를 당한 해에 나라의 경비를 줄이고 관리들의 봉록을 줄이면서 양곡 창고의 문을 열어 비축되어 있던 양식을 방출하여 백성들에게 나누어 주는 그런 정책을 가리키는 것으로 이해해야 한다. 이런 상황이 오래 지속되면 결국 식량이 소진되어 굶어 죽는 사람도 나오겠지만, 그러나 이런 상황도, 나라의 양곡창고는 가득 차 있으면서 백성들의 신뢰를 잃어 나라도 잃고 몸도 죽임을 당하고 결국 가득 비축해 놓았던 양식까지 모두 빼앗겨 버리는 그런 상황보다는 낫다.

✤ 소(疏)

①「일단 민심을 잃으면 다른 무엇에 기댈 수 있겠느냐? 양식이 있다고 한들 어찌 얻어 먹을 수 있겠느냐? 병력이 강하다고 한들 그들은 차례로 난을 일으키고 말 것이다. 수(隋) 나라의 낙구창(洛口倉)이나 당(唐) 나라의 경림고(瓊林庫)는 모두 값진 재화들로 가득 차고 미곡들이 산처럼 쌓였었지만, 그리고 군대에는 장수들이 숲처럼 늘어서고 기갑(騎甲)은 구름처럼 진을 치고 있었지만, 결국 나라도 망하고 집안도 망하는 그런 처지를 면할 수 없었으니, 이는 민심이 떠났기 때문이다. 그러므로 정치를 잘 하려는 사람은 항상 이것을 명심하고 있어야 한다.

그리고 자고로 모든 사람은 죽게 마련인데, 살기를 탐하고 죽기를 겁내는 무리들은 왕왕 난(難)에 임하여 구차스럽게 그것을 면해 보려고 하지만, 구차하게 살아 본들 얼마를 더 살겠느냐? 살아 있는 동안에는 창피해서 기가 죽고, 결국에는 죽음으로 돌아가는데, 죽고 나서는 악취만 끝없이 남길 터이니, 그들이 어찌 효(孝)를 위해 죽고, 충(忠)을 위해 죽고, 의(義)를 위해 죽고, 절(節)을 위해 죽음으로써 그 이름을 천고(千古)에 빛내는 사람들과 같을 수 있겠느냐? 죽는다는 것은 같으나, 죽음에는 태산보다 무거운 죽음이 있고 새털(鴻毛)보다 가벼운 죽음이 있으니, 구차하게 살다가 죽는 자들의 죽음이 바로 이와 같다.」

(李顒, 『四書反身錄』)

●●●●●●●●●●

■ 애공(哀公)이 유약(有若)에게 물었다. "기근(饑饉)이 들어 나라의 재용(財用)이 부족한데, 어떻게 하면 좋겠소?"

유약이 대답했다. "어째서 수입(收入)의 십분지 일(十分之一)을 세금으로 거두어들이는 제도인 철법(徹)을 시행하지 않습니까?"

애공이 말했다. "십분지 이(十分之二)를 세금으로 거두어 들이고 있는데도 나는 오히려 부족하다고 느끼는데, 어떻게 수입의 십분지 일만을 세금으로 거두어 들이는 철법(徹)을 시행하라는 말이오?"

유약이 대답하여 말했다. "백성들이 풍족하다면, 임금께서는 누구와 더불어 부족하겠습니까? 백성들이 부족하다면, 임금께서는 누구와 더불어 풍족하시겠습니까?"

哀公問於有若曰:"年饑, 用不足, 如之何?" 有若對曰:"盍徹乎①?" 曰:"二②, 吾猶不足, 如之何其徹也?" 對曰:"百姓足, 君孰與不足③? 百姓不足, 君孰與足?"

주(注)

① 盍徹乎(합철호): '盍'(합)은 '어찌(何) …하지 않는가(不)' (何…不, 豈…不)라는 뜻의 의문사이고, '徹'은 수확량의 10분지 1을 세금으로 거두어들이던 주(周) 때의 제도이고, '乎'는 의문이나 반문의 뜻을 나타내는 조사(助詞)이다. "어찌(豈) 철법을 시행하지(徹) 않는가(不)."

② 二(이): '십분지 이.' 여기서는 동사로 쓰고 있다. 즉 '십분지 이를 세금으로 거두다'란 뜻이다.

③ 君孰與不足(군숙여부족): "임금께서는(君) 누구와(孰) 더불어(與) 부족하시겠습니까(不足)." 여기서 '孰與'는 비교를 나타내는 문형 "A+孰與+B+형용사"(A와 B 중에서 누가 …

한가)에서 사용되는 것과는 다른 뜻으로, 개사(介詞)인 '與'(with)와 의문대사인 '孰'(whom)이 결합되면서, '개사 + 의문대사'는 그 어순(語順)이 도치된다는 문법에 따라서 '孰'(의문대사) + '與'(개사)로 바뀐 것이다. 〔예: "王孰與爲善"(→ 왕께서는 누구와 더불어 선을 행하시겠습니까.) 『孟子』<滕文公下>〕

❈ 소(疏)

① 「노(魯) 나라의 애공(哀公)이 공자에게 정치를 묻자, 공자께서 말씀하셨다. "정치란 백성들을 부유하게 하는 것입니다."

애공: "어떻게 하면 부유하게 됩니까?"

공자: "세금을 가볍게 한다면 백성들은 부유하게 됩니다."

애공: "만약 그렇게 한다면 과인(寡人)이 가난하게 되지 않겠습니까?"

공자: "「시」(詩)에서, '온화하신 군자, 백성들의 부모로다!'라고 했습니다. 그 자식들이 부유한데 그 부모가 가난한 경우는 보지 못했습니다."」

(劉向, 『說苑』<政理>)

■ 제(齊) 나라의 경공(景公)이 공자에게 정치에 대해 묻자, 공자께서 대답해 말씀하셨다. "임금은 임금답고, 신하는 신하답고, 아비는 아비답고, 자식은 자식답게 만드는 것입니다."

경공이 말했다. "훌륭하신 말씀입니다. 정말이지 임금이 임금답지 못하고, 신하가 신하답지 못하고, 아비가 아비답지 못하고, 자식이 자식답지 못하다면, 비록 곳간에 곡식이 가득 쌓여 있다 한들, 내가 어찌 그것을 얻어 먹을 수 있겠습니까?"

齊景公問政於孔子。孔子對曰: "君君①, 臣臣, 父父, 子子。" 公曰: "善哉! 信②如君不君, 臣不臣, 父不父, 子不子, 雖有粟, 吾得而食諸③?"

✤ 주(注)

① **君君**(군군): 앞의 '君'은 명사로서 주어가 되고, 뒤의 '君'은 형용사(임금답다)로서 술어가 된다. 이하 臣臣, 父父, 子子도 같다.
② **信**(신): '참으로,' '진실로'란 뜻의 부사이다.
③ **吾得而食諸**(오득이식제): 어떤 판본에는 "吾焉得而食諸"로 되어 있다. '吾'(나) 다음에 '焉'(언)이나 '豈'(기)가 들어 있는 쪽이 문맥상 더 자연스럽다. '諸'는 '之乎'의 합음이다. "내가

(吾) 어찌(焉) 그것을(之) 얻어서(得) 그리고(而) 먹을 수(食) 있겠소(乎)."

* '임금은 임금답고, 신하는 신하답고…'란 말은 언뜻 생각하면 봉건적 위계질서나 기득권을 유지하는 데 이용되는 시대에 뒤떨어진 말로 이해되기 쉽다. 그러나 이는 인간 사회가 질서와 조화를 이루면서 발전해 가기 위한 보편타당한 진리이다.

    오늘날 우리 사회의 많은 모순과 혼란은 사회 구성원 하나하나가 자신의 본분을 망각하고, 각자가 '…답지 못한' 데서 비롯되는 면이 많다. 정치가가 정치가답지 못하고, 공무원이 공무원답지 못하고, 선생이 선생답지 못하고, 학생이 학생답지 못하고, 서비스맨이 서비스맨답지 못하고…. 이런 '답지 못한' 사람이 많은 사회가 조화를 이루면서 발전해 갈 수 없다는 것은 자명하다.

✤ 소(疏)

① 「부자(父子), 군신(君臣)의 도(道)가 서지 못하면 나라는 반드시 위태로워지고 망한다. 〔나라가 망하고 나면〕 비록 창고 안에 쌓아 둔 곡식이 많다고 하더라도 그것을 먹을 수 없다.」

(班固, 『漢書』 <武五子傳>)

■ 공자께서 말씀하셨다. "송사(訟事)를 듣고 그 옳고 그름을 판단하는 데 있어서는 나도 남들과 다를 게 없다. 〔그러나 만약 내가 백성들을 다스리는 자리에 있게 된다면, 그들을 덕(德)으로 교화하여〕 반드시 서로 송사를 벌이는 일이 없어지도록 만들겠다."

子曰: "聽訟, 吾猶人也。必也使無訟乎!"

✿ 소(疏)

① 「노(魯) 나라에 아비와 자식이 서로 송사를 벌인 일이 있었는데, 계강자(季康子)는 그들을 사형에 처하려고 했다. 이에 공자께서 말씀하셨다. "죽여서는 안 됩니다. 백성들은 부자(父子) 간에 송사를 벌이는 것이 옳지 못한 일인 줄 모르게 된 지 이미 오래되었습니다. 이는 윗사람들이 정도(正道)를 잃어 버렸기 때문입니다. 윗사람들이 정도를 회복한다면 이런 사람들은 없어질 것입니다."

소송을 벌였던 그 부자는 공자의 이 말을 듣고는 소송을 취하해 달라고 사정했다.」

(韓嬰,『韓詩外傳』<卷三>)

■ 공자께서 말씀하셨다. "군자는 다른 사람들의 좋은 점은 이루어지도록 해 주고, 다른 사람들의 나쁜 점은 이루어지도록 해 주지 않는다. 그러나 소인(小人)은 이와 반대로 한다."

子曰: "君子成人之美[1], 不成人之惡。小人反是[2]。"

✤ 주(注)

① 人之美(인지미) : "다른 사람(人) 의(之) 좋은 점(美)."
② 反是(반시) : "이것을(是) 반대로 한다(反)."

* 군자란 인(仁)을 실천하는 사람이다. 인(仁)이란, 자기가 서고 싶은 곳에 남도 서게 하고(己所欲立, 立人), 자기가 싫어하는 것은 남에게 하지 않는 마음이다(己所不欲, 勿施於人). 따라서 스스로 좋아하는 바 선(善)이나 미(美)는 남도 그것을 이루어 가지기를 바라고, 스스로 싫어하는 불선(不善)이나 악(惡)은 남들도 그것을 갖고 있지 않기를 바란다. 그러나 소인은 좋은 것은 자기 혼자서만 이루어 가지고, 남들은 나쁜 것이나 자기보다 못한 점들을 가지고 있기를 바란다.

■ 계강자(季康子)가 공자에게 정치에 대해 묻자, 공자께서 말씀하셨다. "정치란 바로 잡는 것입니다. 선생께서 자신을 바르게 하심으로써 모범을 보이신다면, 누가 감히 바르게 되지 않겠습니까?"

季康子問政於孔子。孔子對曰: "政者, 正也[1]。子帥[2]以正, 孰敢不正?"

✤ 주(注)

① **政者正也**(정자정야) : "정치란(政) 것은(者) 바로잡는 것이다(正也)." '政'의 고문자형 '𠬝'은 '正'(正)에 '攴 → 攵'을 덧붙인 것이다. '正'(正)은 본래 '성'(城)을 향해 쳐들어가고 있는 병사들의 발(止)의 모습으로, 본래의 뜻은 '정벌,' '토벌'의 뜻이고, '攴'은 몽둥이나 무기를(卜) 손에(又) 들고 있는 모습이다. 한자에 '攵'(→ 攴·殳)이 들어 있는 자들은 모두 외부의 물리적인 강제력을 사용하여 기존의 상태를 변화시킨다는 뜻이 들어 있다. [예: 牧(목), 改(개), 敎(교), 效(효), 放(방), 敝(폐), 散(산) 등]

따라서 '政'의 본래 뜻은, 잘못된 정치가 행해지고 있는 나라나 성을 정벌하여 바로잡는다는 것이다. 그러므로 '政'은 '바른 것'이라기보다는 '바르게 만드는 것,' '바로잡는 것'이라 해석하는 것이 좋다.

② 帥(수) : 거느리다. 다스리다.

✤ 소(疏)

①「맹자가 말했다. "임금이 인(仁)하다면 나라 안에 인(仁)하지 않은 자가 없어지고, 임금이 의(義)에 밝다면 나라 안에 불의(不義)한 자가 없어진다."」

(『孟子』<離婁下>)

②「공자께서 말씀하셨다. "진실로 자기 자신을 바르게 할 수 있다면야 정치하는 데 무슨 어려움이 있겠느냐? 만약 자기 자신을 바르게 할 수 없다면 어떻게 남들을 바르게 할 수 있겠느냐?"」

(『論語』<子路>)

● ● ● ● ● ● ● ● ● ●

■ 계강자가 나라에 도둑이 많은 것을 걱정하여 공자께 묻자, 공자께서 대답하여 말씀하셨다. "만약 선생께서 재물에 대한 탐심(貪心)을 버리신다면, 백성들에게 도둑질을 권장하더라도 백성들은 도둑질을 하지 않을 것입니다."

季康子患盜①, 問於孔子。 孔子對曰: "苟子之不欲②, 雖賞之不竊③。"

주(注)

① 患盜(환도) : "도둑이 들끓는 것을(盜) 걱정하다(患)." '盜'의 자형은 남의 그릇에(皿→皿) 담겨 있는 음식이나 물건을 보고 탐이 나서 침을 흘리고 있는 모습으로(:氵·㳄 → 次), 도둑질의 원인은 남의 것을 탐내는 마음에 있음을 나타내고 있다.
② 苟子之不欲(구자지불욕) : 이것은 강세의 어기를 나타내는 문장형식 "주어+之+술어+也"(子之不欲也)에서 '也'가 생략된 형태이다. "만약(苟) 선생께서(子) 탐을 내지 않는다면(不欲)." 여기서 '之'는 주어나 동사 다음에 의미없이 사용되는 조사(助詞)이다.
③ 賞之不竊(상지부절) : "도둑질을(之) 상을 주면서 권장하더라도(賞) 훔치지(竊) 않는다(不)."

■ 계강자가 공자에게 정치에 대하여 물었다. "만약 무도(無道)한 자들을 죽여 버림으로써 백성들을 올바른 도(道)로 나아가게 한다면, 어떻겠습니까?"
공자께서 대답하여 말씀하셨다. "선생께서 정

치를 하시면서 어찌 사람을 죽일 필요가 있습니까? 선생께서 선(善)을 바라고 실천하신다면 백성들도 선하게 됩니다. 군자의 덕(德)은 바람과 같고, 소인의 덕(德)은 풀과 같습니다. 바람이 불어 풀 위로 지나가면, 풀은 반드시 눕게 마련입니다."

季康子問政於孔子曰: "如殺無道, 以就有道, 如何?" 孔子對曰: "子爲政, 焉用殺? 子欲善而民善矣。君子之德風, 小人之德草。草, 上之風, 必偃①。"

✤ 주(注)

① 草, 上之風, 必偃(초, 상지풍, 필언): "풀은(草), 그곳에(之: 焉) 바람이(風) 가해지면(上: 尙), 반드시(必) 눕는다(偃)." 이것을 문법적으로 분석하면, "草(주어), 上(동사: 더하다, 가하다: '尙'의 뜻) + 之〔장소를 나타내는 빈어(목적어): 그곳, 즉, 풀〕 + 風(사물을 나타내는 빈어: 바람), 必(부사: 반드시) + 偃(동사: 눕다)"로, 이는 본래 "草必偃" + "上(=尙)之(草)風"의 두 문장이 하나의 복합문으로 결합된 것이다. 예를 들어 "樹吾墓松"(나의 묘에 소나무를 심어라)은 "上之風"과 같은 문장구조이다.

✿ 소(疏)

① 「대저 윗사람이 아랫사람들을 교화하는 모습은 바람이 풀들을 눕게 하는 것과 같다. 동풍이 불어 오면 풀들은 서쪽으로 눕고, 서풍이 불어 오면 풀들은 동쪽으로 눕는다.」

(劉向, 『說苑』<君道>)

■ 번지(樊遲)가 공자를 따라 무우(舞雩)란 곳에서 쉬고 있을 때 말했다. "덕(德)을 숭상하고, 사악(邪惡)함을 다스리고, 미혹(迷惑)됨을 분별하여 막으려면, 어떻게 해야 하는지 감히 여쭈어 보고자 합니다."

공자께서 말씀하셨다. "훌륭한 질문이다. 일을 우선하고 얻음을 부수적인 것으로 여긴다면, 이야말로 덕(德)을 숭상하는 것이 되지 않겠느냐? 자신의 악함을 공격하되 남의 악함은 공격하지 않는다면, 이야말로 사악함을 다스리는 것이 되지 않겠느냐? 한 순간의 분노로 자신의 몸을 잊어 버리고 그 누(累)가 자기 부모에게까지 미치게 한다면, 이야말로 미혹(迷惑)된 짓이 아니겠느냐?"

樊遲從遊於舞雩之下, 曰: "敢問崇德, 修慝①, 辨惑." 子曰: "善哉問! 先事後得②, 非崇德與? 攻其惡, 無攻人之惡, 非修慝與? 一朝之忿, 忘其身, 以及其親, 非惑與?"

✤ 주(注)

① **修慝**(수특): "사악함을(慝) 다스리다·닦다(修)."
② **先事後得**(선사후득): 여기서 '先'과 '後'는 단순한 시간상의 개념이 아니라 가치 부여의 '輕'(경)과 '重'(중)을 나타낸 것이다. 따라서 '先'은 '중시하다·우선시하다'의 뜻이고, '後'는 '경시하다·부차적으로 여기다'의 뜻이다.

✤ 소(疏)

①「군자는 자기 자신의 악(惡)은 공격하되 남의 악은 공격하지 않는다. "인(仁)으로써 남을 대하고, 의(義)로써 자기 자신을 다스리며, 자신의 잘못은 엄하게 질책하고, 남을 책망하는 일은 옅게 한다"는 말은 이를 두고 한 말이다. 남의 악을 공격하지 않으니 인(仁)의 관대함이 아니겠느냐? 자신의 악은 엄하게 공격하니 의(義)의 온전함이 아니겠느냐? 잘못의 원인이나 책임을 자신에게서 찾는 일은 두텁게 하고, 그것을 남에게서 찾는 일은 옅게 하라.」

(董仲舒,『春秋繁路』<仁義法>)

■ 번지가 인(仁)에 대하여 묻자, 공자께서 말씀하셨다. "인(仁)은 곧 사람을 사랑하는 것(愛人)이다."

번지가 앎(知)에 대해 묻자, 공자께서 말씀하셨다. "앎(知)이란 곧 사람을 바로 아는 것(知人)이다."

번지가 공자께서 하신 말씀의 뜻을 이해하지 못하자, 공자께서 말씀하셨다. "곧은 사람을 등용하여 굽은 사람 위에 놓으면 굽은 사람도 곧게 만들 수 있지."

번지가 물러나와 자하(子夏)를 만나서 말했다. "조금 전에 내가 선생님을 뵙고 앎(知)에 대하여 여쭈어 보았더니, 선생님께서는 '곧은 자를 등용하여 굽은 자 위에 놓으면 굽은 자도 곧게 만들 수 있다'고 하셨는데, 무슨 뜻이지요?"

자하가 말했다. "풍부하구나, 말씀의 뜻이! 순(舜) 임금이 천하를 다스릴 때, 많은 사람들 가운데서 고요(皐陶)를 뽑아 등용하시자 불인(不仁)한 자들이 멀리 떠나갔고, 은(殷)의 탕(湯) 임금이 천하를 다스릴 때, 많은 사람들 가운데서 이윤(伊尹)을 뽑아 등용하시자 불인한 자들이 멀리 떠나갔었소."

樊遲問仁。子曰: "愛人." 問知。子曰: "知人." 樊遲未達①, 子曰: "擧直錯諸枉②, 能使枉者直." 樊遲退, 見子夏, 曰: "鄕也③吾見於夫子而問知, 子曰, '擧直錯諸枉, 能使枉者直,' 何謂也?" 子夏曰, "富哉言乎! 舜有天下, 選於衆, 擧皐陶, 不仁者遠矣。湯有天下, 選於衆, 擧伊尹④, 不仁者遠矣."

주(注)

① *未達*(미달): 여기서 '達'은 '이해하다'는 뜻이다.
② *錯諸枉*(조제왕): 이것은 "措(조)之于枉者之上," 즉 "그를(之) 굽은 자들(枉者) 의(之) 위에(上) 놓다(措)"의 뜻이다. '錯'는 '놓다, 두다'의 뜻일 때는 '조'라 읽고, '어긋나다, 섞이다'의 뜻일 때는 '착'으로 읽는다. 〔예: 錯誤(착오), 錯雜(착잡)〕
③ *鄕也*(향야): 조금 전에
④ *伊尹*(이윤): 탕(湯) 임금을 도와서 하(夏) 나라를 멸망시키고 은(殷) 나라를 세우는 데 크게 기여한 현신(賢臣). 『맹자』에는 이윤에 관한 이야기가 많이 나온다.

* 인(仁)은 곧 애인(愛人)이다. 愛人한다면 곧은 사람(直)이든 굽은 사람(枉)이든 모두 사랑할 수 있어야 한다. 그런데, 굽은 자(枉)를 굽은 상태에 그대로 머물러 있게 하는 것은 진정한 愛人, 곧 仁이 될 수 없다. 굽은 상태에 있는 자를 곧은 자로 변화시키려면, 곧은 자가 위에 있으면서 교화하고, 그 교화가 굽은 자에게 미쳐서 곧게 변하도록 해야 한다. 그러려면

우선 곧은 자와 굽은 자를 정확하게 알 수 있어야 하는바, 그러기 위해서는 사람을 바로 아는 것(知人)이 필요하다. 참된 '仁'의 실천을 위해서 '知人'이 요구되는 이유가 바로 여기에 있고, 공자께서 예로 든 말씀에는 이 인(仁)과 지(知) 두 가지가 모두 함축되어 있다.

✤ 소(疏)

① 「인(仁)의 방법은 남(人)을 사랑하는 데 있지 나 자신(我)을 사랑하는 데 있지 않다. 남들이 그 사랑의 혜택을 입지 못한다면, 설령 자기 자신을 아무리 사랑하더라도, 그것은 인(仁)이 될 수 없다. 인(仁)이란 곧 '사람을 사랑하는 것'(愛人)의 명칭이다. 그러므로 왕(王)의 사랑은 사방 오랑캐에까지 미치고, 패자(覇者)의 사랑은 여러 제후들에게 미치며, 자기 나라를 안전하게 지키는 자의 사랑은 그 나라 안에 미치며, 위태로운 자의 사랑은 그 측근에게만 미치며, 멸망하는 자의 사랑은 자신의 한 몸에만 미친다.」

(董仲舒, 『春秋繁露』<仁義法>)

② 「인(仁)과 지(知)는 사람이 가진 아름다운 자질이다. 소위 인(仁)이란 사람을 사랑하는 것(愛人)이며, 소위 지(知)란 사람을 아는 것(知人)이다. 사람을 사랑한다면 포악한 정치가 없어질 것이고, 사람을 안다면 어지러운 정치가 없어질 것이다.

지백(智伯)은 보통 사람의 다섯 배나 되는 능력을 가지고 있었지만 남의 손에 죽는 것을 면할 수 없었는데, 이는 그가 사람을 사랑하지 않았기 때문이다. 제왕(齊王) 건(建)은 보통 사람의 세 배나 되는 재주를 가지고 있었지만, 결국 자신은 진(秦)의 포로가 되고 말았는데, 이는 그가 현자(賢者)를 알아보지 못했기 때문이다.

그러므로 인(仁)은 사람을 사랑하는 것(愛人)보다 큰 것이 없고, 지(知)는 사람을 아는 것(知人)보다 큰 것이 없다. 이 두 가지가 결여되어 있다면, 비록 아무리 머리가 좋고 재주가 뛰어나더라도, 그리고 힘써 노력하고 부지런히 애쓰더라도, 난(亂)을 면할 수 없을 것이다.」

(劉安, 『淮南子』<泰族>)

■ 자공(子貢)이 친구 사귀는 도리에 대해 묻자, 공자께서 말씀하셨다. "충고(忠告)하여 선한 길로 그를 이끌어 주되, 그래도 되지 않으면 그만두어 스스로를 욕보이지 않도록 하라."

子貢問友。子曰: "忠告而善道之①, 不可則止, 毋自辱焉。"

✤ 주(注)

① **善道之**(선도지) : "선으로(善) 그를(之) 인도하다(道)." 여기서 '道'는 '導'(인도하다·이끌어 주다)의 뜻이다. 이것을 '說'(설: 말하다)의 뜻으로 해석하기도 하지만, 취하지 않는다.

✤ 소(疏)

①「자유(子游)가 말했다. "임금을 섬기면서 자주 간(諫)하게 되면 욕을 보게 되고, 벗을 사귀면서 자주 충고하게 되면 사이가 멀어진다."」

(『論語』<里仁>)

13. 子路(자로)

■ 자로(子路)가 정치에 대해 묻자, 공자께서 말씀하셨다. "먼저 솔선수범을 보인 후 백성들이 따라 하도록 하라."

자로가 좀더 자세히 설명해 달라고 청하자, 말씀하셨다. "〔솔선수범을 한두번 보이다가는〕 싫증내고 그만두는 일이 없어야 한다."

子路問政。子曰: "先之勞之。"請益。曰: "無倦。"

✤ 주(注)

① **先之勞之**(선지노지): "그들의(之) 앞장을 서고(先), 그들에게 (之) 일을 하게 한다(勞)." 여기서 '勞之'는 '그들을 위해 수고

한다'는 뜻이 아니라 '그들에게 일을 하도록 시킨다'는 사역(使役)의 뜻이다. 옛날 천자가 친히 밭갈이를 하고(親耕), 왕비들이 친히 누에치기를 하여(親蠶) 백성들에게 농사를 권장한 것이 이에 해당한다.
② 益(익) : 더하다. 설명을 더하다.
③ 倦(권) : 싫증내다. 게으르다.

✤ 소(疏)

①「몸소 실천해 보이는 것이 정치의 시작이다. 군자로서 정령이 속히 시행되기를 바란다면, 스스로 솔선하여 모범을 보이는 것이 가장 좋다. 백성들이 속히 복종하기를 바란다면, 옳바른 도(道)로써 다스리는 것이 가장 좋다」

(『大戴禮記』<子張問入官>)

■ 중궁(仲弓)이 계씨(季氏)의 가신(家臣)의 우두머리가 된 후 정치에 대하여 묻자, 공자께서 말씀하셨다. "담당 관리를 먼저 임명하여 그에게 일을 맡기고, 그에게 사소한 잘못이 있더라도 용서해 주고, 훌륭한 인재를 천거하거라."

중궁이 말했다. "훌륭한 인재인지 아닌지를 어

떻게 알고 그를 천거합니까?"

 공자께서 말씀하셨다. "네가 알고 있는 훌륭한 인재들만 천거하면 된다. 네가 모르는 사람이라도, 만약 그가 훌륭한 인재라면, 다른 사람들이 어찌 그를 내버려 두겠느냐?"

仲弓爲季氏宰①, 問政。子曰: "先有司②, 赦小過, 擧賢才。" 曰: "焉知賢才而擧之?" 子曰: "擧爾所知。爾所不知, 人其舍諸③?"

✤ 주(注)

① 宰(재): 대부(大夫)의 가신들 중 최고책임자.
② 先有司(선유사): "담당관리를(有司) 먼저 임명하다(先)."
③ 人其舍諸(인기사제): "남들이(人) 어찌(其) 그를(之) 내버려 두겠느냐(舍…乎)." 여기서 '其'는 반문의 어기를 나타내는 부사이고, '諸'는 '之+乎'의 합음(合音)이다.

✤ 소(疏)

①「아들이 태어난 후 그가 물이나 불의 화를 당한다면 이는 그 어미의 죄이고, 머리를 땋은 아이가 된 후에도 스승에게 나아가 배우지 않는다면 이는 그 아비의 죄이고, 스승에게 나아가 학문을 배운 후에도 그 행위가 방정하지 못하고

심지(心志)가 막혀 있다면 그것은 그 자신의 죄이다. 심지가 트인 후에도 그의 아름다운 명성이 널리 전해지지 않는다면 그것은 그 친구들의 죄이고, 명성이 널리 퍼진 후에도 담당 관원(有司)이 그를 천거하지 않는다면, 그것은 그 담당관원의 죄이다. 담당관원이 그를 천거하였음에도 불구하고 왕이 그를 등용해 쓰지 않는다면, 이는 왕의 죄이다.」

(『穀梁傳』<昭公十九年>)

■ 자로가 말했다. "위(衛) 나라의 군주가 선생님을 모시고 정치를 한다면, 선생님께서는 장차 무엇부터 먼저 하시겠습니까?"

공자께서 말씀하셨다. "반드시 이름(名)을 바로잡을 것이다."

자로가 말했다. "이와 같군요, 선생님의 말씀이 현실에서 동떨어지심이! 도대체 왜 그것을 바로 잡으시겠다는 것입니까?"

공자께서 말씀하셨다. "거칠고 경솔하구나, 자네(由)는! 군자는 자신이 잘 알지 못하는 것에 대해서는 대개 말하지 않고 유보해 두느니라. 이름이 바르지 않으면 그 말이 앞뒤 서로 어긋나고,

말이 어긋나면 하려는 일이 이루어지지 않고, 하려는 일이 이루어지지 않으면 〔사회의 질서와 조화가 깨어지면서〕 예(禮)와 악(樂)이 피어날 수 없고, 예와 악이 피어나지 않으면 형벌과 상이 합당하게 집행되지 않고, 형벌(刑罰)과 상(賞)이 합당하게 집행되지 않으면 백성들은 어떻게 행동해야 좋을지 모르게 된다. 그러므로 군자가 이름을 부여한다면 그것은 반드시 말로써 설명할 수 있고, 말한 것은 〔이치에 맞으므로〕 반드시 실행될 수 있느니라. 군자는 자기가 한 말에 대하여 구차스럽게 되는 일이 없느니라."

子路曰: "衛君待子而爲政, 子將奚先?" 子曰: "必也正名①乎!" 子路曰: "有是哉, 子之迂也②! 奚其正?" 子曰: "野哉, 由也! 君子於其所不知, 蓋闕如③也。名不正, 則言不順; 言不順, 則事不成; 事不成, 則禮樂不興; 禮樂不興, 則刑罰不中; 刑罰不中, 則民無所錯手足。故君子名之必可言也, 言之必可行也。君子於其言, 無所苟而已矣。"

✤ 주(注)

① 正名(정명): "名(명)을 바로잡다(正)." 여기서 '名'은 명분(名

分), 명칭, 이름, 개념 등의 뜻이다.
② **有是哉, 子之迂也**(유시재, 자지우야) : "선생님의(子之) 우원하심이(迂遠) 이런 점이(是) 있군요(有)."
③ **蓋闕如**(개궐여) : "대개(蓋) 빈 채로 두다(闕如)."

❧ 소(疏)

① 「공자께서 계손(季孫)씨와 함께 있을 때, 계손씨의 가신(家臣)인 통(通)이란 자가 말했다. "군주께서 사람을 보내시어 말을 빌리려 하시는데(假馬), 말을 내어 줄까요?"

공자께서 말씀하셨다. "군주께서 신하의 말이 필요해서 가지려 할 때는 '취한다'(取)고 하지 '빌린다'(假)고 하지 않소."

계손씨가 그 말뜻을 깨닫고는 가신인 통(通)에게 말했다. "이후부터는 군주께서 사람을 보내 무엇을 달라고 할 때에는 반드시 '취한다'고 말하고 '빌린다'고 말하지 말게."

공자께서 말씀하셨다. "'말을 빌린다'(假馬)는 말(言)을 바로잡으니, 군주와 신하간의 의(義)가 바르게 확립되는군요."」

(韓嬰,『韓詩外傳』<卷五>)

② 「무릇 이름(名)이 그 실질(實)에 맞지 않는 것이 많고, 일(事)이 실제로 그것을 담당하고 있는 사람에게 맞지 않는 것이 많다. 그러므로 군주는 그 이름, 즉 명분(名分)을 살피지 않을 수 없다. 이제 여기에 어떤 사람이 있는데, 소(牛)

를 찾으면서 말(馬)이라 부르고, 말(馬)을 찾으면서 소(牛)라 부른다면, 그는 결코 찾는 것을 얻지 못할 것이다. 그런데도 윗사람이 위세와 분노로써 그것을 얻지 못한 책임을 추궁하니, 담당관리는 반드시 투덜거리고 원망하게 되고, 소와 말은 반드시 뒤섞이고 혼란스럽게 된다.… 이름을 바로잡지 않고 그 직분을 구분해 놓지 않고서 형벌을 자주 사용하면 이보다 더 큰 혼란이 없게 된다… 그러므로 이름이 바로잡히지 않으면 군주가 걱정이 많고 수고롭고 괴로우며, 관직은 혼란스럽고 어그러진다. 나라가 멸망하고 이름이 손상되는 것은 바로 이로부터 생겨나는 것이다.」

(『呂氏春秋』<審分覽>)

■ 공자께서 말씀하셨다. "〔다스리는 사람〕 자신의 몸이 바르다면, 명령을 내리지 않아도 백성들은 실행하고, 그 자신의 몸이 바르지 못하면, 설령 명령을 내리더라도 백성들은 따르지 않는다."

子曰: "其身正, 不令而行; 其身不正, 雖令不從。"

✤ 소(疏)

① 「공자께서 말씀하셨다. "만약에 자신의 몸과 마음을 바르게 할 수 있다면, 정치를 하는 데 무슨 어려움이 있겠느냐? 만약 자신의 몸과 마음을 바르게 할 수 없다면, 어떻게 남을 바르게 할 수 있겠느냐?"」

(『論語』<子路>)

② 「위(衛)의 영공(靈公)은 자기 부인이 남장(男裝)을 하는 것을 좋아하였다. 그러자 나라 안의 모든 여인들도 그것을 흉내내어 남장을 하고 다녔다. 그러자 영공은 관리들을 시켜 이를 금하는 명령을 내렸다. "여자로서 남장을 하고 다니는 자들을 붙잡아 그 옷을 찢어 버리고 허리띠를 잘라 버려라!" 그러나 여인들은 붙들려서 옷을 찢기고 허리띠가 잘리는 모습을 서로 보면서도 여전히 남장을 하고 다녔다.

안자(晏子)가 영공을 찾아뵙자, 영공이 물었다. "과인이 관리들을 시켜서 여인들이 남장을 하지 못하도록 금하고, 위반하는 자들은 붙잡아 옷을 찢고 허리띠를 잘라 버리도록 했으나, 그들은 옷이 찢기고 허리띠가 잘리는 모습을 서로 쳐다보면서도 그치지 않으니, 그 이유가 무엇이오?"

안자가 대답하여 말했다. "군(君)께서는 자기 부인은 남장을 하도록 시켜 놓고, 집 밖에서 다른 여인들은 그것을 입지 못하도록 금지하셨으니, 이는 마치 가게 문 위에는 소(牛)의 머리를 걸어 놓고 안에서는 말(馬)의 고기를 팔고 있는 것과 같습니다(懸牛首於門而賣馬肉於內). 군(君)께서는 어째서 부인이 남장을 하지 못하도록 금하시지 않으십니까? 그러면 밖에서도 감히 남장을 하고 다닐 여인들이 없을 텐데요?"

영공이 말했다. "알겠소."

그리고는 자기 부인도 남장을 하지 못하도록 금했는데, 한 달이 지나자 나라 안에는 남자 옷을 입고 다니는 여인들이 아무도 없었다.」

(『晏子春秋』<雜下>)

■ 공자께서 위(衛) 나라로 가실 때 염유(冉有)가 수레를 몰았다. 공자께서 말씀하셨다. "인구가 많이 늘어났구나!"

염유가 말했다. "이미 인구가 많이 늘어난 다음에는 거기다가 무엇을 더 해야 합니까?"

공자께서 말씀하셨다. "그들이 부유해지도록 해야지!"

염유가 말했다. "이미 부유해지고 난 다음에는 또 무엇을 더 해야 합니까?"

공자께서 말씀하셨다. "그들을 가르쳐야지."

子適衛, 冉有僕。子曰: "庶矣哉[1]!" 冉有曰: "旣庶矣, 又何加焉?" 曰: "富之。" 曰: "旣富矣, 又何加焉?" 曰: "敎之。"

❇ 주(注)

① 庶矣哉(서의재): "많아졌구나!" '庶'는 인구수가 많다는 뜻이다.

❇ 소(疏)

① 「그러므로 영명한 임금은 백성들에게 생업(生業)을 제정해 주어서, 백성들이 위로는 부모를 봉양하기에 충분하고, 아래로는 처자식을 먹여 살리기에 충분하며, 풍년에는 내내 배불리 먹고, 흉년에도 굶어 죽지 않게 한다. 그런 뒤에 선(善)한 길로 나아가도록 이끌어 주면, 백성들은 쉽게 따를 수 있다.」

(『孟子』<梁惠王上>)

② 「사람이 사람된 도리는, 배불리 먹고 따뜻하게 입고 편안하게 살더라도, 교육이 없으면 금수(禽獸)와 다를 게 없다는 것이다(無敎則近於禽獸).」

(『孟子』<滕文公上>)

③ 「무릇 나라 다스리는 도(道)는 먼저 백성들을 부유하게

하는 것이다(富民). 백성들이 부유해지면 다스리기 쉽고, 백성들이 가난하면 다스리기 어렵다. 어찌 그런 줄 아는가?

백성들이 부유해지면 자기 고향에서 사는 것을 편안하게 여기고 자기 집안을 소중하게 여긴다(安鄕重家). 그렇게 되면 윗사람을 공경하고 죄 짓기를 두려워하게 되는데(敬上畏罪), 그렇게 되면 다스리기가 쉽다.

백성들이 가난하면 고향에서 사는 것을 위태롭게 여기고 집안을 가볍게 생각한다(危鄕輕家). 그렇게 되면 윗사람을 능멸하고 금령을 어기게 된다(陵上犯禁). 이렇게 되면 다스리기가 어렵다.」

(『管子』<治國>)

- - -

■ 섭공(葉公)이 정치에 대해 묻자, 공자께서 말씀하셨다. "가까이 있는 자국(自國) 백성들은 자기 임금을 기뻐하고, 멀리 있는 타국(他國) 사람들은 부러워서 찾아오게 만드는 것입니다."

葉公問政。子曰: "近者說①, 遠者來。"

✤ 주(注)

① 說(열): '悅'(열: 기뻐하다)의 뜻이다.

✤ 소(疏)

① 「섭공(葉公) 자고(子高)가 공자에게 정치에 대해 묻자, 공자께서 말씀하셨다. "정치란 가까이 있는 자들을 기쁘게 해 주고, 멀리 있는 자들은 찾아오게 만드는 것입니다(政在悅近而來遠). 섭(葉) 나라의 도읍은 크지만 나라가 작아서 백성들에게는 배반할 마음이 있습니다. 그래서 그렇게 하시라고 말한 겁니다."」

(『韓非子』<難三>)

■ 자하(子夏)가 거보(莒父)의 읍장(邑宰)이 되어 정치에 대해 묻자, 공자께서 말씀하셨다. "일을 속히 이루려 하지 말고, 작은 이익을 탐내지 말라. 일을 속히 이루려 하다가는 달성하지 못하고, 작은 이익을 탐내다가는 큰 일을 이루지 못한다."

子夏爲莒父宰, 問政。子曰: "無欲速, 無見小利。
欲速, 則不達; 見小利, 則大事不成。"

❧ 소(疏)

①「정치를 하면서 일을 속히 이루려 하는 것은 좋은 정치가 아니며, 배우면서 속히 이루려 하는 것은 옳바른 배움의 자세가 아니다. 차바퀴를 만드는 노인이 "일을 급하게도, 느리게도 하지 말라"고 한 말에는 참으로 묘한 이치가 들어 있다. 어찌 독서만 그러하겠는가, 정치 역시 그러하다.

만약 지나치게 급속히 다스려지기만을 바라고, 이로운 일을 일으키고 해를 제거하는 일을 점차적으로 해 나가지 않는다면, 황망중에 많은 잘못을 저지르거나 조급히 행동하다가 일을 완전히 망치고 만다.

자고(自古)로 큰 일을 이루어낸 자들은 그 안목이 넓게 확 트이고, 그 꾀하는 바 규모도 남달라서 크게 이루어서 여유롭기를 바라지, 눈앞의 작은 성과를 취하지 않는다. 이는 배우는 자가 성인을 목표 삼고 배우다가 차라리 못 미치고 말지언정, 한 가지 선(善)으로써 이름 이루기를 바라지 않는 것과 같다.」

(李顒,『四書反身錄』)

②「진(晉)의 헌공(獻公)은 우(虞) 나라의 길을 빌려 괵(虢)을 치고자 했다. 그래서 순식(荀息)에게 수극(垂棘)지

방에서 나는 큰 옥(璧)과 굴산(屈産)지방에서 나는 명마들을 주어 보내면서, 우공(虞公)에게 그것들을 뇌물로 바치고 괵으로 가는 길을 빌려 보라고 했다. 우공은 그 물건들이 탐나서 그 요구를 들어 주려고 했다. 궁지기(宮之奇)란 신하가 그 요구를 들어 주어서는 안 된다고 간(諫)했으나, 그는 듣지 않고 결국 길을 빌려 주었다. 순식은 괵을 쳐서 이기고 돌아와서, 3년 후에는 다시 군사를 일으켜 우(虞)를 쳐서 이겼다. 우공의 군대가 위태로워지고 땅이 깎여 나가게 된 원인은 무엇인가? 작은 이익을 탐내고 그 해(害)를 생각하지 않았기 때문이다. 그래서 "작은 이익을 탐내다가는 큰 이익을 해치게 된다"고 말한 것이다.」

(『韓非子』<十過>)

③「일을 속히 이루려 하는 자는 마음이 조급하고, 작은 이익을 탐내는 자는 사심(私心)이 있는데, 이 둘의 음(陰)과 양(陽)은 서로 다르지만, 그 병폐의 원인은 서로 연결되어 있다. 무릇 큰 일은 속히 이루어지는 게 없다. 그러므로 일을 속히 이루려 하는 자는 그 추구하는 것도 반드시 작다. 마음을 멀고 오랜 것에 둔다면 작은 이익에 동요되지 않는다. 그러므로 작은 이익을 탐내는 것은 항상 일을 속히 이루려는 데서 기인한다.」

(楊名時,『論語劄記』)

■ 섭공(葉公)이 공자께 말했다. "우리 고을에 별명이 '곧은 몸'(直躬)일 정도로 곧은 자가 있는데, 그의 아비가 양을 훔치자 자식인 그가 그 사실을 관청에 고발했습니다"

공자께서 말씀하셨다. "우리 고을의 곧은 사람은 그와는 다릅니다. 〔비록 그런 일이 있더라도〕 아비는 자식을 위해 감추어 주고, 자식은 아비를 위해 감추어 줍니다. 참된 곧음은 그런 가운데 있습니다."

葉公語孔子曰: "吾黨有直躬者①, 其父攘羊, 而子證之②." 孔子曰: "吾黨之直者異於是; 父爲子隱, 子爲父隱, 直在其中矣."

주(注)

① 直躬者(직궁자): "몸이(躬) 곧은(直) 자(者)"란 해석과, '곧은 사람에게 일반적으로 붙는 별칭'이란 해석이 있다. 그러나 '몸이 곧은 자'라면 '躬直者'라고 하는 것이 맞다.
② 證之(증지): "그 사실을(之) 증거하다(證)" 즉, '관가에 고발했다'는 뜻이다.

✤ **소(疏)**

① 「소위 '곧다'(直)는 것은 곧음(直)으로써 도(道)를 상실하지 않는 경우를 말한다. 만약 아비와 자식이 서로 감추어 주지 않는다면 가르침(敎)이 상하게 되고, 의(義)가 깨어지게 되고, 불효(不孝)의 기풍이 자라게 되는데, 그것을 어찌 곧다고 할 수 있겠느냐? 그러므로 서로 감추어 주는 것이 도리어 곧음이 될 수 있다. 지금 왕조의 법은 부모(父母) 이상은 서로 감추어 주더라도 그 죄를 묻지 아니하니, 이는 대체로 옛 선왕들의 법과 합치된다.」

(皇侃, 『論語義疏』)

② 「임금은 신하를 위해 감추어 주지 않는데, 아비만 혼자 자식을 위해 감추어 주는 이유는 무엇인가? 아비와 자식은 한 몸이고, 영화와 치욕이 서로에게 미치기 때문이다. 임금과 신하는 의(義)로써 맺어진 사이이고, 부자(父子)는 하늘이 만들어 준 살붙이다.」

(班固, 『白虎通』<諫諍>)

・・・・・・・・・・

■ 공자께서 말씀하셨다. "남쪽 사람들의 말에, '사람이 되어 항심(恒心)이 없으면 무당조차 될 수 없

다'고 했는데, 정말로 옳은 말이다! '사람이 자신의 덕(德)을 항상스럽게 유지하지 못하면, 반드시 수치를 당하게 된다'고 했다."

子曰: "南人有言曰: '人而無恒①, 不可以作巫醫②.' 善夫! '不恒其德, 或承之羞.'③"

✤ 주(注)

① 恒(항): 항심(恒心), 꾸준함.
② **不可以作巫醫**(불가이작무의): "무당(巫醫)이 될(作) 수 없다(不可以)" 고대에는 무당이 굿을 하여 병을 고쳤다. 즉, 무당(巫)과 의사(醫)는 서로 분리된 직업이 아니었다. 이것을 '이런 사람은 무당조차 고칠 수 없다'고 해석하는 경우도 있으나, '作'은 '爲'(…가 되다)의 뜻으로 보는 것이 합당하다. 항심(恒心)이 없는 자에게는 귀신도 알려 주지 않고 점괘도 말해 주지 않으니, 어찌 무당이 되어서 길흉을 예언하고 병을 고칠 수 있겠는가?
③ **不恒其德, 或承之羞**(불항기덕, 혹승지수): "그(其) 덕을(德) 항상스럽게 유지하지 않으면(不恒), 반드시(或) 수치로써(羞) 그것을(之) 잇게 한다(承)." 이것은 『주역』(周易)의 『항괘』(恒卦)에 나오는 효사(爻辭)로서, 여기서 '或'은 '必'(필) 또는 '有'(유)의 뜻이다(이때는, "수치를 당하는 일이 있다"는 뜻이 됨).

13. 子路(자로) 301

■ 공자께서 말씀하셨다. "군자는 남과 조화(調和)를 이루되 동화(同化)되지는 않고, 소인은 동화되기는 해도 조화를 이루지 못한다."

子曰: "君子和①而不同①, 小人同而不和."

❦ 주(注)

① 和·同(화·동): '和'는 다른 것과의 차이를 유지하면서 조화를 이루는 것이고, '同'은 차이가 없어지면서 똑같아지는 것이다.

❦ 소(疏)

①「사백(史伯)이 말했다. "和의 결실은 만물을 낳으나, 同의 결실은 지속되지 못합니다. 서로 다른 것들이 모여서 질서와 조화를 유지하는 것이 和인데, 이로부터 풍요로움이 자라고 만물이 생겨납니다. 그러나 서로 같은 것들만 모아 놓게 되면 모두 다 못쓰게 되어 버립니다.

그래서 선왕들께서는 土와 金, 木, 水, 火(즉 五行)를 섞어서 모든 종류의 물건을 만드셨고, 다섯 가지 맛(五味)을 조화시켜 입맛을 맞추셨고, 사지(四肢)를 강하게 하여 몸을 보호하셨고, 여섯 가지 음률을 조화시켜 귀를 밝게 하셨습니다. … 소리가 한 가지뿐이면 들을 수 없고, 색깔이 한 가지뿐이면 꾸밈이 없고, 물건이 한 가지뿐이면 공인(工人)의 할 일이 없어집니다."」

(『國語』<鄭語>)

② 「제후(齊侯)가 사냥에서 돌아온 후 안자(晏子)가 곁에서 모시고 있는데, 자유(子猶)가 말을 몰아 도착했다.

제후: "자유(子猶)와 나는 조화를 잘 이루지요?(與我和夫)"

안자: "자유 역시 같을 뿐입니다(同). 어찌 조화를 이룬다고 할 수 있겠습니까?(焉得爲和)"

제후: "和와 同은 서로 다릅니까?"

안자: "다릅니다. 和는 국을 끓이는 것과 같습니다. 물과 불과 식초와 간장과 소금과 매실을 사용해서 고깃국을 끓일 때, 장작으로 불을 때면서 요리사는 여러 가지 재료를 알맞게 넣어 맛을 내는데, 모자라는 것은 더 넣어주고 지나친 것은 덜어냅니다. 군자는 그것을 먹고 속이 편안해집니다.

군신(君臣) 사이도 이와 같습니다. 임금이 '가(可)하다'고 했으나 거기에 불가(不可)한 부분이 있으면, 신하는 그것을 지적해 주어 고치게 함으로써 임금이 '가하다'고 한 것이 실제로 성사될 수 있도록 해 드리고, 임금이 '불가(不可)하다'고 했으나 거기에 '가(可)한' 부분이 있으면, 신하는 그 '가(可)한' 점을 지적해 드림으로써 '불가하다'고 한 말을 취소하도록 해야 합니다. 이렇게 함으로써 정치는 바르게 되고 법을 위반하는 일도 없어지며, 백성들은 서로 다투면서 빼앗는 마음이 없어집니다.

선왕들께서는 다섯 가지 맛을 고르게 하시고, 다섯 가지 음률을 조화롭게 하심으로써 그 마음을 바로 잡으시고 그 정치를 성공시켰습니다. 음률 또한 맛과 같아서 여러 가지 소리들이 서로 어울려서 이루어집니다. 맑은 소리(淸)와 탁한 소리(濁), 작은 소리(小)와 큰 소리(大), 짧은 소리(短)와 긴 소리(長), 빠른 소리(疾)와 느린 소리(徐), 슬픈 소리(哀)와 즐거운 소리(樂), 강한 소리(剛)와 부드러운 소리(柔), 높은 소리(高)와 낮은 소리(下), 나오는 소리(出)와 들어가는 소리(入)들은 서로를 조절해 줍니다. 군자는 이 소리를 듣고 마음의 평정을 유지하는데, 마음이 평정해지면 그 덕(德)도 조화를 이루게 됩니다.

그런데 지금 자유(子猶)는 그렇지 못합니다. 임금께서 '가(可)하다'고 하시면 그도 역시 '가합니다'고 말하고, 임금께서 '불가(不可)하다'고 하시면 그 역시 '불가합니다'고 말합니다. 이는 마치 물에 물을 타서 맛을 내려는 것과 같으니(若以水濟水), 누가 그것을 먹을 수 있겠습니까? 그리고 이것은 금슬(琴瑟)로써 한 가지 소리만 계속 내는 것과 같으니, 누가 그것을 계속 들어 줄 수 있겠습니까? 동화(同化)되어서는 안 되는 이유는 이와 같습니다."」

(『左傳』<昭公二十一年>)

━━━━━━━━━━━━━━━━

■ 자공(子貢)이 물었다. "한 고을 사람들이 모두 그를 좋아한다면, 어떻습니까?"

공자께서 말씀하셨다. "좋지 않다."

자공이 다시 물었다. "한 고을 사람들이 모두 그를 미워한다면 어떻습니까?"

공자께서 말씀하셨다. "좋지 않다. 한 고을 사람들 중 선한 사람들은 그를 좋아하고, 선하지 못한 사람들은 그를 미워하는 것보다 못하다."

子貢問曰: "鄕人皆好之, 何如?" 子曰: "未可也." "鄕人皆惡之, 何如?" 子曰: "未可也。不如鄕人之善者好之, 其不善者惡之。"

━━━━━━━━━━━━━━━━

소(疏)

① 「선한 사람들도 자기를 좋아하고, 나쁜 사람들도 자기를

미워하지 않는다면, 거기에는 반드시 구차하게 영합하려는 행동이 있었을 것이고, 나쁜 사람들도 자기를 미워하고 선한 사람들도 자기를 좋아하지 않는다면, 자신에게 반드시 좋지 않은 점이 있을 것이다.」

(朱子, 『四書集注』)

② 「군자가 자신의 몸을 세움에 있어서는, 고을 사람들 중 선한 사람들에게 부끄러움이 없기를 바라면 그것으로 족하고, 선하지 못한 사람들이 자기를 미워하든 말든 그것은 신경쓰지 않아도 된다.」

(馮從吾, 『四書疑思錄』)

■ 공자께서 말씀하셨다. "군자의 경우에는 남들이 그를 섬기기는 쉬워도 기쁘게 해 주기는 어렵다. 옳바른 도(道)가 아닌 것으로써 그를 기쁘게 해 주려고 해도, 그는 기뻐하지 않는다. 군자는 사람을 부릴 때, 〔사람을 특정한 용도에 쓰도록 만들어진〕 그릇으로 여긴다〔각자의 능력에 맞는 일을 시킨다〕.

소인의 경우에는 남들이 그를 섬기기는 어려워도 기쁘게 해 주기는 쉽다. 비록 옳바른 도(道)가 아닌 것으로써 그를 기쁘게 해 주더라도, 그는 기뻐한다. 소인은 사람을 부릴 때, 그 사람이 모든 능력을 다 구비하고 있기를 요구한다〔각자의 능력을 헤아리지 않고 제멋대로 무슨 일이나 시킨 후 잘해 내지 못하면 그를 책망한다〕."

子曰: "君子易事而難說也。說①之不以道, 不說也; 及其使人也, 器之②。小人難事而易說也。說之雖不以道, 說也; 及其使人也, 求備焉③。"

✤ 주(注)

① 說(열): '悅'(열: 기뻐하다)의 뜻이다. 이것을 '說'(설)로 읽고 '설득시키다'는 뜻으로 해석하는 사람도 있으나, 부적절한 해석이다.
② 器之(기지): "그 사람을(之) 그릇으로 여긴다(器)." '器'는 본래 '그릇'(名詞)이란 뜻인데, 여기서는 '그릇으로 생각한다'(意動詞)는 뜻으로 쓰였다.
③ 求備焉(구비언): "그에게(焉) 두루 갖추어져 있기를(備) 요구하다(求)." '焉'은 '于是'의 뜻이다.

✤ 소(疏)

① 「현명한 임금이 사람을 쓰는 방식은 뛰어난 목수가 나무

를 다루는 것과 같다. 큰 것으로는 배나 기둥, 대들보를 만들고, 작은 것으로는 노나 문설주를 만들며, 긴 것으로는 서까래를 만들고, 짧은 것으로는 두공(斗栱)과 받침목을 만든다. 크고 작고 길고 짧은 것을 막론하고 모두 각각의 마땅한 쓰임새에 따라 쓰고, 둥근 것과 네모난 것도 모두 각각의 쓰임새대로 쓴다. 천하 만물 중에 부자(附子)보다 더 독이 많은 것이 없으되, 훌륭한 의사는 그것을 자루에 넣어 간수하는데, 다 쓰일 데가 있기 때문이다. 그러므로 풀과 나무로 된 재료조차 버릴 것이 없는데, 하물며 사람임에야!

그러나 지금의 조정에서 천거되지 못하고 고을에서 칭송받지 못하는 사람은, 그가 못나서가 아니라, 그에게 주어진 관직이 그에게 적합하지 않아서이다. 그러므로 웅지(雄志)와 큰 지략(智略)을 지닌 사람에게 날렵하고 교묘한 솜씨가 요구되는 일을 맡겨서는 안 되고, 약간의 총기(聰氣)밖에 없는 자에게 큰 성취를 기대해서는 안 된다.」

(劉安, 『淮南子』<主術>)

■ 공자께서 말씀하셨다. "가르치지 않은 백성들을 데리고 가서 전쟁하는 것, 이를 가리켜 '그들을 내다 버린다'고 한다."

子曰: “以不教民戰①, 是謂棄之②。”

✤ 주(注)

① **以不教民戰**(이불교민전) : “가르쳐 주지 않은(不教) 백성들을(民) 가지고(以) 싸우다(戰).” 여기서 ‘教’의 내용은 전투기술이나 싸우는 방법 등이냐, 아니면 인의예악(仁義禮樂) 등 인성교육이냐에 대하여 학자들마다 서로 다른 견해로써 해석하고 있지만, 어느 것이나 다 뜻이 통한다.

② **棄之**(기지) : “그들을(之) 내다 버리다(棄).” ‘棄’의 고문자형 ‘弃’은 ‘죽은 아이(𠫓)를 대바구니(⋈)에 담아서 그것을 두 손(𠬞)으로 들어 내다 버리는 모습’으로, 본래의 뜻은 ‘내다 버리다’이다.

14. 憲問(헌문)

■ 원헌(原憲)이 무엇이 수치스런 일인지 물었다.
　공자께서 말씀하였다. "나라에 도(道)가 행해지고 있을 때에는 관직에 나아가 녹(祿)을 받아 먹어도 되지만, 나라에 도(道)가 행해지고 있지 않는데도 관직에 나아가 녹을 받아 먹고 있다면, 이는 수치스런 일이다."

憲問恥。子曰: "邦有道, 穀①; 邦無道, 穀, 恥②也。"

✿ 주(注)

① 穀(곡): 본래의 뜻은 '곡식'이지만, 여기서는 '봉록,' '녹을 받

다' → '관직에 나가다'는 뜻이다.
② 恥(치) : 수치. 부끄러운 일. 이 '恥'는 뒷부분 '邦無道, 穀'에만 연결되고, 앞의 절 '邦有道, 穀'에는 연결되지 않는다. 따라서 앞의 절을 "나라에 도가 행해지고 있을 때에도 녹이나 먹고 지내고, 도가 행해지고 있지 않을 때에도 녹을 받아 먹고 지내는 것은 수치스런 일이다"고 한 주자(朱子)의 해석은 잘못이다.

✤ 소(疏)

①「공자께서 말씀하셨다. "나라에 도(道)가 행해지고 있는데도 〔관직에 나가지 못해〕 가난하고 천하다면, 이는 수치스런 일이고 ; 나라에 도가 행해지고 있지 않은데도 〔관직에 나가〕 부유하고 귀하게 된다면, 이는 수치스런 일이다."」

(『論語』<泰伯>)

②「공자께서 말씀하셨다. "군자로구나, 거백옥(蘧伯玉)은! 나라에 도(道)가 행해지고 있을 때는 관직에 나아가고, 나라에 도가 행해지고 있지 않을 때는 자신을 거두어 숨길 수가 있었다."」

(『論語』<衛靈公>)

■ 공자께서 말씀하셨다. "사나이로서 거처(居處)에 연연해한다면, 그는 진짜 사나이가 되기에 부족하다."

子曰: "士①而懷居②, 不足以爲士矣."

✤ 주(注)

① 士(사): 우리나라에서는 흔히 '선비'로 번역하고 있지만, 본래 '士'는 학문을 하는 사람뿐 아니라 미혼남자, 성년남자, 무사, 병사, 형리(刑吏), 대부 이하의 관리, 제후의 신하, 지자(智者), 현자(賢者) 등 폭넓게 가리키는 말이었다.
② 懷居(회거): "거처를(居) 가슴 속에 품다(懷)." 가슴 속에 품고 연연해 하는 '거처'란 곧 '편안하게 살던 고향 마을의 집'이었을 것이므로, 이를 '편안함을 가슴 속으로 그리워하다'란 뜻으로 해석해도 틀리지는 않는다.

✤ 소(疏)

① 「사내아이가 태어나면 〔3일째 되는 날에〕 집의 문 왼쪽에 활을 매단다. 그리고 사람을 시켜 그 사내아이를 등에 업고 뽕나무로 만든 활로 쑥대로 만든 화살 여섯 개를 각각 하늘과 땅, 동과 서, 남과 북을 향해 쏘게 하는데, 천지(天地)와

사방(四方)은 곧 사나이가 활동할 무대이기 때문이다.」
(『禮記』<射義>: 鄭玄注)

● ● ● ● ● ● ● ● ●

■ 공자께서 말씀하셨다. "그를 사랑한다고 하면서 고생시키지 않을 수 있느냐? 그에게 충성한다고 하면서 가르치고 깨우쳐 주지 않을 수 있느냐?"

子曰: "愛之, 能勿勞①乎? 忠焉②, 能勿誨乎?"

● ● ● ● ● ● ● ● ●

✤ 주(注)

① 勞(노): '勞之'에서 빈어 '之'의 중복을 피하기 위해 생략한 것으로, "그를(之) 수고롭게 하다(勞)," "그를(之) 고생시키다(勞)"의 뜻이다.
② 忠焉(충언): "그 사람에게(於是) 충성하다(忠)." '焉'은 '개사(於) + 지시대사(是)'의 뜻이다.

✤ 소(疏)

① 「소씨(蘇氏)는 말했다. "사랑한다면서 그를 고생시키지 않는 것은 곧 짐승들의 새끼사랑과 같다. 충성한다면서 그를

깨우쳐 주지 않는 것은 곧 부녀자와 내시들의 충성과 같다. 사랑하면서 그를 고생시킬 줄 안다면 그 사랑함이 깊은 것이고, 충성하면서 그를 깨우쳐 줄 줄 안다면, 그 충성됨이 큰 것이다."」

(朱子, 『四書集注』)

■ 공자께서 말씀하셨다. "가난하면서 원망하지 않기는 어렵지만, 부유하면서 교만하지 않기는 쉽다."

子曰: "貧而無怨難, 富而無驕易。"

❧ 소(疏)

①「대개 춥고 배고픔에 시달리는 가난한 사람들은 가난을 원망하고 한탄하지 않을 수 없고, 모든 것이 풍족하게 갖추어진 부자는 오만 방자하고 교만하지 않는 경우가 드물다. 이것이 인지상정(人之常情)이다. 그러나 가난한 가운데 편안함을 느낄 수 있어야 가난을 원망하는 마음이 없을 수 있고, 자기의 부유함을 의지하지 않아야 부유함을 뽐내는 마음이 없을 수 있다.」

(陣天祥, 『四書辨疑』)

② 「안자(晏子)가 제(齊) 나라의 재상으로 있은 지 3년 만에 정치는 평화로워지고 백성들은 즐거워했다. 양구거(梁丘據)가 안자를 찾아뵈었더니 마침 식사를 하고 있었는데, 식탁에 고기가 부족하였다. 그래서 이 사실을 경공(景公)에게 보고하였다. 다음 날 경공은 안자를 불러 자신의 땅 일부를 나누어 안자에게 주려고 했다. 그러자 안자는 사양하고 받으려 하지 않으면서 말했다. "부유하면서 교만하지 않은 자가 있다는 말은 들어 본 적이 없지만, 가난하면서도 원망하지 않는 자로는 제가 있습니다. 가난하면서도 원망하지 않는 까닭은 선(善)을 저의 스승(師)으로 삼고 있기 때문입니다. 그런데 지금 땅을 더 주시겠다는 것은 곧 저의 스승을 바꿔 치우려는 것이고, 이는 곧 저의 스승을 가볍게 여기고 땅을 중하게 여기는 것이므로, 저는 사양하고자 합니다."」

(『晏子春秋』<雜下>)

■ 자로(子路)가 임금 섬기는 자세에 대해 물었다. 공자께서 말씀하셨다. "속이지 말고, 거역할 줄 알아야 한다."

子路問事君。子曰: "勿欺①也, 而犯之②。"

✤ 주(注)

① 欺(기): '속이다.' 적극적으로 사실을 왜곡하거나 감추는 것뿐만 아니라, 윗사람의 안색을 살피고 잘못된 결정이나 지시에 대해서 용기를 내어 자신의 의견을 적극적으로 개진하지 아니하고 입을 다물고 있는 것 역시 윗사람을 속이는 행위이다.
② 而犯之(이범지): "임금에게(之) 대들거나 거역할(犯) 수 있다(而). '而'와 '能'(능: 할 수 있다)은 고서에서는 흔히 서로 통용된다(『古書虛字集釋』). 평소에 신뢰를 받고 있고, 또한 속이는 일이 없어야만 이렇게 할 수 있다.

✤ 소(疏)

①「제(齊)나라 사람들 중에는 인의(仁義)의 도(道)로써 왕에게 진언 드리는 사람이 하나도 없는데, 그들이 모두 인의의 도를 좋지 않게 생각해서이겠습니까? 그들은 마음속으로, "왕은 더불어 인의(仁義)의 도를 이야기할 만한 인물이 아니다"라고 생각하고 있기 때문입니다. 그렇다면 이보다 더 심한 불경(不敬)이 어디에 있습니까?」

(『孟子』<公孫丑下>)

②「임금을 섬길 때는 거역하거나 대드는 일은 있어도 속이거나 감추는 일은 없어야 한다.」

(『禮記』<檀弓>)

③ 「거(莒)의 기공(紀公)은 태자복(太子僕)을 낳고 또 계타(季佗)를 낳았는데, 그는 계타를 사랑하여 태자복을 폐출시켰을 뿐 아니라, 나라 안에서 무례한 일들을 숱하게 많이 했다. 그래서 태자복은 나라 안 사람들의 힘을 빌려 자기 아버지인 기공(紀公)을 죽이고, 그의 보옥(宝玉)들을 가지고 노(魯) 나라로 도망쳐 왔다. 선공(宣公)은 그에게 한 성읍(城邑)을 내어 주라고 명령하면서 말했다.

"오늘 안으로 반드시 주도록 하라!"

그러나 계문자(季文子: 行父)는 사구(司寇)를 시켜서 그를 국경 밖으로 쫓아내도록 하면서 말했다. "오늘 안으로 반드시 몰아내야 한다."

이 사실을 알게 된 선공이 그렇게 한 이유를 묻자, 계문자는 태사극(太史克)으로 하여금 대신 대답하도록 했다.

"돌아가신 대부(大夫) 장문중(臧文仲)께서는 행보(行父: 季文子)께 임금 섬기는 예(禮)를 가르쳐 주셨는바, 행보께서는 그 예에 따라서 매사를 처리하고 감히 어기시는 법이 없었습니다. 선대부(先大夫)께서는, '자기 임금에게 예를 다하는 자를 보게 되거든, 그를 섬기기를 마치 효자가 자기 부모를 섬기듯이 하고, 자기 임금에게 무례한 자를 보게 되거든, 그를 베어 죽이기를 마치 사나운 매가 참새를 쫓듯이 하라'고 했습니다.

그리고 선군(先君)이신 주공(周公)께서 주례(周禮)를

제정하면서 말씀하셨습니다. '예(禮)로써 덕행(德行)을 관찰하고, 덕행으로써 일을 처리하고, 일로써 그 공로를 헤아리고, 공로에 의해 백성들로부터 양식을 취한다'라고. 그리고 「서명」(誓命)을 지으면서 말씀하셨습니다. '예(禮)를 허물어뜨리는 것이 적(賊)이고, 그 적(賊)을 숨겨 주는 것이 장(藏)이고, 재물을 훔치는 것이 도(盜)이고, 귀중한 기물(器物)을 훔치는 것이 간(姦)이다. 도적들의 소굴이란 명성을 얻고 간인(姦人)이 훔친 기물을 쓰는 것은 몹시 큰 흉덕(凶德)인바, 나라에서는 이에 대하여 정해진 형벌을 사면해 줄 수 없고, 아홉 가지 형벌 중의 하나를 잊지 말고 반드시 적용해야 한다'라고.

행보(行父)께서 거(莒)의 복(僕)을 자세히 살펴보신즉, 그에게서는 본받을 바가 전혀 없었습니다. 효경(孝敬)과 충신(忠信)은 길한 덕(德)이고, 도적(盜賊), 장간(藏姦)은 흉한 덕(德)입니다. 그런데 이 거(莒)의 복(僕)이란 자는, 그의 효경(孝敬)을 본받자니 그는 자기 임금과 아비를 죽인 자이고, 그의 충신(忠信)을 본받자니 그는 자기 아비의 보옥(寶玉)을 훔친 자입니다. 그 인간은 바로 도적이고, 그 기물(器物)은 바로 훔친 장물(藏物)들입니다. 만약 그런 인간을 보호해 주고 그가 가진 기물을 쓰신다면, 그렇게 되면 〔노(魯) 나라는〕 바로 도둑놈의 소굴이 되어 버립니다. 이런 것으로써 백성들을 가르치신다면, 백성들은 혼란스러워져서 본받을 바가 없어집니다. 그가 한 행위들은 모두 선(善)에 속하지 아니하고 흉덕(凶德)에 속하는 것들인바, 그래서 그를 몰아냈던 것입니다 ….

옛날 순(舜) 임금께서는 열 여섯 명의 훌륭한 인재를 등용하고 네 명의 흉악한 자들을 몰아냈습니다. 그리고 이 스무 가지의 큰 공로 때문에 천자(天子)가 되셨는데, 지금 행보(行父)께서는, 비록 길인(吉人)은 한 사람도 얻지 못했으나 흉악한 자 한 명을 몰아냈습니다. 순 임금의 큰 공에 비하여 20분지 1에 불과하나, 그것으로도 임금님의 명령을 거역한 그의 죄는 사면받을 수 있을 것입니다."」

(『左傳』<文公十八年>)

■ 공자께서 말씀하셨다. "군자는 자신의 말이 그 실천보다 지나치는 것을 수치로 여긴다."

子曰: "君子恥其言而^①過其行。"

✿ 주(注)

① 而(이): 이것을 '之'로 쓴 판본들도 있는데, '之'의 뜻으로 해석하는 것이 옳다. 이때의 '而'는 조사로서 독립절(其言過其行)

14. 憲問(헌문) 319

을 동사 '恥'의 빈어구(其言之過其行)로 바꾸는 역할을 하는 '之'와 같은 뜻이다. 이것을 연사(and)의 뜻으로 보고, "군자는 자신의 말을 부끄럽게 여기고, 그의 행동이 말보다 남음이 있도록 한다"라고 한 주자(朱子)의 해석은 잘못이다.

이와 같은 내용의 말을 『논어』<里仁>의 다른 곳에서는 "古者, 言之不出, 恥躬之不逮。"라 하였고, 『예기』의 <잡기>(雜記)에서는 "有其言而無其行, 君子恥之。" <표기>(表記)에서는 "君子恥有其辭而無其德, 有其德而無其行。"이라 하고 있다.

❋ 소(疏)

①「공자께서는 말이 그 행함보다 지나치는 것을 미워하셨다(孔子疾夫言之過其行者).」

(王符,『潛夫論』<交際>)

■ 공자께서 말씀하셨다. "천리마를 준마(驥)라고 부르는 것은, 하루에 천리를 달릴 수 있는 그 힘 때문이 아니라, 그것이 지닌 위엄있는 덕(德) 때문에 그렇게 불리는 것이다."

子曰: "驥不稱其力, 稱其德①。"

✤ 주(注)

① 稱其德(칭기덕) : 잘 조련되고 훈련을 받아 지니게 된 위엄있는 모습과 품성, 즉 그가 후천적으로 가지게 된 덕(德)으로 인하여 그렇게 불린다는 뜻이다.

■ 어떤 사람이 말했다. "덕(德)으로써 원한(怨)을 갚는다면 어떻습니까?"

공자께서 말씀하셨다. "그러면 덕(德)은 무엇으로써 갚겠는가? 원한은 곧음(直)으로써 갚고, 덕은 덕(德)으로써 갚아야 하는 것이다."

或曰: "以德報怨, 何如?" 子曰: "何以報德? 以直報怨①, 以德報德."

✤ 주(注)

① 以直報怨(이직보원) : "곧음(直)으로써(以) 원한을(怨) 갚다(報)."

✤ 소(疏)

① 「덕(德)이란 은혜를 말한다. 만약 원한이 있는 자에게 덕으로써 갚는다면, 그렇다면 나에게 은혜를 베풀어 준 사람에게는 장차 무엇으로써 갚겠는가? 원한이 있는 자에게도 애증(愛憎)과 취사(取舍)를 가리지 않고 모두 똑같이 지극히 공정하고 사심없이 하는 것이 소위 곧음(直)이다. 자기에게 덕을 베풀어 준 사람에게는 반드시 덕으로써 갚고 그것을 잊어 버리지 말아야 한다.

덕으로써 원한을 갚는다는 사람의 말은, 그 마음이 후(厚)하기는 하지만, 성인의 말씀에 비추어 본다면, 그것은 어떤 의도가 있는 사심에서 나온 것이며, 원한과 덕을 갚는 것이 모두 형평을 상실하고 있음을 볼 수 있다. 반드시 공자의 말대로 해야만 원한과 덕에 대한 갚음이 각각 적절하게 될 수 있다.」

(朱子, 『四書集注』)

② 「노(魯) 나라 법에는, 노 나라 사람이 다른 나라에서 머슴이나 첩살이를 하고 있을 때, 그를 속신(贖身)하여 노 나라로 돌아오게 한 사람은 그 속신하는 데 든 돈을 국고(國庫)에서 되돌려 받게 되어 있다.

자공(子貢)이 다른 나라에서 노 나라 사람을 속신하여 돌아왔으나, 그는 그 돈을 사양하고 받지 않았다. 그러자 공자께서, "자공이 실수를 했다. 이후부터 노 나라 사람들은 다른 나라에서 노 나라 사람을 속신해 오는 일을 하지 않을 것이다"고 말했다. 자공이 그 돈을 받더라도 그 행위에 누(累)가 되거나 해가 될 게 없는데, 그가 그 돈을 받지 않음으로써 다른 사람들이 다시는 속신하지 않게 될 것임을 염려하신 것이다.

자로(子路)가 물에 빠진 자를 구해 주자 그 사람이 소 한 마리를 사례로 바쳤고, 자로는 그것을 받았다. 이를 두고 공자께서 말했다: "노 나라 사람들은 물에 빠진 자를 보게 되면 반드시 구해 줄 것이다."

공자께서는 사소한 일을 보고서도 그 영향이 멀리 미칠 것임을 꿰뚫어 보신 것이다.」

(『呂氏春秋』<察微>)

15. 衛靈公(위영공)

■ 위(衛) 나라의 영공(靈公)이 공자께 군대의 진법(陣法)에 관해 물었다.

공자께서 대답하여 말씀하셨다. "저는 제사상에 제기(祭器)를 차리는 일에 관해서는 일찍이 들어 본 적이 있으나, 군대에 관한 일은 배운 적이 없습니다."

그리고는 그 이튿날 위 나라를 떠나가셨다.

衛靈公問陳①於孔子。孔子對曰:"俎豆②之事, 則嘗聞之矣 ; 軍旅③之事, 未之學也。"明日遂行。

❖ 주(注)

① 진(陳): 진(陣)과 통용되며, '전쟁'이란 뜻이다.
② 俎豆(조두): '俎'의 금문자형 '𤯓·𤰞·𤯛' 등은 모두 '도마'에 발이 있거나, 도마 위에 고기덩이가 있거나, 도마 옆에 고기를 써는 칼이 있는(ㅣ) 모습으로, 나무로 만든 제기로서 고기나 과일 등을 담아 올리는 '豆'(𤰞·𤰟)와 마찬가지로 제기(祭器)의 일종이다.
③ 軍旅(군려): '軍'의 고문자형 '𤰰·𤰱' 등은 하나의 전차(車)를 많은 사람들이 둘러싸서 호위하고 있는 모습(ㄱ)으로, 본래의 뜻은 '군대'이다. 후에 와서는 12,500명으로 이루어진 전투 단위를 '軍'이라 했다. '旅'의 고문자형 '𤰲'는 큰 깃발(𤯝→𤯞) 아래 많은 사람들이(𤯓→𤯔) 모여 있는 모습으로, 주대(周代)에 와서는 500명으로 구성된 전투단위를 '旅'라 했다. '軍旅之事'란 '군대, 또는 전투에 관한 일'이란 뜻이다

❖ 소(疏)

①「공문자(孔文子)가 장차 대숙(大叔)을 공격하려 하면서 공자를 만나보았다. 공자가 말했다. "나는 제사상에 올려지는 제기인 호궤(胡簋)에 관한 일은 일찍이 배운 적이 있지만, 전쟁에 관한 일은 배운 적이 없습니다." 그리고는 물러나와 수레를 몰도록 하고는 떠나가면서 말했다. "새라면 나무를 골라 앉을 수 있겠지만, 나무야 어찌 새를 고를 수 있겠느냐?(鳥則擇木, 木豈能擇鳥)"라고.」

(『左傳』<哀公十一年>)

■ 진(陳) 나라에서 양식이 떨어지고, 따르는 제자들은 병이 나서 아무도 일어나지 못했다. 자로(子路)가 성이 나서 공자를 뵙고 말했다. "군자도 역시 궁해질 때가 있습니까?"

공자께서 말씀하셨다. "군자는 궁할 때에도 자신을 굳게 지키지만, 소인은 일단 궁해지면 무슨 짓이든 하게 된다."

在陳絶糧①, 從者病, 莫能興。子路慍見, 曰: "君子亦有窮乎?" 子曰: "君子固窮②, 小人窮斯濫矣③。"

✤ 주(注)

① **在陳絶糧**(재진절량): "진 나라에(陳) 있을 때(在) 양식이(糧) 떨어지다(絶)." 이 일에 대하여 『사기』(史記)에 기록되어 있는 것을 다음의 소(疏)에서 소개한다.

② **君子固窮**(군자고궁): 이에 대하여는 세 가지 해석이 있다. ㉠ '固'를 부사로, '窮'을 술어로 보아서, "군자도 본래(固) 궁할 때가 있다(窮)," ㉡ '固'를 동사로, '窮'을 빈어로 보아서, "군자는 자신의 궁함을(窮) 굳게 지킨다(固)," ㉢ '固'를 술어로, '窮'을 시간을 나타내는 부사로 보아서, "군자는 궁할 때에도 (窮) 자신을 굳게 지킨다(固)"고 해석하는 것이다. 여기서는 ㉢을 취한다.

③ 斯濫矣(사람의) : "이에(斯) 함부로 하게(濫) 된다(矣)." '濫'은 '자기 멋대로 함부로 행동한다'는 뜻이다.

✤ 소(疏)

①「공자가 채(蔡) 나라로 옮겨간 지 3년째, 오(吳) 나라가 진(陳)을 공격했다. 초(楚) 나라는 진을 구하려고 출병하여 성보(城父)에 주둔하고 있었다. 공자가 진과 채의 국경 지역에 머무르고 있다는 말을 듣고, 초(楚)에서는 사람을 보내어 공자를 모셔 가려고 했다.

공자가 따라가겠다고 승락하자, 진과 채 두 나라의 대부(大夫)들이 모의하여 말했다. "공자는 재주와 덕(德)이 있는 현자(賢者)이다. 과거에 그가 풍자하고 비웃었던 말들은 모두 각 나라 제후들의 병폐와 부합되는 것들이었다. 근래 그는 진과 채 사이에 머물고 있는데, 여러 대부들이 했던 행위들은 모두 공자의 주장과 부합되지 않는 것들이다. 그런데 지금 대국(大國)인 초(楚)가 공자를 모셔가려고 한다. 만약 공자가 초에서 중용된다면, 진과 채에서 권력을 잡고 있는 대부들은 위태롭게 된다."

그래서 양쪽에서 사람들을 동원하여 들판에서 공자를 포위하였다. 공자는 떠나갈 수도 없게 되었고, 양식도 떨어졌다. 그를 따르던 제자들은 병이 나서 아무도 일어설 수조차 없었다. 그런데도 공자는 시(詩)를 읊고, 노래를 부르고, 거문고 타기를 멈추지 않았다. 이를 보고 화가 난 자로가 공자를 찾아가서 말했다. "군자도 궁해질 때가 있습니까?" 공자가 말했다. "군자도 궁해질 때가 있지. 그러나 군자는 궁해지더라도 자신을 굳게 지킬 수 있지만, 소인은 견뎌내지 못하고 무슨 짓이든 하게 된다."」

(司馬遷, 『史記』<孔子世家>)

② 「공자께서 진(陳)과 채(蔡) 두 나라 사이에서 양식이 떨어졌을 때, … 자로가 공자에게 나아가 말했다. "제가 듣기로는 '선(善)을 행하는 자는 하늘이 그에게 복(福)으로써 갚아 주고, 악(惡)을 행하는 자는 하늘이 그에게 화(禍)로써 갚아 준다(爲善者, 天報之以福; 爲不善者, 天報之以禍。)'고 했습니다. 그런데 지금 선생님께서는 덕(德)과 의(義)를 쌓으시고 선행(善行)을 해오신 지가 오래 되었는데도 어째서 이처럼 고생을 하셔야 합니까?"

공자께서 말씀하셨다. "자로야! 네가 모르는 게 있다. 내가 너에게 말해 주지. 너는 지자(知者)는 반드시 중용된다고 생각하느냐? 은(殷)의 왕자였던 비간(比干)은 지자였음에도 불구하고 심장이 해부당하는 비운(悲運)을 당하지 않았느냐? 너는 충신(忠臣)은 반드시 중용된다고 생각하느냐? 하(夏)의 걸왕(桀王) 때의 충신 관용봉(關龍逢)도 결국 처참한 죽임을 당하지 않았느냐? 너는 옳은 말로써 간(諫)하는 자는 반드시 중용된다고 생각하느냐? 오자서(伍子胥)는 오왕(吳王) 부차(夫差)에게 월(越)과 강화를 맺지 말라고 간했으나 결국 고소(姑蘇)의 동쪽 문에서 사지(四肢)가 찢어지는 극형을 당하지 않았느냐?

　중용(重用)되고 되지 못함은 시운(時運)에 달렸고, 현(賢)하고 불초(不肖)함은 그 사람의 타고난 소질(素質)에 달렸느니라. 군자로서 배움이 넓고 생각이 깊고 멀어도 때를 만나지 못한 이는 많으니라. 어찌 나 혼자만 그렇겠느냐?

　지초(芝草)와 난초(蘭草)는 깊은 숲 속에서 자라는데, 감상해 주는 사람이 없다고 해서 향기를 내뿜지 않는 것은 아니다. 군자가 배우는 것은 현달하기 위해서가 아니라 궁할 때에도 꽉 막히지 아니하고, 우환이 있을 때에도 그 의지가 쇠약해지지 않고, 화복(禍福)의 원인과 결과를 분명히 알아 마음이 미혹되지 않기 위해서이다.

　현(賢)하고 불초(不肖)함은 타고난 소질이고, 행하고 행하지 않음은 사람에게 달렸으며, 중용되고 되지 못함은 시운에 달렸고, 생(生)과 사(死)는 명(命)에 달렸다. 지금 어떤 사람이 때를 만나지 못했다면, 비록 그가 현자(賢者)라 하더라도, 어찌 그의 뜻을 펼칠 수 있겠느냐? 그러나 만약 때를 만난다면, 또한 자기 뜻을 펴는 데 무슨 어려움이 있겠느냐? 그러므로 군자는 널리 배우고, 깊이 생각하고, 몸을 닦고, 행동을 단정히 함으로써 그 때를 기다리는 것이니라."」

(『荀子』<宥坐>)

■ 공자께서 말씀하셨다. "사(賜: 子貢)야! 너는 내가 많이 배우고 그 배운 것들을 외우고 있는 사람이라고 생각하느냐?"

자공이 대답하여 말했다. "그렇습니다. 그렇지 않습니까?"

공자께서 말씀하셨다. "그렇지 않다. 나는 한 가지 원리로써 그 배운 것들을 꿰뚫고 있느니라."

子曰: "賜也! 女以予爲多學而識之^①者與?" 對曰: "然, 非與?" 曰: "非也, 予一以貫之^②。"

✤ 주(注)

① **多學而識之**(다학이지지): "많이(多) 배우고(學) 그리고(而) 그 배운 것을(之) 외우다(識)." 공자는 평소에, "군자는 널리 학문을 배우고(君子博學於文), 묵묵히 그 배운 것을 외운다(默而識之)"고 말씀하셨다. 이는 공자가 평소에 "多學而識之"를 높게 평가하신 것으로, 그래서 자공은 공자의 물음에 "그렇습니다"고 대답했던 것이다('識'(식·지)는 '기억하다'는 뜻일 때는 '지'로 읽는다).

② **一以貫之**(일이관지): "하나(一)로써(以) 그 배운 것들을(之) 꿰다(貫)." 일찍이 공자가 증자에게, "吾道一以貫之"라고 말하자, 증자는 이에 대하여, "선생님의 도(道)는 충(忠)과 서(恕)

일 따름이다"고 부연설명한 적이 있다(『論語』<里仁>). '忠'은 매사에 성심성의를 다하는 것이고, '恕'는 자신에게서 미루어 그것을 남에게까지 미치게 하는 것으로, 이것이 곧 '仁'이다.

━━━━━━━━━━ ● ● ● ● ● ● ● ● ● ━━━━━━━━━━

■ 공자께서 말씀하셨다. "더불어 말할 수 있는데도 말하지 않는 것은 사람을 잃는 것이고, 더불어 말할 수 없는데도 말하는 것은 말을 잃는 것이다. 지혜로운 자는 사람을 잃지도 않고 또한 말을 잃지도 않는다."

子曰: "可與言①而不與之言, 失人; 不可與言而與之言, 失言。知者不失人, 亦不失言。"

━━━━━━━━━━ ● ● ● ● ● ● ● ● ● ━━━━━━━━━━

✤ 주(注)

① 可與言(가여언): "可與之言"과 같은 말이다. "그와(之) 더불어(與) 말할 수 있다(可…言)."

✤ 소(疏)

①「더불어 말할 수 없는데도 말하는 것은 말로써 그를 꾀

는 것이다.… 말할 수 있는데도 말하지 않는 것은 말하지 않음으로써 그를 꾀는 것이다. 이들은 모두 담장에 구멍을 뚫거나 담을 타넘고 들어가서 남의 물건을 훔치는 자와 같은 부류들이다.」

(『孟子』<盡心上>)

②「〔가르쳐 줄 만한〕 사람이 아닌데도 가르쳐 주는 것은 도둑에게 양식을 주고 강도에게 무기를 빌려 주는 것과 같다.」

(『荀子』<大略>)

③「공자께서 말씀하셨다: "그 토지가 아닌 곳에 나무를 심더라도 살지 못하고, 그 사람이 아닌데도 말해 봐야 듣지 않는다. 그 사람을 얻으면 마치 모래를 모아 놓고 물을 뿌리는 것과 같지만, 그 사람이 아니면 귀머거리들을 모아 놓고 북을 치는 것과 같다."」

(劉向,『說苑』<雜言>)

■ 공자께서 말씀하셨다. "지사(志士)와 인자(仁者)는 삶을 추구하느라 인(仁)을 해치는 일이 없고, 자신을 죽임으로써 인(仁)의 덕을 이룬다."

子曰: "志士仁人無求生而害仁, 有殺身以成仁。"

❖ 소(疏)

① 「맹자가 말했다. "생선 요리는 내가 좋아하는 것이고 곰 발바닥 요리도 내가 좋아하는 것이다. 그러나 만약 이 두 가지를 동시에 얻을 수 없을 때에는 생선요리를 포기하고 곰 발바닥 요리를 택할 것이다.

삶(生)도 내가 원하는 것이고, 의(義) 또한 내가 원하는 것이지만, 만약 이 두 가지를 동시에 얻을 수 없을 때에는 삶을 버리고 의(義)를 택할 것이다. 삶 역시 내가 원하는 것이지만, 그러나 삶보다 더 원하는 것이 있기 때문에 구차스레 그것을 얻으려 하지 않는 것이다.

죽음 또한 내가 싫어하는 것이지만, 죽음보다 더 싫어하는 것이 있기 때문에 환란이 닥쳐도 그것을 피하지 않을 때가 있다. 만약 사람들이 바라는 것으로 목숨보다 더한 것이 없다면, 목숨을 부지할 수 있는 길이라면 무슨 방법인들 쓰지 않겠느냐? 만약 사람들이 싫어하는 것으로 죽음보다 더한 것이 없다면, 죽음을 피할 수 있는 일이라면 무슨 짓인들 못하겠느냐?

그런데 사람들은 이렇게 하면 살 수 있는데도 그렇게 하지 않는 경우가 있고, 이렇게 하면 죽음을 피할 수 있는데도 그렇게 하지 않는 경우가 있으니, 그러므로 그 바라는 것이 목숨보다 더 귀중한 것이 있고, 그 싫어하는 것이 죽음보다 더 심한 것이 있음을 알 수 있다. 이러한 마음은 현자(賢者)만이 아니고 사람이라면 누구나 다 가지고 있지만, 다만 현자들은 그것을 잃어 버리지 않을 수 있다는 것뿐이다."」

(『孟子』<告子上>)

②「연(燕) 나라 군대가 처음 제(齊) 나라에 쳐들어 갔을 때, 화읍(畵邑) 사람 왕촉(王蠋)이 현자라는 소문을 듣고 군대에 명령을 내렸다. "화읍 주위 30리는 포위를 하되 들어가지는 말라"라고. 왕촉이 그곳에 살고 있었기 때문이다.

그리고 얼마 후에 사람을 보내어 말했다. "제 나라의 많은 사람들은 선생의 의(義)를 높이 평가하고 있습니다. 나는 선생을 장수로 임명하고 선생께 일만 호(戶)의 영지를 봉해 드리고자 합니다."

그러나 왕촉은 굳이 사양하였으므로, 연 나라 사자가 말했다. "만약 선생께서 우리 임금의 요구를 들어 주지 않으시면, 우리 임금께서는 대군을 이끌고 와서 화읍을 피바다로 만들어 버릴 것입니다."

이에 대하여 왕촉이 말했다. "충신은 두 임금을 섬길 수 없고, 정숙한 여인은 두 남편을 섬길 수 없습니다. 나는 제왕(齊王)이 나의 말을 받아들이지 않으므로 물러나와 시골에서 농사를 짓고 있었습니다. 이미 제 나라가 망하였으나, 나는 그것을 다시 일으켜 세워 보존할 수도 없습니다. 그런데 지금 무력으로 나를 협박하면서 당신들의 장수로 삼으려 하는데, 그렇게 되면 나는 폭군 걸왕(桀王)을 도와 악(惡)을 행하는 꼴이 됩니다. 살아 있으면서 불의를 행하는 것은 삶겨 죽는 것만 못합니다." 그리고는 자기의 목을 나무가지에 매달고 힘껏 흔들어 목이 잘려 죽었다.

    도망쳤던 제 나라의 대부들이 이 소식을 듣고 말했다. "왕촉은 이미 일개 평민에 불과한데도 의(義)를 지켜 연나라 군대에 항복하여 그들의 신하 되기를 거부했는데, 하물며 관직에 앉아서 나라의 봉록을 받아 먹고 있던 우리들임에랴!" 그리고는 모두 거성(莒城)으로 달려가서 왕의 아들을 구해낸 후 그를 왕으로 옹립하였으니, 그가 양왕(襄王)이다.」

(司馬遷,『史記』<田單傳>)

- - -

■ 자공(子貢)이 인(仁)을 실천하는 방법에 대해 물었다. 공자께서 말씀하셨다. "공인(工人)이 그 일을 잘 하고자 할 때에는 반드시 먼저 그 연장을 날카롭게 손질한다. 어느 나라에서 살든, 그곳 대부(大夫)들 중에서 현(賢)한 자를 찾아 섬기고, 그곳 사인(士人)들 중에서 인(仁)한 자를 찾아 벗으로 사귀어야 한다."

子貢問爲仁。子曰: "工欲善其事①, 必先利其器②。居是邦也, 事其大夫之賢者, 友其士之仁者。"

❖ 주(注)

① **善其事**(선기사): "그의(其) 일을(事) 잘 한다(善)." 여기서 '善'은 '잘 하다'는 뜻의 동사로 쓰였다.
② **利其器**(리기기): "그의(其) 연장을(器) 날카롭게 한다(利)." '利'의 고문자형 '⚹'은 '벼'(⚹→禾)와 '칼'(⚹→刂)로 이루어져 있다. 본래의 뜻은 벼를 베는 칼날이 '날카롭다,' '예리하다'이다.

여기서 '利其器'와 '賢大夫' 및 '仁士'의 비유관계를 이해하려면 먼저 연장을 벼르는 과정을 이해해야 한다. 무릇 연장은 스스로는 날카로워질 수 없고 반드시 숫돌이나 모루나 줄이나 망치 등 다른 물건의 도움이 있어야만 한다. 이처럼 인(仁)의 덕을 이루려면 연마기의 역할을 해 줄 현대부(賢大夫)나 인사(仁士)를 상관이나 벗으로서 관련을 맺어야 한다는 것이다.

❖ 소(疏)

①「무릇 불의(不義)를 행하는 자를 나는 섬기지 않고, 불인(不仁)한 자를 나는 관장(官長)으로 여기지 않는다. 인(仁)과 의(義)를 받들고 돕는 자와 나는 함께 하고, 그들과 한 무리가 된다.」

(『大戴禮記』<曾子制言下>)

②「소위 용렬(庸劣)한 사람이란 현자(賢者)와 선사(善士)를 가려내어 그들에게 몸을 의탁할 줄 모르는 자를 말한다.」

(『荀子』<哀公>)

■ 공자께서 말씀하셨다. "사람이 멀리 생각하지 않으면 반드시 가까운 우환이 있게 된다."

子曰: "人無遠慮①, 必有近憂②."

✤ 주(注)

① 遠慮(원려): 멀고 장기적인 생각이나 고려.
② 近憂(근우): 가까운 시일 내에 닥칠 우환.

✤ 소(疏)

① 「편안할 때 위태로움을 잊지 않고, 유지되고 있을 때 망해 없어질 것을 잊지 않고, 다스려질 때 어지러워질 것을 잊지 않는다. 이렇게 할 때 비로소 몸은 안전하고 나라와 가정도 보전될 수 있다.」

(『周易』<繫辭下>)

② 「우환이 닥친 후에 그것을 걱정하는 것은 마치 병이 깊어질 대로 깊어진 후에 양의(良醫)를 찾는 것과 같으니, 비록 편작(扁鵲)이나 유부(兪附)의 뛰어난 의술로도 살릴 수 없다.」

(劉安, 『淮南子』<人間>)

■ 공자께서 말씀하셨다. "자기 자신에 대해서는 엄중히 책(責)하고, 남에 대해서는 가벼이 책한다면, 원망 듣는 일이 적어질 것이다."

子曰: "躬自厚①而薄責於人, 則遠怨矣。"

✤ 주(注)

① 躬自厚(궁자후): 이것은 '躬自厚責'에서 '責'(책)이 바로 뒤의 '薄責於人'에서 나오고 있으므로, 중복을 피하기 위해 생략한 것이다. "자기 자신에 대해서는(躬自) 두터이 책망하다(厚責)." '躬自'는 '자신'(自身), '스스로'란 뜻의 부사(副詞)이다.

✤ 소(疏)

① 「사람들의 병폐는 자기의 밭(良心)은 묵혀둔 채 남의 밭을 가꾸려 하고, 남에게는 무거운 짐을 지도록 요구하면서 자기 자신은 가벼운 짐만 지려고 하는 것이다.」

(『孟子』<盡心下>)

② 「공자께서 춘추(春秋)를 지으실 때, 나라 안의 일은 소상히 적으시고 나라 밖의 일은 간략하게 적으셨으며, 자국 사람들에 대해서는 야박하게 하시고 타국 사람들에 대해서는 너그러이 하셨다. 그러므로 노 나라의 군주에 대해서는

조그만 악행도 반드시 적으셨지만 다른 나라의 제후에 대해서는 큰 악행만 적으셨다.

대저 남의 잘못은 보면서도 자신의 잘못은 보지 못하는 자를 눈먼 자(矇)라 하고, 남에 대해서는 들으면서도 자신에 대해서는 듣지 못하는 자를 귀머거리(聵)라 하고, 남에 대해서는 생각하면서도 자신에 대해서는 생각하지 못하는 자를 흐리멍텅한 자(瞀)라고 부른다. 그러므로 눈 밝음(明)은 스스로를 보는 것보다 큰 것이 없고, 귀 밝음(聰)은 자신에 대해 듣는 것보다 큰 것이 없고, 슬기로움(睿)은 자신에 대해 생각하는 것보다 큰 것이 없다.」

(徐幹, 『中論』<修本>)

■ 공자께서 말씀하셨다. "'어떻게 해야지, 어떻게 해야지'라고 말하지 아니하는 자는, 나도 그를 어떻게 할 수가 없느니라."

子曰: "不曰'如之何①**, 如之何'者, 吾末如之何也已矣。"**

✤ 주(注)

① **如之何**(여지하) : "그것을(之) 어떻게 하나(如…何)"

✤ 소(疏)

① 「"어떻게 해야지, 어떻게 해야지"란 말은 깊이 생각하고 신중히 대처하려 할 때 하게 되는 말이다. 이렇게 하지 않고 망녕되이 행동한다면, 비록 성인이라도 어떻게 할 수가 없는 것이다.」

(朱子, 『四書集注』)

② 「공자께서 말씀하셨다. "사람으로서 '어떻게 해야지, 어떻게 해야지'라고 말하지 않는 자는 나도 그를 어떻게 할 수 없다."라고.

그러므로 병을 숨기는 자는 양의(良醫)를 만날 수 없고, 묻기를 부끄러워하는 자는 성인께서도 떠나가신다. 옥(玉)이 지극히 맑으면 그 흠을 감추지 않고 속에 티가 있으면 반드시 밖으로 드러난다. 그러므로 군자는 자신의 단점을 숨기지 않고, 알지 못하면 묻고, 할 수 없으면 배운다.」

(董仲舒, 『春秋繁路』<執贄>)

■ 공자께서 말씀하셨다. "여럿이 어울려 함께 하루 종일 지내면서도 의(義)에 관해서는 한 마디도 말하지 않고 다만 작은 재주나 지식 자랑하기를 좋아한다면, 〔그런 자들은〕 가르쳐서 선(善)으로 이끌기가 참으로 어렵느니라."

子曰: "群居終日, 言不及義, 好行小慧①, 難矣哉!"

주(注)

① 小慧(소혜): 작은 지식이나 재주.

소(疏)

①「공자께서는, 사람들이 여럿 모여 있을 때는 마땅히 선한 도(道)로써 서로를 절차탁마(切磋琢磨)해야 하고, 의(義)가 아닌 것, 또는 작은 재치나 재주로써 서로 끌어당겨서는 안 된다고 하셨다.」

(劉寶楠, 『論語正義』)

■ 공자께서 말씀하셨다. "군자는 잘못의 원인을 자기 자신에게서 찾고, 소인은 그것을 남에게서 찾는다."

子曰: "君子求諸己[1], 小人求諸人。"

✣ 주(注)

① 求諸己(구제기): "求之於己" '求'는 '責'의 뜻이다. "君子責己, 小人責人。"

✣ 소(疏)

① 「자기 자신을 바르게 하고 잘못의 원인을 남에게서 찾지 않으면 원망이 없어진다. 위로 하늘을 원망하지 않고 아래로 남을 탓하지 않게 된다.」

(『禮記』<中庸>)

② 「인자(仁者)의 태도는 비유하자면 활쏘기 시합을 하는 것과 같다. 활을 쏘는 자는 자기 몸을 바르게 한 후에 활을 쏜다. 쏘았으되 적중되지 않아도 자기를 이긴 사람을 원망하지 않고, 반대로 잘못의 원인을 자기 자신에게서 찾는다.」

(『孟子』<公孫丑上>)

■ 공자께서 말씀하셨다. "군자는 그 사람의 말이 선하거나 훌륭하다고 해서 그 사람을 천거하지 아니하고, 그 사람이 나쁘거나 천하다고 해서 그 사람의 말까지 폐하지는 않는다."

子曰: "君子不以言擧人, 不以人廢言。"

🟎 소(疏)

① 「군주의 마음은 백성들의 지혜를 한데 모으고 백성들이 각자 있는 힘을 다하도록 하고 싶어한다. 말을 시켰을 때 그 한 말이 옳다면, 말한 자가 비록 꼴을 베거나 나무를 하는 촌사람이라 하더라도 그 말을 폐기할 수 없고, 말을 시켰을 때 그 한 말이 그르다면, 비록 그 말이 공경(公卿)이나 재상들이 조정에서 묘책(妙策)이라고 올린 말이라 하더라도 그것을 쓰지 않는다.」

(劉安,『淮南子』<主術>)

② 「명철한 군주가 현인(賢人)을 택하는 방법은, 스스로 용기가 있다고 말하는 자는 군대의 일로써 시험해 보고, 스스로 지혜롭다고 말하는 자에게는 관청의 일로써 시험해 본다. 군대의 일로써 시험해 보아 공이 있거나, 관청의 일로써 시험해 보아서 잘 다스려지면, 그들을 들어 쓴다. 그러므로 전

공(戰功) 여부로써 용감한 자와 겁쟁이를 결정하고, 관직 수행 여부로써 지혜로운 자와 어리석은 자를 결정한다. 이렇게 하면 용기있는 자와 겁쟁이, 지혜로운 자와 어리석은 자의 드러남이 흑과 백처럼 확연해진다.

그러나 혼주(昏主)는 그렇지 않으니, 말을 듣고도 시험해 보지 않음으로써 망언(妄言)을 하는 자가 쓰일 수 있게 된다.」

(『管子』<明法>)

■ 자공(子貢)이 물었다. "평생동안 받들어 행할 한 마디의 말이 있습니까?"

공자께서 말씀하셨다. "그것은 아마도 서(恕)일 것이다. 자기가 바라지 않는 것은 남에게도 행하지 말라는 것이지."

子貢問曰: "有一言而可以終身行之者乎?" 子曰: "其①恕乎! 己所不欲, 勿施於人。"

✤ 주(注)

① 其(기): 문장 첫머리에 쓰이는 어기사로서 '아마도,' '대개' 등의 뜻을 나타낸다.

✤ 소(疏)

①「자기가 춥고 배고픈 것을 싫어하면 천하 모든 사람들이 옷과 음식을 원하는 줄 알 수 있다. 자기가 고생하기를 싫어하면 천하 모든 사람들이 편안하기를 원하는 줄 알 수 있다. 자기가 쇠약하고 가난한 것을 싫어하면 천하 모든 사람들이 유족(裕足)하기를 원하는 줄 알 수 있다. 이 세 가지를 알고 있다는 것, 이것이 성왕(聖王)들께서 자리에 가만히 앉아 있으면서도 천하를 바로 다스릴 수 있었던 이유이다. 그러므로 군자의 도(道)는 충(忠)과 서(恕)일 따름이다. (*참고: 里仁篇의 忠・恕설명(본서. p.98))」

(韓嬰,『韓詩外傳』<卷三>)

●●●●●●●●●●

■ 공자께서 말씀하셨다. "간교한 말은 도덕(道德)을 어지럽히고, 작은 일을 참아내지 못하면〔또는 차마 해내지 못하면〕, 큰 계책을 어그러뜨리게 된다."

子曰: "巧言亂德。小不忍①, 則亂大謀。"

✿ 주(注)

① 忍(인): '忍'의 자형은 칼날(刃)과 심장(心)으로 이루어져서, 심장을 칼로 찌를 때의 고통을 나타낸다. 지극히 어려운 일을 할 때나, 참고 견디기 어려운 일을 참아낼 때의 심정이 이에 해당한다. 따라서 '忍'에는 '힘들여 해 낸다'(能)는 뜻과, 고통스런 일을 '참아낸다'(耐)는 두 가지 뜻이 있다. 따라서 분노를 폭발하지 않고 억눌러 참는 것도 '忍'이고, 어린아이의 잘못된 버릇을 고쳐 주기 위하여 애처로운 마음에도 불구하고 매질을 할 수 있는 것도 '忍'이다. 그리고 길에서 돈을 주웠을 때, 가지고 싶은 욕망을 억누르고 그것을 주인에게 돌려줄 수 있는 것도 '忍'이고, 불쌍한 사람을 보고 소중히 여기던 물건이나 돈을 내어 줄 수 있는 것도 '忍'이다. 따라서 '小不忍'은 '작은 화를 참아내지 못한다'는 뜻으로 해석하거나, '작은 일을 차마 해 내지 못한다'는 뜻으로 해석하거나 둘 다 뜻이 통한다.

■ 공자께서 말씀하셨다. "많은 사람들이 그를 미워하면 반드시 잘 살펴보아야 하고, 많은 사람들이 그를 좋아하면 반드시 잘 살펴보아야 한다."

子曰: "衆惡之, 必察焉; 衆好之, 必察焉."

🌸 소(疏)

① 「맹자가 말했다. "좌우에 있는 모든 사람들이 그를 현(賢)하다고 칭찬하더라도 아직 안 되고, 모든 대부(大夫)들이 그를 현(賢)하다고 하더라도 아직 안 됩니다. 나라 안 사람들이 모두 그를 현(賢)하다고 한 후에야 자세히 살펴보고, 정말로 현(賢)한 점이 있은 후에야 그를 등용해 써야 합니다."」

(『孟子』<梁惠王下>)

② 「혼주(昏主)는 신하의 공로를 자세히 살펴보지도 않고 많은 사람들이 그를 칭찬하면 그에게 상을 준다…. 그의 죄과(罪過)를 자세히 살펴보지 않고 많은 사람들이 그를 헐뜯으면 그에게 벌을 준다. 이렇게 되면 사악한 신하들은 공로가 없으면서도 상을 받고, 충신은 죄가 없으면서도 벌을 받게 된다. 이렇게 되면 성실한 사람들은 그 직무를 잃고, 청렴한 관리들은 그 직위를 잃게 된다. 그러므로 명법(明法)에서 말하기를, "관리가 그 직위를 잃게 되는 것은, 임금이 많은 사람들로부터 칭찬을 받는 자에게는 상을 주고, 많은 사람들이 헐뜯는 자에게는 벌을 주기 때문이다"고 했다.」

(『管子』<明法>)

■ 공자께서 말씀하셨다. "잘못하고서도 고칠 줄 모르는 것, 그것이 진짜 잘못이다."

子曰: "過而不改, 是謂過矣."

✤ 소(疏)

① 「잘못하였으나 그것을 고친다면 그것은 잘못이 아니다.」

(韓嬰, 『韓詩外傳』<卷三>)

② 「군자는 자신이 잘못한 줄 알면 반드시 고치지만, 소인은 반드시 변명한다.」

(『論語』<子張>)

■ 공자께서 말씀하셨다. "나는 일찍이 하루종일 먹지도 않고 밤새도록 자지도 않으면서 생각해 보았으나, 유익함이 없었으니, 배우는 것만 못했다."

子曰: "吾嘗終日不食, 終夜不寢, 以思, 無益, 不

如學也。

✤ 소(疏)

① 「나는 일찍이 하루종일 생각해 보았으나 잠깐이나마 배우느니만 못했다. 나는 일찍이 발돋음하여 바라보았으나 높은 곳에 올라가서 멀리 바라보는 것만 못하였다. 높은 곳에 올라가서 보면, 그 키가 더 커지는 것은 아니지만, 더 멀리 볼 수 있다. 바람을 따라 부르면, 소리 자체가 더 빨라지지 않지만, 듣는 자는 더 분명하게 들을 수 있다. 수레나 말의 힘을 빌리면, 자신의 발이 더 빨라지는 것은 아니지만, 천리 먼 길을 갈 수 있고, 배와 노를 빌리면, 헤엄을 칠 줄 몰라도, 큰 강을 건널 수 있다.」

(『荀子』<勸學>)

② 「탕왕(湯王)은 말했다. "성왕(聖王)들의 도(道)를 배우는 것은 비유하자면 해(日)와 같고, 조용히 혼자 앉아 생각하는 것은 비유하자면 촛불과 같다"고.

성인의 도(道)를 배우지 아니하고 조용히 혼자 앉아서 생각하는 것은 비유하자면 마당의 밝은 해를 내버려 두고 방 안의 촛불 앞으로 나아가는 것과 같다(若去日之明於庭而就火之光於室也). 그렇게 하면 작은 것은 볼 수 있어도 큰 것은 알 수 없다. 그러므로 밝은 군주와 군자는 도를 배우는 것을 귀중하게 생각하고 혼자 생각하는 것을 천하게 여긴다.」

(『賈子』,『新書』<修政語上>)

■ 공자께서 말씀하셨다. "군자는 도(道)를 추구하지 옷과 밥(衣食)을 추구하지는 않는다. 밭을 갈아 농사를 짓더라도 그런 가운데 굶주릴 때가 있지만, 학문을 배우면 봉록(俸祿)이 그 속에 들어 있다. 군자는 도(道)를 얻지 못할까봐 걱정하지 가난함을 걱정하지는 않는다."

子曰:"君子謀道不謀食。耕也, 餒①在其中矣; 學也, 祿在其中矣。君子憂道不憂貧。"

✤ 주(注)

① 餒(뇌): 굶주림.

✤ 소(疏)

①「군자인들 어찌 가난을 좋아하고 그것을 걱정하지 않겠느냐? 다만 그 뜻하는 바가 전일(專一)한 것은, 중요한 것이

무엇인지 밝히 알고 있기 때문이다. 군자가 풍족함을 추구하는 것은 좋은 음식, 좋은 의복, 가무(歌舞)와 여색을 즐기기 위해서가 아니라, 장차 그것으로써 도(道)를 이루고 덕(德)에 매진하기 위해서이다.」

(王符,『潛夫論』<讚學>)

■ 공자께서 말씀하셨다. "인(仁)을 당해서는, 상대가 비록 스승이라 하더라도 양보하지 않는다."

子曰: "當仁①, 不讓於師。"

주(注)

① 當仁(당인) : "인을(仁) 당해서는(當)." 여기서 '當'은 어떤 사태에 '직면하다,' '상황에 처하다'의 뜻이다.

소(疏)

① 「초(楚) 나라의 자반(子反)이 적국(敵國)인 송(宋)에 사신(使臣)으로 가서 보니, 사람들은 식량이 떨어져 서로 잡아먹는다는 것이었다. 아무리 서로 싸우는 중이었지만, 그러

한 사정을 보고 나서 그는 너무나 비통해졌다. 상황이 이런 지경에까지 이르리라고는 생각지 못했던 것이다. 그래서 그의 가슴은 놀라 뛰고 눈은 두리번거리게 되면서 사신으로서 지켜야 할 초보적인 예(禮)까지 어기게 되었다.

무릇 예(禮)란 인(仁)이 바탕이 되고, 거기에 문식(文飾)이 가해져서 구체화된 것이다. 그런데 지금 사람들끼리 서로 잡아먹게 함으로써 이미 인(仁)을 크게 잃어 버렸는데, 이런 마당에 예(禮)가 어디 붙어 있을 수 있겠는가? 이제 그 바탕을 급히 찾아야 할 급박한 시점에 어찌 그 문식(文)을 걱정하고 있을 수 있겠는가? 그래서 인(仁)을 당해서는 스승에게도 양보하지 않는다고 하였으니, 바로 이런 경우를 두고 말한 것이다.」

(董仲舒, 『春秋繁路』<竹林>)

■ 공자께서 말씀하셨다. "가르침에는 배우는 자의 유별(類別)이 없다."

子曰 : "有敎無類。"

✤ 소(疏)

① 「공자께서 말씀하셨다. "나는 15살 이상의 사람에게는 가르쳐 주지 않은 적이 없다(自行束脩*以上, 吾未嘗誨焉)."」

(『論語』<述而>)

* '行束脩'(행속수)를 대부분의 주석서들은 "처음 만날 때 바치는 예물인 건육 10포(脯) 이상(束脩)을 바치는 예를 행하는 자(行)"라고 해석하고 있으나, 공자가 배우려고 찾아오는 사람에게 어떤 형태의 물질적인 조건을 부쳤다는 기록은 찾아볼 수 없다. "束脩"는 곧 "束帶脩飾"으로서, 이것은 15살이 되면 몸에 차게 되므로, '行束脩'란 곧 15세란 뜻이다. 여기서는 연령의 제한을 말한 것이다.

② 「남곽혜자(南郭惠子)가 자공(子貢)에게 물었다. "공자의 문하에는 어찌 그리도 잡다한 부류의 인간들이 모여 있소?"

자공이 말했다. "우리 선생님께서는 당신의 몸을 바르게 하시고서 기다리시는데, 오고자 하는 자는 거절하시지 않고, 가고자 하는 자는 말리시지 않습니다. 원래 훌륭한 의원의 문전에는 온갖 병자들이 많고, 나무를 바르게 잡아 주는 기구인 은괄(檃栝) 옆에는 구부러진 나무들이 많이 쌓여 있지 않습니까? 그래서 우리 선생님의 문하에는 많은 부류의 사람들이 섞여 있습니다."」

(『荀子』<法行>)

■ 공자께서 말씀하셨다. "가는 길(道)이 서로 다르면, 그 일을 서로 상의하지 않는다."

子曰: "道不同, 不相爲謀。"

소(疏)

① 「사마천(司馬遷)은 『사기』<老子韓非列傳>에서 말했다. "세상에는, 노자(老子)를 배우는 자들은 유학(儒學)을 배척하고, 유학자들은 또한 노자를 배척한다. 공자는, '가는 길이 서로 다르면, 그 일을 서로 상의하지 않는다'고 말했는데, 그것이 어찌 이와 같이 하라는 말이겠는가."

후세의 유학자들이 한 가지를 들어 쓰고 백 가지를 폐기함으로써 비로소 이동(異同)의 견해가 있게 되었다. 스스로 옳다고 주장하고 상대방을 공격하고 배척하느라 여념이 없는데, 이것은 성인께서 말한, "그 일을 서로 상의하지 않는다"는 말의 참뜻을 잘 모르기 때문이다.」

(劉寶楠, 『論語正義』)

■ 장님 악사(樂師) 면(冕)이 공자를 만나뵈러 왔을 때, 그가 계단 앞에 이르자, 공자께서 말씀하셨다. "계단입니다."

그가 자리에 이르자, 공자께서 말씀하셨다. "자리입니다."

모두 자리에 앉자, 공자께서 그에게 일러 주셨다. "아무개는 여기 있고, 아무개는 여기 있습니다."

악사 면(冕)이 나가자, 자장(子張)이 여쭈었다. "이렇게 하는 것이 장님 악사와 더불어 얘기할 때의 도리입니까?"

공자께서 말씀하셨다. "그렇다. 이렇게 하는 것이 본래 장님 악사를 안내하는 도리이니라."

師冕[1]見, 及階, 子曰: "階也." 及席, 子曰: "席也." 皆坐, 子告之曰: "某在斯[2], 某在斯." 師冕出, 子張問曰: "與師言之道與[3]?" 子曰: "然, 固相師[4]之道也."

✤ 주(注)

① 師冕(사면): '師'는 '장님 악사'란 뜻이고, '冕'은 그의 이름이다.

② 某在斯(모재사): "모씨가(某) 여기에(斯) 있다(在)."
③ 與師言之道與(여사언지도여): 앞의 '與'는 개사(介詞)로 '…와 더불어(with)'의 뜻이고, 끝의 '與'는 의문의 뜻을 나타내는 조사(助詞)이다. "장님 악사와(師) 더불어(與) 이야기할 때(言)의(之) 도리(道) 입니까(與)."
④ 相師(상사): "장님 악사를(師) 인도하다(相)." '相'의 고문자형 '✶'은 눈(θ → 目) 앞에 나무지팡이(木)가 있는 모습으로, 본래의 뜻은 '눈을 대신하는 나무,' 즉 '장님들이 짚고 다니는 지팡이'이다. 후에 그 뜻이 확장되어 '돕다,' '안내하다,' '인도하다,' '안내자' 등의 뜻을 갖게 되었다. 재상(宰相), 영상(領相), 수상(首相) 등에서의 '相'은 깊은 궁궐 속에 앉아 있어서 나라 안의 돌아가는 실상을 직접 볼 수 없는 임금의 눈이 되어 세상 일을 볼 수 있게 해 주는 사람이란 뜻이 내포되어 있다.

✤ 소(疏)

①「"촛불이 없는 어두운 방에 나중에 온 사람이 있을 때, 이미 와 앉아 있는 사람들의 이름을 하나하나 말해 주는데, 장님을 안내해 줄 때도 역시 이와 같이 한다."」

(『禮記』<少儀>)

16. 季氏(계씨)

● ● ● ● ● ● ● ● ● ●

■ 노(魯) 나라의 최고 권세가인 계씨(季氏)가 노나라의 영토 안에 있는 속국(附庸)인 전유(顓臾)를 쳐서 빼앗으려 했다. 〔당시 계씨의 가신으로 있던〕 염유(冉有)와 자로(子路)가 공자를 찾아뵙고 말했다. "계씨가 전유를 상대로 군사를 일으키려 하고 있습니다."

공자께서 말씀하셨다. "구(求: 冉有)야! 그 일이라면 너를 탓해야 되지 않겠느냐? 전유는 옛날 주(周)의 선왕들께서 동몽산(東蒙山)의 산신에게 제사지낼 제주(祭主)로 삼으셨을 뿐 아니라, 노나라 영토 안에 봉해져 있는 속국이며, 또한 노나라의 사직신(社稷臣)이니라. 그런데도 어찌 계씨가 그를 친다는 말이냐?"

염유가 말했다. "계씨가 그렇게 하려는 것이지, 저희 둘은 그것을 바라지 않고 있습니다."

공자께서 말씀하셨다. "구(求)야! 옛날 주임(周任)이란 분이 한 말이 있느니라. '힘껏 노력하여 관직에 나아가되, 뜻을 펼 수 없으면 그만둔다'라고. 위태로운데도 지탱해 줄 수 없고, 넘어지는데도 부축해 줄 수 없다면, 그런 지팡이는 장차 어디에 쓴단 말이냐? 그리고 너의 말도 잘못되었느니라. 범이나 외뿔소가 우리에서 튀어나오거나, 점을 칠 때 사용하는 영물(靈物)인 거북의 껍질이나 귀한 보물인 옥(玉)이 궤 안에서 깨어진다면, 그것은 누구의 잘못이겠느냐?"

염유가 말했다. "전유는 그 성이 견고하고 계씨의 사유지인 비읍(費邑) 가까이 있으므로, 만약 지금 쳐서 빼앗지 않는다면 후세에 반드시 계씨의 자손들에게 우환거리가 될 것입니다."

공자께서 말씀하셨다. "구(求)야! 군자는 솔직하게 '그것을 원합니다'고 말하지 않고 거기다가 온갖 핑계를 갖다 붙이는 것을 싫어하느니라. 내가 듣기로는, 제후나 대부들은 '가난한 것을 걱정하지 않고 고르지 못한 것을 걱정하며, 백성들의 수가 적은 것을 걱정하지 않고 나라가 안정되지 못한 것을 걱정한다'고 했다. 대개 재물이 고르게 분배되면 가난한 자가 없어지고, 위아래가 화목하면 [먼 나라 사람들까지 귀순해 올 것이므로] 인구가 적은 문제는 없어질 것이고, 나라가 안정되면 기울어져 엎어지는 일이 없을 것이다. 이렇게 하였는데도 먼 나라 사람들이 귀순해 오지 않으면 문(文)의 덕(德)을 닦음으로써 귀순해 오도록 해야 한다. 그들이 이미 귀순해 온 다음에는 그들을 편안하게 해 주어야 한다.

그런데 지금 유(由: 子路)와 구(求: 冉有)는 계손씨를 보좌하고 있으면서 먼 나라 사람들이 귀순해 오지 않는데도 그들을 귀순해 오도록 하지 못하고, 나라가 쪼개지고 무너지고 떨어져 나가도 그것을 지키지 못하면서, 도리어 나라 안에서 무력을 사용할 꾀나 내고 있으니, 나는 계손씨의 우환거리는 전유에 있지 않고 집 담장 안에 있지 않나 걱정된다."

季氏將伐顓臾[1]。冉有, 季路見於孔子曰: "季氏將有事於顓臾。"孔子曰: "求! 無乃爾是過與[2]? 夫顓臾昔者先王以爲東蒙主[3], 且在邦域之中矣, 是社稷之臣也。何以伐爲④?" 冉有曰: "夫子欲之, 吾二臣者, 皆不欲也。" 孔子曰: "求! 周任有言曰: '陳力就列, 不能者止.' 危而不持, 顚而不扶, 則將焉用彼相矣? 且爾言過矣, 虎兕出於柙, 龜玉毀於櫝中, 是誰之過與?" 冉有曰: "今夫顓臾, 固而近於費, 今不取, 後世必爲子孫憂。" 孔子曰: "求! 君子疾夫舍曰欲之而必爲之辭⑤。丘也聞有國有家者, 不患貧(寡)而患不均⑥, 不患寡(貧)而患不安。蓋均無貧, 和無寡, 安無傾。夫如是, 故遠人不服, 則修文德以來之。旣來之, 則安之。今由與求也, 相夫子, 遠人不服, 而不能來也; 邦分崩離析, 而不能守也; 而謀動干戈於邦内。吾恐季孫之憂, 不在顓臾, 而在蕭牆之内⑦也。"

●●●●●●●●●●

✤ 주(注)

① 顓臾(전유): 노(魯)의 속국〔屬國: 이를 부용(附庸)이라 함〕으로, 지금의 산동성 동쪽의 비현(費縣)의 서북에 있었다.

② 無乃爾是過與(무내이시과여): "자네를(爾) 탓해야(過) 하지 않겠느냐(無乃… 與)." '無乃'는 '…이 아닐까'라는 추측의 뜻을 나타내는 어기사. '爾是過與'는 본래 평서문인 '過爾'(너를 탓하다: blame you)가 의문문이 되면서 대사 빈어(목적어) '爾'가 동사 '過'의 앞으로 오고, 빈어 전치를 나타내는 조사(助詞) '是'(=之)가 부가된 후, 문말에 의문의 어기를 나타내는 '與'가 추가된 것이다. "너를 탓해야겠지?"란 뜻이다.

③ **東蒙主**(동몽주): 동몽산의 산신에게 제사지낼 때의 제주(祭主).
④ **何以伐爲**(하이벌위): "어찌하여(何以) 치려는가(伐爲)." 여기서 '爲'는 '하다'의 뜻이 아니라 계획의 어기를 나타내는 어기사(語氣詞)이다.
⑤ **疾夫舍曰欲之而必爲之辭**(질부사왈욕지이필위지사): '疾'(미워하다·싫어하다) 이하는 동사 '疾'의 두 개의 빈어절(목적절: ㉠ 舍曰欲之, ㉡ 必爲之辭)이 되고, 첫번째 빈어절 내에서 '曰欲之'(그것을 바란다고 말하고)는 다시 '舍'(버려두다)의 빈어절이 되고, 두번째 빈어절에서 '爲之辭'는 "그것에게(之) 변명을(辭) 행한다(爲)"는 뜻으로, 여기서 '之'는 동사 '爲'의 간접빈어, '辭'는 직접빈어가 된다. 그리고 '夫'는 지시어(指示語)로서, '疾'의 빈어절(목적절) 전체를 가리킨다. 『맹자』<양혜왕上>의 "疾視其長上之死而不救"와 같은 형식의 문장이다.
⑥ **不患貧(寡)而患不均**〔불환빈(과)이환불균〕: "가난을(貧) 걱정하지 않고(不患) 고르지 못한 것을(不均) 걱정한다(患)." 원문에서는 '貧'과 '寡'가 서로 바뀌어져 있어서 뜻이 매끄럽지 못하다. 본래 경제(재물)에 대해서는 '貧'과 '均'이, 사람(인구)에 대해서는 '寡'와 '和'가, 국가에 대해서는 '安'과 '傾'이 서로 대비를 이룬다. 〔*본문을 『춘추번로』(春秋繁路)의 <제도편>(制度篇)과 『위서』(魏書)의 <장보혜전>(張普惠傳)에 근거하여 바로잡아 해석했다.〕
⑦ **蕭牆之內**(소장지내): '蕭牆'은 제후들의 궁문 바로 앞에 세워놓은 작은 담으로, 군신(君臣)들의 회합을 밖으로 노출시키지 않기 위해 쌓아놓은 것이다. 계손씨는 제후가 아니므로 이런 담을 쌓을 수 없는데도 참람하게 이것을 쌓아 놓았다고 비판하는 뜻이 들어 있다. '蕭牆之內'는 곧 '집 안,' '담장 안'이란 뜻.

❖ 소(疏)

① 「힘껏 간(諫)하는 것은 군주를 올바른 도(道)로 들도록 이끄는 것인바, 굽은 것을 바로 펴고, 틀린 것을 바로잡음으로써 군주의 잘못을 구하려는 것이다. 군주가 잘못하여도 이를 구해주지 않는다면 일을 해치게 되고, 일을 해치게 되면 곧 도(道)가 위태롭게 된다. 그래서 '위태로운데도 지탱해 줄 수 없고 넘어지는데도 부축해 줄 수 없다면, 지팡이는 장차 어디에 쓰겠는가?'라고 한 것이다. 부축해 주는 방법으로는 간(諫)하는 것보다 큰 것이 없다.」

(桓範, 『世要論』<諫爭>)

② 「공자께서는 말씀하셨다. "가난한 것을 걱정하지 않고 고르지 못한 것을 걱정한다"고.

많이 쌓이는 곳이 있으면 반드시 텅 비게 되는 곳이 있게 마련이다. 크게 부유해지면 교만해지고, 교만해지면 난폭해지며, 크게 가난하면 걱정을 하게 되고, 걱정을 하게 되면 도둑질을 하게 된다. 이것이 보통 사람들의 상정(常情)이다. …

부자들은 자신의 귀함을 보여주기에 족할 뿐 교만해지는 데까지 이르지 아니하고, 가난한 자는 삶을 유지하기에 족하여 걱정하기에 이르지 않도록 하는데, 이것을 제도화하여 백성들의 빈부를 조절한다. 이렇게 함으로써 재물은 허실(虛失)이 없어지고 위아래가 서로 편안해지는데, 이렇게 되면 다스리기가 쉬워진다.

위에서는 대인(大人)들이 부족할까봐 걱정하고, 아래에서는 소인(小人)들이 굶주려 말라 가며, 부자들은 더욱 이(利)를 탐하면서 의(義)를 행하려 하지 않고, 가난한 자들은 날마다 금법(禁法)을 어기는데도 이를 그치게 할 수 없다면, 세상은 다스리기 어려울 것이다.」

(董仲舒, 『春秋繁路』<制度>)

■ 공자께서 말씀하셨다. "사귀어서 유익한 벗에 세 종류가 있고, 사귀어서 해로운 벗에 세 종류가 있다. 정직한 사람을 벗하고, 신실한 사람을 벗하고, 견문이 넓은 사람을 벗하면 유익하다. 아첨하면서 남의 비위를 잘 맞추는 사람을 벗하고, 면전에서는 공손하나 돌아서면 헐뜯는 사람을 벗하고, 번지르르하게 말을 잘하는 사람을 벗하면 해롭다."

子曰: "益者三友, 損者三友。友直, 友諒①, 友多聞, 益矣。友便辟②, 友善柔③, 友便佞④, 損矣。"

✤ 주(注)

① **友諒**(우량) : "신실한 자를(諒) 벗하다(友)."
② **便辟**(편벽) : 눈치가 빨라서 남의 비위를 잘 맞추는 사람.
③ **善柔**(선유) : 면전에서 보이는 태도와 돌아섰을 때의 태도가 전혀 다르게 행동하는 사람.
④ **便佞**(편녕) : 하는 말이 교묘하고 번지르르한 사람.

✤ 소(疏)

①「공자께서 말씀하셨다. "선(善)한 사람과 함께 있는 것은 마치 난초(蘭草)와 지초(芷草)가 있는 방에 들어가는 것과 같다. 오래 있으면 그 향기를 느낄 수 없게 되는데, 그 향기에 동화(同和)되기 때문이다. 악(惡)한 사람과 함께 있는 것은 마치 생선가게에 들어가는 것과 같다. 오래 있으면 그 비린내를 느낄 수 없게 되는데, 역시 그 비린내에 동화되기 때문이다."」

(劉向, 『說苑』<雜言>)

②「그러므로 군자는 그 거취(去就)를 신중히 해야 한다. 군자와 더불어 교유하면 자라남이 날마다 더해지지만 스스로는 그것을 알지 못하며, 소인들과 더불어 놀게 되면 마치 살얼음을 밟는 것처럼 밟을 때마다 조금씩 내려앉는다. 결국 물에 빠지지 않을 자가 얼마나 되겠느냐?」

(『大戴禮記』<曾子疾病>)

③「사람이 살아가면서 벗을 사귀지 않을 수 없고, 벗을 사

귐에 있어서는 가리지 않을 수가 없다. 벗이 정직하고, 신실하고, 견문이 넓으면 수시로 자신의 잘못을 지적받아 들을 수 있고, 자신이 알지 못했던 것을 듣게 되고, 선을 키우고 실수를 막을 수 있으며, 심흉을 열게 되므로 학문과 덕업(德業)은 나날이 높고 밝은 데로 나아간다.

만약 남의 비위나 잘 맞추고, 면전에서는 공손하나 뒤돌아서서는 헐뜯고, 번지르르하게 말 잘하는 사람들과 함께 지내면, 그들은 나의 비위를 맞추어 주므로 아무도 나를 선으로써 책망해 주지 않는다. 그렇게 되면 매사에 스스로 만족하게 되어 오만함만 자라고 드디어 나쁜 짓까지 하게 되므로, 학문과 덕업은 나날이 퇴보하여 마침내 비루한 인간이 되고 만다.」

(李顒, 『四書反身錄』)

■ 공자께서 말씀하셨다. "즐겨서 유익한 것에 세 가지 즐거움이 있고, 즐겨서 해가 되는 것에 세 가지 즐거움이 있다. 자신의 행동을 예악(禮樂)으로 절제하기를 즐기고, 남의 좋은 점을 칭찬하여 말하기를 즐기고, 현명한 벗들이 많음을 즐기면 유익하다. 교만방자하게 행하는 것을 즐기고, 기분

내키는 대로 놀고 다니기를 즐기고, 질탕하게 먹고 마시기를 즐기면 해가 된다."

孔子曰: "益者三樂, 損者三樂。 樂節禮樂①, 樂道人之善, 樂多賢友, 益矣。 樂驕樂, 樂佚遊, 樂宴樂②, 損矣。"

❊ 주(注)

① 樂節禮樂(낙절예악): "예(禮)와 음악(樂)으로 절제하기를(節) 즐거워하다(樂)."
② 樂宴樂(낙연락): "잔치를 벌여(宴) 즐기기를(樂) 즐거워하다(樂)."

❊ 소(疏)

① 「맹자께서 말씀하셨다. "한 고을의 뛰어난 인물은 한 고을의 뛰어난 인물을 벗으로 사귀고, 한 나라에서 뛰어난 인물은 한 나라에서 뛰어난 인물을 벗으로 사귄다. 만약 천하에 이름난 인물을 벗으로 사귀고도 마음에 차지 않을 때에는 다시 옛날로 거슬러 올라가서 옛 사람을 연구하고 그에게서 배운다. 그 사람이 지은 시를 읊고, 그 사람이 쓴 책을 읽으면서도 그 사람을 잘 알지 못할 수도 있지 않겠느냐? 그래서 그 사람이 살았던 세상을 연구하는 것이다. 이것이 바로 옛

사람을 벗으로 사귀는 방법이니라."」

(『孟子』<萬章下>)

●●●●●●●●●●

■ 공자께서 말씀하셨다. "군자를 모시고 있을 때 저지르기 쉬운 잘못 세 가지가 있다. 자기가 말할 때가 아닌데도 말하는 것으로, 이를 '조급하다'고 하고, 자기가 말해야 할 때인데도 말하지 아니하는 것으로, 이를 '숨긴다'고 하고, 군자의 안색을 살피지도 않고 말하는 것으로, 이를 '눈이 멀다'고 한다."

子曰：" 侍於君子有三愆；言未及之而言謂之躁；言及之而不言謂之隱；未見顏色而言謂之瞽。"

●●●●●●●●●●

❀ 소(疏)

① 「야비한 일을 묻거든 일러 주지 말라. 야비하게 일러 주거든 더 이상 묻지 말라. 야비한 일을 말하거든 듣지를 말라. 다투려는 기색을 보이거든 더불어 변론하지 말라. 반드시 도(道)에 맞게 찾아온 후에야 영접해 주라. 도에 맞지 않게 찾

아오거든 피해 버려라. …

더불어 말할 수 없는데도 말하는 것을 성급하다(傲)고 하고, 더불어 말할 수 있는데도 말하지 않는 것을 숨긴다(隱)고 하고, 그 기색을 살피지도 않고 말하는 것을 눈이 멀다(瞽)고 한다. 군자는 성급해서도 안 되고, 숨겨서도 안 되고, 눈이 멀어서도 안 되느니라.」

(『荀子』<勸學篇>)

■ 공자께서 말씀하셨다. "군자가 경계해야 할 세 가지가 있다. 젊었을 때는 아직 혈기(血氣)가 미정(未定)된 상태에 있으므로 경계해야 할 것은 여색(女色)이고, 장년이 되면 혈기가 한창 왕성하므로 경계해야 할 것은 다툼이고, 노년이 되어서는 혈기가 이미 쇠잔해졌으므로 경계해야 할 것은 탐심(貪心)이다."

子曰: "君子有三戒: 少之時, 血氣未定, 戒之在色; 及其壯也, 血氣方剛, 戒之在鬪; 及其老也, 血氣旣衰, 戒之在得①."

✤ 주(注)

① 得(득) : '得'의 고문자형 '𠭖·𢔨'은 '손'(㸒→寸)에 '조개'
(⊖→貝→旦), 즉 돈이나 재물을 쥐고 있는 모습으로, 본래의
뜻은 '재물을 손에 넣다'이다. 여기서는 재물을 손에 넣으려는
탐심(貪心), 또는 물욕(物欲)을 나타낸다. 노년이 되어 혈기가
쇠약해지면 외물(外物), 즉 재물이나 명성 등에 의지하려는 마
음이 강해진다. 노년이 되어서 감투에 더욱 연연해 하는 사람들
을 어렵지 않게 볼 수 있는 것도 이 때문이다.

✤ 소(疏)

① 「의서(醫書)에서는 혈(血)은 음(陰)에 속하며, 이것이
혈맥(脈) 안에서 움직이는 것을 영(榮)이라 한다. 몸(身)은
이 영(榮)이 기른다(養)고 한다. 그리고 기(氣)는 양(陽)에
속하며, 이것이 혈맥(脈) 밖에서 움직이는 것을 위(衛)라고
한다. 이 위(衛)는 혈(血)을 보한다(輔)고 한다. 이 두 가지
는 한 몸에서 두루 흘러 다니면서 잠시도 쉬지 않는다. 마음
(心)은 혈(血)을 주관하고, 뜻(志)은 기(氣)를 통솔하므로,
자기 마음을 기를 줄 알면 혈기(血氣)를 통제할 수 있게 되
어 어지러운 상태(亂)에 이르지 아니한다. 성인께서 세 가지
의 경계할 일을 말씀하셨으나, 역시 자기 마음만 다잡으면
되는 것이다.」

(許謙, 『讀四書叢說』)

② 「싸우는 자는 자기 몸도 잊어버리고, 자기 부모도 잊어버

리고, 자기 임금도 잊어버리는 자이다. 싸움은 잠시 동안의 분노를 참지 못해 평생 동안 자기 몸까지 상하게 만든다. 싸움은 자기 한 몸뿐 아니라 한 집안을 무너뜨리고 친척들까지 형벌을 면할 수 없게 만든다. 싸움은 임금이 미워하는 바이고, 형법이 금하는 바이다. 아래로는 자기 몸을 잊어버리고, 안으로는 자기 부모도 잊어버리고, 위로는 자기 임금도 잊어버리는 이런 자는 형법도 가만히 내버려 두지 않고, 성왕(聖王)들조차 기르지 않는다. 젖먹이 새끼를 둔 어미 멧돼지가 호랑이한테 덤벼들지 않고, 젖먹이 새끼가 있는 어미 개가 멀리 놀러나가지 않는 것은 자기 혈육을 잊지 않기 때문이다. 그런데 사람이 되어서 아래로는 자기 몸을 잊어버리고, 안으로는 자기 부모를 잊어버리고, 위로는 자기 임금을 잊어버린다면, 그런 자야말로 개나 돼지만도 못한 것이다.」

(『荀子』<榮辱>)

■ 공자께서 말씀하셨다. "군자는 아홉 가지를 생각한다. 볼 때는 모호하지 않고 밝게 보기를 생각하고, 들을 때는 이해 못하는 것이 없도록 분명하게 듣기를 생각하고, 안색은 부드럽고 온화하게 갖기를 생각하고, 용모는 거만하지 않고 공손하게 갖

기를 생각하고, 말을 할 때는 거짓없이 마음 속에 있는 생각을 진실되게 말하기를 생각하고, 일을 할 때는 신중하고 경건한 자세로 임할 것을 생각하고, 의심나는 일은 주저하지 않고 묻기를 생각하고, 화가 날 때는 참지 못하면 장차 곤란한 일이 닥치게 된다는 것을 생각하고, 이득을 눈앞에 두고는 그것이 의(義)에 합당한지 않은지를 생각한다."

子曰: "君子有九思: 視思明, 聽思聰, 色思溫, 貌思恭, 言思忠, 事思敬, 疑思問, 忿思難, 見得思義。"

소(疏)

① 「관중(管仲)과 습붕이 환공(桓公)을 따라 고죽국(孤竹國)을 정벌하러 갔는데, 봄에 출발했다가 겨울에 돌아오게 되어 길을 잃고 헤매게 되었다. 그때 관중이 말했다.

"늙은 말의 지혜를 이용해 보자."

그리고는 늙은 말을 풀어주어 맘대로 가게 해 놓고는 그 뒤를 따라가서 마침내 길을 찾았다.

산속을 지나갈 때 물이 없어 군사들이 목말라 하자, 습붕이 말했다.

"개미는 겨울에는 산의 양지 쪽에 살고, 여름에는 산의 음지 쪽에 사는데, 개미둑이 한 촌(寸) 정도 높으면 그 아래

칠팔 척(尺) 되는 땅 속에는 물이 있다."

그리고는 개미집이 있는 곳의 땅을 파서 마침내 물을 얻었다.

관중과 같은 성명(聖明)과 습붕과 같은 지혜로써도 그들이 알지 못하는 것에 대해서는 늙은 말과 개미에게 묻기를 주저하지 않았다. 그런데 지금 사람들은 자신들의 어리석은 마음으로써도 성인들의 지혜를 배울 줄 모르니, 이 또한 잘못이 아닌가?」

(『韓非子』<說林上>)

② 「이익을 보고는 그것이 의로운 것인지 아닌지를 생각하고(見利思義), 위험에 직면해서는 자기 목숨을 내어 놓을 것을 생각하고(見危授命), 오랫동안 곤궁한 처지에 있더라도 평소에 한 말을 잊지 않는다면(久要不忘平生之言), 역시 온전한 인격의 인간이 될 수 있을 것이다.」

(『論語』<憲問>)

■ 공자께서 말씀하셨다. "선(善)을 보게 되거든 자칫하면 자신은 거기에 미치지 못하고 뒤떨어질까 봐 걱정하듯 하고, 선하지 못한 것을 보게 되거든 마치 끓는 물에 손을 넣었을 때처럼 하라.

은거(隱居)하면서도 자신의 뜻을 추구하고, 세상에 나아가서는 의(義)를 행함으로써 자신의 이상을 실현하라."

子曰: "見善如不及, 見不善如探湯①。隱居以求其志, 行義②以達其道。"

✤ 주(注)

① **如探湯**(여탐탕) : "끓는 물 속에(湯) 손을 넣거나 만졌을 때(探) 뜨거워서 잠시도 견디지 못하고 재빨리 손을 빼내듯이 한다(如)."
② **行義**(행의) : "의를(義) 행하다(行)." '求其志'는 은거할 때의 실천사항이고, '行義以達其道'는 세상(관직)에 나아갔을 때 추구할 목표이다.

✤ 소(疏)

① 「이윤(伊尹)은 신국(莘國)의 들에서 농사를 지으면서 요순(堯舜)의 도(道)를 즐거움으로 삼았다. 그는 만약 의(義)가 아니고 도(道)가 아닌 일은 비록 천하를 그 봉록으로 준다고 하더라도 돌아보지 않았고, 행차 때 네 마리의 말이 끄는 수레 천 대가 뒤따르는 호화로움조차 쳐다보지도 않았다. 만약 의(義)가 아니고 도(道)에 어긋난다면 지푸라기 하나도 남에게 주지 않았고, 지푸라기 하나도 남에게서 받지 않

았다.

탕(湯) 임금이 사람을 시켜 예물을 보내면서 그를 초빙하려 하였으나, 그는 느긋하게 말했다. "탕 임금이 보낸 예물을 받아 무얼 하겠느냐? 그의 초빙에 응하는 것이 어찌 촌에서 농사를 짓고 살면서 요순의 도(道)를 즐기는 것만 하겠느냐?"라고. 그리고는 초빙에 응하지 않았다.

탕 임금이 세 차례나 사람을 보내어 그를 초빙하자, 그제서야 마음을 바꾸면서 말했다. "내가 촌에서 농사짓고 살면서 혼자 요순의 도(道)를 즐기는 것보다야 탕 임금을 요순과 같은 임금으로 만들어 보는 것이 더 낫지 않겠는가? 내가 이 백성들을 요순 시대의 백성들처럼 만들어 보는 것이 더 낫지 않겠느냐? 나 자신이 요순 시대와 같은 좋은 세상을 직접 한번 살아 보는 것이 더 낫지 않겠느냐? 하늘이 이 백성들을 낳아 기름에 있어서, 먼저 알고 먼저 깨달은 자(先知先覺者)로 하여금 뒤늦게 알고 뒤늦게 깨치는 자들을 알게 해 주고 깨우쳐 주도록 했다. 나는 이 요순의 도(道)로써 이 백성들을 깨우쳐 주리라. 만약 내가 이들을 깨우쳐 주지 않는다면, 누가 이들을 깨우쳐 주겠는가?"라고.

이처럼 천하의 중임(重任)을 떠맡고 나섰으므로, 그는 탕 임금에게 나아가서 포악한 하(夏)의 걸왕(桀王)을 쳐서 고통받고 있던 백성들을 구해 내도록 설득했던 것이다.」

(『孟子』<萬章上>)

■ 제 경공(齊景公)은 말 사천 마리나 가지고 있을 정도로 부와 영화를 누렸지만, 그가 죽는 날에 백성들은 그에 대하여 무슨 덕(德)이 있었던 사람이라고 칭송할 수 없었다.

　　백이(伯夷)와 숙제(叔齊)는 수양산 아래에서 굶어 죽었으나, 백성들은 지금까지도 그를 칭송하고 있다.

齊景公有馬千駟①, 死之日, 民無德而稱焉②。伯夷叔齊餓于首陽之下, 民到于今稱之。

✤ 주(注)

① 千駟(천사): 하나의 수레(乘)을 끄는 네 마리의 말을 '駟'(사)라 한다. 따라서 '千駟'는 수레 천 대, 또는 말 사천 마리이다.
② 無德而稱焉(무덕이칭언): '焉'은 '於是'의 뜻이다. "그에(是) 대하여(於) 칭송할(稱) 덕이(德) 없다(無)."

■ 공자의 제자인 진항(陳亢)이 공자의 아들 백어(伯魚)에게 물었다. "당신은 틀림없이 선생님한테서 남다른 가르침을 받았겠지요?"

백어가 대답했다. "아닙니다. 일찍이 부친께서 혼자 서 계실 때 제가 종종걸음으로 마당을 지나가는데, 저를 부르시더니 말씀하셨습니다. '시(詩)를 배웠느냐?'하고. 그래서 제가 '못 배웠습니다'고 대답했더니, '시(詩)를 배우지 않고는 말을 할 수가 없느니라'라고 말씀하셨습니다. 그래서 저는 물러나와 시를 공부했습니다.

다른 날 또 혼자 서 계실 때 제가 종종걸음으로 마당을 지나가는데, 저를 부르시더니 말씀하셨습니다. '예(禮)를 배웠느냐?'하고. 그래서 제가 '못 배웠습니다'하고 대답했더니, '예를 배우지 않고는 사회에 나가 설 수가 없느니라'하고 말씀하셨습니다. 그래서 저는 물러나와 예(禮)를 공부했습니다. 제가 따로 들은 것은 바로 이 두 가지뿐입니다."

진항은 물러나와 기뻐하며 말했다. "한 가지를 물었는데 세 가지를 들어 알게 되었다. 시(詩)에 대해 들어 알게 되었고, 예(禮)에 대해 들어 알게 되었으며, 또 군자는 자기 자식과 거리를 둔다는 것도 들어 알게 되었다."

陳亢問於伯魚曰:"子亦有異聞乎?" 對曰:"未也。嘗獨立, 鯉趨而過庭, 曰:'學詩乎?' 對曰:'未也。' '不學詩, 無以言。' 鯉退而學詩。他日又獨立, 鯉趨而過庭, 曰:'學禮乎?' 對曰:'未也。' '不學禮, 無以立。' 鯉退而學禮。聞斯二者。" 陳亢退而喜曰: "問一得三①, 聞詩, 聞禮, 又聞君子之遠其子也。"

✤ 주(注)

① 得三(득삼): 세 가지, 즉 시(詩)를 배우는 것의 중요성, 예(禮)를 배우는 것의 중요성, 공자께서는 대공무사(大公無私)하시어 자기 아들의 교육과 자기 제자들의 교육 사이에 아무런 차별을 두지 않고, 자기 아들이라고 더 편애(偏愛)하지도 않는다는 것을 들어서 알게 되었다는 뜻이다.

■ 한 나라 군주의 처(妻)를 호칭할 때, 군주 자신은 자기 처를 '부인'(夫人)이라 부르고, 군주의 처는 자기 자신을 '소동'(小童)이라 부르고, 그 나라

사람들은 '군부인'(君夫人)이라 부르고, 다른 나라 사람들 앞에서 부를 때는 '과소군'(寡小君)이라 하고, 다른 나라 사람들은 역시 '군부인'(君夫人)이라 부른다.

邦君之妻, 君稱之曰夫人, 夫人自稱曰小童; 邦人稱之曰君夫人, 稱諸異邦曰寡小君; 異邦人稱之亦曰君夫人。

소(疏)

① 「공(公)과 후(侯)에게는 부인(夫人)이 있다. 그 부인이 천자 앞에서 자신을 부를 때는 '노부'(老婦)라 부르고, 다른 제후들 앞에서 자신을 부를 때는 '과소군'(寡小君)이라 부르고, 자기 군주 앞에서 자신을 부를 때는 '소동'(小童)이라 부른다.」

(『禮記』<曲禮>)

17. 陽貨(양화)

■ 노(魯) 나라의 대부(大夫) 양화(陽貨)가 공자를 만나보고자 했으나 공자께서 그를 만나 주지 않자, 〔공자가 자기 집에 찾아오게 하려고〕 공자에게 삶은 돼지를 보냈다. 〔* 높은 사람이 아랫 사람에게 예물을 보냈는데, 마침 집에 없어서 직접 받지 못했을 때는, 보낸 사람의 집으로 직접 찾아가서 인사를 하는 것이 당시의 예법이었다.〕 공자께서는 〔그를 만나보고 싶지는 않았으나 예법을 무시할 수도 없어서〕 양화가 집에 없는 때를 살펴서 그의 집으로 찾아가서 문 앞에서 절을 했다. 그리고 돌아오는 도중에 양화를 만나셨다.

양화가 공자께 말했다. "이리 오시오. 내가 그

대에게 할 말이 있소." 그리고 이어서 말했다. "보배로운 능력을 지니고서도 나라 사정이 혼란한 채 그대로 내버려 둔대서야 인(仁)하다고 할 수 있겠소?" 〔공자께서 아무런 대답이 없자〕 그가 이어서 말했다. "그렇다고 할 수 없겠지요. 정사에 참여하고 싶어하면서도 번번이 기회를 놓친대서야 지혜롭다고 할 수 있겠소?" 〔그래도 공자께서 아무런 대답을 않으시자〕 그가 이어서 말했다. "그렇다고 할 수 없겠지요. 시간은 흘러가고 세월은 나를 기다려 주지 않소."

〔그제서야〕 공자께서 말씀하셨다. "알겠습니다. 나도 장차 관직에 나아갈 생각입니다."

陽貨欲見孔子, 孔子不見, 歸孔子豚。孔子時其亡① 也, 而往拜之。遇諸塗。謂孔子曰: "來! 予與爾言。" 曰②: "懷其寶而迷其邦, 可謂仁乎?" 曰②: "不可。好從事而亟失時, 可謂知乎?" 曰②: "不可。日月逝矣, 歲不我與③。" 孔子曰: "諾, 吾將仕矣。"

주(注)

① 時其亡(시기망): "그가(其 = 陽貨) 없을(亡) 때를 틈보다(時)." 여기서 '時'는 '틈을 보다,' '때를 맞추다' 등의 뜻을 나

타내는 동사로 쓰였다. 〔『맹자』에는 "瞰其亡"(감기망)으로 되어 있다.〕공자가 이렇게 한 이유에 대해서는 『孟子』<滕文公下>에 자세히 설명되어 있다.

② 曰(왈): 본문의 세 개 '曰'은 모두 양화가 자문자답의 형식으로 말한 것이고, 양화의 물음에 공자가 대답하여 말한 것이 아니다. 이에 대하여 주자(朱子)는 "물음에 대하여 곧장 대답한 것은 이치가 곧기 때문이다"고 하면서, 양화의 뻔한 물음에 공자가 두 번이나 계속 어린애처럼 "안 되지요"라고 대답한 것으로 해석하고 있으나, 이는 틀린 해석이다. 공자의 말은 끝의 '孔子曰'로 이어진 부분만이다. 한문에서 "한 사람이 스스로 묻고 스스로 대답할 때는 '曰'字를 가하여 이를 구별한다." (王引之,『經傳釋詞』)

③ **歲不我與**(세불아여): "세월은(歲) 나와(我) 함께하지(與) 않는다(不)." 이것은 긍정문 "歲與我"가 부정문으로 바뀌면서 '歲不與我' → '歲不我與'처럼 빈어(목적어)인 대사(我)가 동사(與) 앞으로 온 형식이다.

✤ 소(疏)

① 「"懷寶迷邦"(회보미방)과 "好從事失時"(호종사실시)의 두 가지 질문과 대답은 모두 양화와 공자가 주객(主客)이 되어 행해진 대화이다. 그런데도 "日月逝矣, 歲不我與" 아래에 다시 「孔子曰」이란 세 자를 덧붙인 이유는 무엇인가? 이는 앞의 두 개의 대답이 모두 공자의 말이 아니고, 공자의 대답은 다만 이 구(句)뿐임을 말한 것이 아니겠느냐? 명(明)의 유학자 학경산(郝京山)은 말했다. "앞의 두 '曰'(왈)

자는 모두 양화의 말로서, 스스로 묻고 대답한 것이며, 반드시 그래야 한다는 이치를 단정해서 한 말이다.

이는 『사기』<유후(장량)세가>(留侯世家)에서, 장량(張良)이, 멸망한 여섯 나라의 후예들을 다시 일으켜 세우려는 여이기(酈食其)의 계책을 반박하면서, 유방(劉邦)에게 여덟 가지 불가한 이유(八不可)를 열거하면서 말하기를, '지금 폐하께서는 항우(項羽)가 죽을 힘을 다해 항거해 온다면, 그것을 제압할 수 있습니까? 할 수 없지요.' (今陛下能制項籍之死命乎? 曰, 未能也。) '항우의 목을 벨 수 있습니까? 벨 수 없지요.' (能得項籍之頭乎? 曰, 未能也。) '성인들의 묘역을 봉(封)해 주고, 현자(賢者)의 마을을 표방해 주고, 지자(智者)의 집 문 앞에서 절을 할 수 있습니까? 할 수 없지요.' (能封聖人之墓, 表賢者之閭, 式智者之門乎? 曰, 未能也。) ……고 했는데, 이는 모두 장량이 스스로 묻고 대답한 것이지, 결코 장량이 묻고 유방이 대답한 것이 아니다.

「漢王輟食吐哺, 罵曰…」(유방은 밥상을 물리치고 입안에 있던 음식을 내뱉으며, 욕을 하여 말했다…)에 이르러, 그 이하의 것들만이 유방의 대답이다. 본 장(章)에서도 「孔子曰」이하의 것만이 공자의 말이다. 공자의 대답은 이것뿐이기 때문에 기록하는 자가 일부러 「孔子曰」 세 자를 덧붙여 구별한 것이다."」

(毛奇齡, 『論語稽求』)

■ 공자께서 말씀하셨다: "인간의 본성은 본래 서로 비슷하지만, 습관이나 풍속에 의해 서로 달라지고 거리가 멀어진다."

子曰: "性相近也, 習相遠也."

소(疏)

① 「흰 천의 바탕은 희지만, 이것을 검은 색으로 물들이면 검어진다. 명주의 본성은 누런 색이지만 이를 붉은 색으로 물들이면 붉게 된다. 사람의 본성에는 사악(邪惡)함이 없지만, 세속에 오래 담겨 있으면 바뀌어지고, 바뀌어지면 그 본성을 잃어 버린다. 그러므로 해와 달이 밝고자 해도 구름이 그것을 덮어 가리고, 강물이 맑고자 해도 흙과 모래가 그것을 흐리게 하며, 사람의 본성이 평정(平靜)을 바라더라도 기호(耆好)와 욕망이 그것을 해친다. 성인만이 물질에서 벗어나 본래의 자신에게로 돌아갈 수 있다.」

(劉安, 『淮南子』<繆稱>)

② 「바른 사람과 함께 살면서 바르지 않게 될 수 없으니, 이는 마치 제(齊) 나라에서 태어나 자라면서 제 나라 말을 하지 않을 수 없는 것과 같다. 바르지 못한 사람과 함께 살면서 바르게 될 수 없으니, 이는 마치 초(楚) 나라 땅에서 태

어나 자라면서 초 나라 말을 하지 않을 수 없는 것과 같다.

저 오랑캐 나라 사람과 월(越) 나라 사람은 태어날 때에는 같은 소리를 내면서 울었으나, 자라는 환경이 다르고, 습속이 다르고, 좋아하는 것이 서로 달라서, 그가 자라면서 성인이 되어서는 통역해 주는 사람이 없으면 서로 말이 통할 수 없게 되는데, 이는 교육과 습관이 그렇게 만드는 것이다.」

(班固, 『漢書』<賈誼傳>)

──────────── ● ● ● ● ● ● ● ● ● ● ────────────

■ 공자께서 말씀하셨다. "중유(仲由)야! 너는 여섯 가지 덕(德)이 갖기 쉬운 여섯 가지의 병폐에 대하여 들어 본 적이 있느냐?"

중유가 대답했다. "없습니다."

〔공자께서 말씀하셨다〕. "거기 앉거라! 내가 너에게 말해 주마. 인(仁)을 좋아하면서 배우기를 좋아하지 않으면, 그 폐단은 어리석은 자(愚)가 되는 것이다. 지(知)를 좋아하면서 배우기를 좋아하지 않으면, 그 폐단은 이랬다 저랬다 하게(蕩) 된다. 신(信)을 좋아하면서 배우기를 좋아하지 않으면, 그 폐단은 남에게 이용당하여 자신을 해치게(賊) 되는 것이다. 곧기(直)를 좋아하면서 배

우기를 좋아하지 않으면, 그 폐단은 박절해져서 (絞) 남의 가슴을 아프게 만드는 것이다. 용감함 (勇)을 좋아하면서 배우기를 좋아하지 않으면, 그 폐단은 난을 일으키게(亂) 되는 것이다. 강직함 (剛)을 좋아하면서 배우기를 좋아하지 않으면, 그 폐단은 제멋대로 날뛰게(狂) 되는 것이다."

子曰: "由也! 女聞六言①六蔽矣乎?" 對曰: "未也." 曰: "居! 吾語女; 好仁不好學, 其蔽也愚. 好知不好學, 其蔽也蕩②. 好信不好學, 其蔽也賊③. 好直不好學, 其蔽也絞④. 好勇不好學, 其蔽也亂. 好剛不好學, 其蔽也狂."

● ● ● ● ● ● ● ● ●

✣ 주(注)

① 六言(육언): 여기서 '言'은 곧 '德'의 뜻이다.
② 蕩(탕): 본래의 뜻은 '물이 출렁이며 흘러간다'는 뜻으로, 여기서는 일정하게 지켜 나갈 기준도 원칙도 없이 '이랬다 저랬다 하다,' '제멋대로 행동하다,' '방종하다'는 뜻이다.
③ 賊(적): '해치다,' '다치다'는 뜻이다.
④ 絞(교): 본래의 뜻은 '끈을(絲) 교차시켜 가면서(交) 꽁꽁 묶다'이다. 그리하여 '목매다,' '결박하다,' '엄하다' 등의 뜻을 갖게 되었는데, 여기서는 전후좌우의 사정을 고려하여 중용(中庸)을 취하지 못하고 외골수로 행동한다는 뜻이 들어 있다.

❋ 소(疏)

① 「천하에 난리가 일어나자 유평(劉平)은 노모(老母)와 함께 초야에 숨어 살았다. 그는 아침에 밥을 구걸하러 나갔다가 굶주린 도적들을 만났다. 도적들이 그를 잡아 삶아 먹으려 하자 그는 머리를 땅에 조아리면서 말했다.

"오늘 아침 노모를 위해 밥을 빌러 나왔는데, 노모께서는 제가 얻어 드리는 밥으로 연명해 가고 계십니다. 원컨대, 먼저 돌아가서 어머님께 얻어온 밥을 드리고, 밥을 다 드신 후에 다시 돌아와서 죽을 수 있게 해 주십시오."

그리고는 눈물을 뚝뚝 흘리면서 울었다. 도적들이 그의 지성(至誠)을 보고 애처롭게 생각하여 보내 주었다. 그는 돌아와서 노모께 빌어온 밥을 드리고, 식사가 끝나기를 기다려 전후 사정을 어머님께 고해 올렸다. "저는 도적들과 누누히 약속을 했습니다. 비록 도적들과 한 약속이지만, 그들을 속이는 것은 의(義)가 아닙니다."

그리고는 드디어 노모를 홀로 남겨 두고 도적들에게 돌아갔다.」

(班固,『漢書』<劉平傳>)

■ 공자께서 말씀하셨다. "자네들은 어째서 시(詩)를 배우지 않느냐? 시는 선한 일을 하게끔 사람의 감정과 의지를 고취시켜 주고(興), 사물에 대한 관찰력을 키워 주고(觀), 사람들과 어울리면서 조화를 이룰 수 있게 해 주고(群), 비유를 통하여 정치나 사회에 대한 원망과 비판도 할 수 있게 해 준다(怨). 가깝게는 부모를 섬기고, 멀게는 임금을 섬길 수 있게 해 주며, 새와 짐승, 그리고 풀과 나무의 이름도 많이 알 수 있게 해 준다."

子曰: "小子! 何莫學夫詩? 詩, 可以興①, 可以觀②, 可以群③, 可以怨④。邇之事父, 遠之事君; 多識於鳥獸草木之名。"

✤ 주(注)

① 興(흥): 선(善)한 일을 시로 노래함으로써 사람의 감정이나 의지를 고취, 격발해 주는 것. 시에는 풍(風), 부(賦), 비(比), 흥(興), 아(雅), 송(頌)의 여섯 가지가 있는데, 풍(風)은 한 나라의 풍속을, 부(賦)는 정치나 교화의 선·악을 직설적으로 서술하는 형식이다. 비(比)는 현실의 실정(失政)이나 잘못을 비유로써 지적하는 것이고, 흥(興)은 현실의 선과 미덕을 비유

로써 칭송하는 것인데, 여기서 말하는 흥(興)에는 비(比)와 부(賦)가 포함되어 있는 것으로 볼 수 있다.
② 觀(관) : 풍속의 성(盛)과 쇠(衰)를 관찰하다.
③ 群(군) : 서로 조화를 이루며 무리를 지어 살아가다.
④ 怨(원) : 현실 정치나 지배자의 실정(失政)을 풍자로써 비판하거나 원망하다.

✤ 소(疏)

① 「옛날 제후나 경(卿) 대부(大夫)들이 이웃 나라들과 접촉할 때에는 직설적인 대화는 거의 하지 않고 미언(微言)으로써 서로 느껴서 통하도록 했다. 서로 만나 인사하고 예우할 때에는 반드시 시를 인용하여 자기의 뜻을 알렸으며, 그것을 얼마나 정확히 이해하느냐의 정도로써 그 사람의 현(賢), 불초(不肖)를 구별하였고, 그 나라 정치나 풍속의 성쇠(盛衰)를 판단하였다. 그래서 공자는 "시를 배우지 않으면 말을 할 수 없다"고 했던 것이다.」

(班固, 『漢書』<藝文誌>)

■ 공자께서 말씀하셨다. "'예(禮)다, 예다'고 말하지만, 예가 어디 옥(玉)이나 비단(帛) 등 폐백만

을 말하는 것이겠느냐? '음악(樂)이다, 음악이다'
고 말하지만, 음악이 어디 종이나 북 등 악기의
연주만을 말하는 것이겠느냐?"

子曰: "禮云禮云, 玉帛云乎哉? 樂云樂云, 鐘鼓
云乎哉?"

❀ 소(疏)

①「음악이란, 타악기〔黃鍾〕와 관악기〔大呂〕와 현악기〔弦〕
와 노래〔歌〕와 손에 잡고 춤을 추는 기구 따위를 말하는 것
이 아니다. 이들은 음악의 말절(末節)에 속하는 것들이다.
그러므로 동자(童子)들이 이에 맞춰 춤을 추게 하는 것이다.
자리를 펴고, 술통이나 제기를 진열하여 제물을 차리고, 계
단을 오르내리는 방법 등을 예(禮)라고 하지만, 이것들은 예
의 말절(末節)에 속하는 것들이다. 그러므로 이런 일은 담당
관원(有司)들이 관장하게 하는 것이다.」

(『禮記』<樂記>)

②「예(禮)에서 소중하게 여기는 것은 그 뜻(志)에 있다.
뜻이 진지하고 경건하며 절차가 구비되면, 군자는 예를 아는
자로 인정해 준다. 뜻이 온화하고 음(音)이 고상하면, 군자
는 음악을 아는 자로 인정해 준다. 뜻이 슬프고 거처함이 검
약하면 군자는 상례(喪禮)를 아는 자로 인정해 준다. 뜻은

바탕(質)이고 물건은 장식(文)인 바, 장식은 바탕에 붙어 다니는 것이다. 바탕이 장식을 붙어 있게 해 주지 않으면, 그 장식이 바탕에 무엇을 베풀어 줄 수 있겠느냐? 바탕과 장식 둘 다 구비된 다음에야 예(禮)가 완성된다. 그러나 만약 둘 다 구비할 수 없어서 어느 한 가지만 행할 수밖에 없다면, 차라리 장식은 없고 바탕만 있는 편이 더 낫다.」

(董仲舒,『春秋繁路』<玉杯>)

●●●●●●●●●●

■ 공자께서 말씀하셨다. "안색은 엄하고 무섭게 가지면서 내심은 나약한 사람은, 이를 소인(小人)들에 비유하자면, 남의 집 담에 구멍을 뚫거나 협문으로 들어가는 도적과 같을 것이다."

子曰: "色厲而內荏, 譬諸小人, 其猶穿窬①之盜也與?"

●●●●●●●●●●

✤ 주(注)

① 穿窬(천유): '穿'은 담장에 구멍을 뚫는 것, '窬'는 대문 옆에 붙은 작은 문, 즉 협문(夾門)으로 들어간다는 뜻이지, '담을 타

넘고 들어간다'는 뜻이 아니다.

❖ 소(疏)

① 「안색은 엄하게 지니고 있으나 내심은 나약한 자는, 밖으로는 엄정한 안색을 보여서 남에게 영향을 미치려 하나 내심으로는 나약하고 굽실대는 마음을 품고 일에 임한다. 이는 어두컴컴하여 남이 보지 않을 때 벽에 구멍을 뚫고 도둑질하려는 자의 방법과 똑같은바, 담을 타고 넘어간 후 문을 열고 거리낌없이 도둑질하는 강도와는 크게 다른 부류이다.」

(陳天祥, 『四書辨疑』)

■ 공자께서 말씀하셨다. "〔시비(是非)를 분명히 말하지 않고〕 한 고을의 모든 사람들로부터 좋은 사람이란 평을 듣고자 행동하는 자는, 곧 향원(鄕原)은, 덕(德)을 해치는 자이다."

子曰: "鄕愿①, 德之賊也。"

✤ 주(注)

① 鄕愿(향원): "한 고을의 모든 사람들이(鄕) 그를 성실하고 좋은 사람이라(愿) 평가하는 자." 이에 대해서는 『孟子』<盡心 下> 편의 설명이 가장 상세하므로 이를 소개한다.

✤ 소(疏)

① 「맹자: "공자께서 말씀하시기를, '내 집 대문 앞을 지나가면서도 내 집에 들어오지 않는 사람이 있을 때, 그런데도 내가 전혀 서운하게 생각지 않을 사람은 바로 향원(鄕愿)뿐이다. 향원이야말로 덕(德)을 해치는 자이다'라고."

만장: "어떤 사람을 향원이라 할 수 있습니까?"

맹자: "자신의 속마음은 철저히 감추고 위선을 가장하여 세상 사람들의 비위나 맞추고 아첨하는 인간들이 곧 향원이라 불리는 자들이다."

만장: "한 고을 사람들이 모두 그를 좋은 사람이라고 한다면, 그는 어디를 가든 좋은 사람일 터인데, 공자께서는 그런 사람을 덕을 해치는 자라고 말씀하신 이유가 무엇입니까?"

맹자: "〔그런 자들은 자신들의 잘못을 교묘하게 잘 감추므로〕 그들을 비난하려 해도 그 증거를 대기 어렵고, 공격하려 해도 딱히 공격할 게 없다. 그들은 타락한 세속에 몸을 담그고 탁한 세상과 호흡을 맞추어 살아가는데, 그 처신하는 겉모습은 성실하고 신의가 있는 듯이 보이고, 행동하는 겉모습도 청렴결백한 듯하므로, 일반대중들도 그를 좋아하고 그 자

신도 자기가 올바른 사람인 줄 생각하지만, 이런 자들이야말로 도저히 요순(堯舜)의 도(道)에 함께 들어갈 수 없는 자들이니, 그래서 덕(德)을 해치는 자들이라 말한 것이다. 공자께서는 말씀하셨다. '나는 사이비(似是而非)를 증오한다. 내가 강아지풀을 싫어하는 이유는 그것이 곡식을 어지럽힐까봐서이고, 아첨 잘하는 자를 미워하는 이유는 그가 정의(義)를 어지럽힐까봐서이고, 말재주가 뛰어난 자를 미워하는 이유는 그가 신(信)을 어지럽힐까봐서이고, 음탕한 정(鄭)나라 음악을 미워하는 것은 그것이 정통 음악을 어지럽힐까봐서이고, 간색인 자주색을 싫어하는 이유는 그것이 붉은 원색을 어지럽힐까봐서이고, 향원을 미워하는 이유는 그들이 덕(德)을 해칠까봐서이다'라고."」

(『孟子』<盡心下>)

■ 공자께서 말씀하셨다. "길에서 들은 것을 길에서 그대로 남에게 말하는 것은 곧 스스로 덕(德)을 저버리는 일이다."

子曰: "道聽而塗①說, 德之棄②也。"

❋ 주(注)

① 塗(도): 주로 '진흙,' '칠하다'의 뜻으로 쓰이지만, 여기서는 '途'(=道)와 같은 '도로,' '길'의 뜻이다.
② 德之棄(덕지기): 문장으로 보면 두 가지 해석이 모두 가능하다. ㉠ "덕(德)을 버리는 일이다." ㉡ "덕(德)있는 자는 이런 자를 버린다." 또는 덕있는 자로부터 버림받을 행동이다.

* 길 위에서 전해 들은 말에는 자칫 부정확한 내용이 포함되어 있을 가능성이 많으므로, 그것의 진실성 여부를 제대로 확인해 보지도 않고 경망스럽게 남에게 전했다가는 낭패를 당하게 되는 수가 많다. 그런 행위는 스스로 덕행(德行)을 포기하는 것이 된다.

■ 공자께서 말씀하셨다. "자들도 자기 더불어 임금을 섬길 수 있겠느냐? 그런 자들은 바라는 직위를 얻지 못했을 때는 그것을 얻지 못하고 있음을 걱정하고, 이미 그것을 얻고 난 다음에는 그것을 잃을까봐 걱정한다. 만약 그것을 잃을까봐 걱정한다면 못할 짓이 없어진다."

子曰: "鄙夫可與事君①也與哉? 其未得之也, 患得之②。旣得之, 患失之。苟患失之, 無所不至矣。"

✤ 주(注)

① **可與事君**(가여사군): 두 가지 해석이 가능하다.
　　㉠ 이를 "可與(之)事君"으로 보아, "그와(之) 더불어(與) 임금을(君) 섬길(事) 수 있다(可)."
　　㉡ '與'를 '以'의 뜻으로 보아서, "임금을(君) 섬길(事) 수 있다(可以)."
　　그러나 문맥상 ㉡의 뜻으로 해석하는 것이 옳다.
② **患得之**(환득지): 이것은 '患不得之'의 뜻이다. 한문에서는 부정사 '不'이 없는 것과 있는 것이 같은 뜻을 나타내는 경우가 많다. (如=不如, 得=不得)

✤ 소(疏)

①「군자는 비루한 사나이와 더불어 임금 섬기기를 싫어하는데, 그런 자는 시키는 말이면 무엇이든 다 따르고, 하지 못하는 짓이 없음을 싫어하기 때문이다.」

(桓寬,『鹽鐵論』<論誹>)

■ 재아(宰我)가 물었다. "삼년상은 그 기간이 너무 깁니다. 군자가 삼 년 동안 예(禮)를 행하지 않으면 예는 반드시 폐하여질 것이고, 삼 년 동안 음악을 행하지 않으면 음악은 반드시 허물어질 것입니다. 묵은 곡식이 다 없어지고 새 곡식이 상에 오르는 데, 그리고 불씨로 쓰는 나무를 철마다 바꾸므로 사철이 지나서 그것을 이전의 것으로 다시 바꾸는 데도 일 년이면 됩니다."

공자께서 말씀하셨다. "〔상(喪)을 치루고 일 년이 지난 후에는〕 너는 찰밥을 먹고 비단 옷을 입어도 마음이 편하겠느냐?"

〔재아가〕 말했다. "편할 겁니다."

〔공자께서〕 말씀하셨다. "네가 편안하게 느낄 수 있다면 그렇게 하거라. 군자는 삼년상을 치루는 동안에는 맛있는 음식을 먹어도 그 맛이 달지 않고, 음악을 들어도 즐겁지 않으며, 이전에 거처하던 방에서 지내도 편하지가 않다. 그래서 일년상으로 하지 않는 것이다."

재아가 밖으로 나간 후 공자께서 말씀하셨다. "재여(宰予)는 인(仁)하지 못하구나. 자식은 태어난 후 삼 년이 지난 후에야 부모의 품을 벗어나게 된다. 삼년상이란 천하에 통용되고 있는 상례(喪禮)이다. 재여 역시 태어난 후 삼 년 동안은 자기 부모로부터 사랑을 받았었겠지?"

宰我問: "三年之喪, 期已久矣①。君子三年不爲禮, 禮必壞; 三年不爲樂, 樂必崩。舊穀旣沒, 新穀旣升②, 鑽燧改火③, 期可已矣④。" 子曰: "食夫稻, 衣夫錦, 於女安乎?" 曰: "安。" "女安, 則爲之! 夫君子之居喪, 食旨不甘, 聞樂不樂, 居處⑤不安, 故不爲也。今女安, 則爲之!" 宰我出。子曰: "予之不仁也! 子生三年, 然後免於父母之懷。夫三年之喪, 天下之通喪也。予也有三年之愛於其父母乎!"

✤ 주(注)

① 期已久矣(기이구의): "기간이(期) 너무(已) 오래이다(久矣)." 여기서의 '期'는 '기간,' '기한'의 뜻이고, '已'는 '너무'의 뜻이다.

② 旣沒·旣升(기몰·기승): "(지난 해 추수한 곡식이) 이미(旣) 다 먹어서 없어지다(沒)." 그리고 "(새 곡식이) 이미(旣) 밥상 위에 올라오다(升)."

③ 鑽燧改火(찬수개화): 옛날에는 쉽게 '불을 일으키는 나무'(燧)에 '구멍을 뚫어'(鑽) 불씨를 얻었는데, 일 년에 다섯 번 씩 철

따라 재료로 쓰는 나무를 바꾸었다. 봄에는 느릅나무(楡: 유)와 버드나무(柳: 유)를 쓰고, 여름에는 대추나무(棗: 조)와 살구나무(杏: 행), 늦여름에는 뽕나무(桑: 상)와 산뽕나무(柘: 자), 가을에는 떡갈나무(柞: 작)와 졸참나무(楢: 유), 겨울에는 홰나무(槐: 괴)와 박달나무(檀: 단)를 썼다고 한다.

④ 期可已矣(기가이의): "일년이면(期) 될(可) 것이다(已矣)." 여기서 '期'는 '일 년'의 뜻이다.

⑤ 居處(거처): 옛날에는 삼년상을 치루는 동안 부모의 무덤 옆에 움막을 짓고 거적자리를 깔고 그 위에서 생활했다. 이 움막을 '려'(廬) 또는 '양암'(梁闇)이라 한다. 여기서 '居處'는 상을 당하기 전에 '평소에 거처하던 방'이란 뜻이다.

✤ 소(疏)

① 「상처가 크면 낫는 데 시일이 오래 걸리고, 아픔이 심하면 낫는 것이 더디다. 삼년상은 예(禮)를 정할 때 인정을 헤아려서 지극한 애통심을 충분히 나타내도록 한 것이다. 삼베옷을 걸치고, 대나무 지팡이를 짚고, 초막에 거처하면서 죽을 먹고, 거적자리 위에서 자면서 흙덩이를 베개삼는 것은 그 지극한 애통심을 장식한 것이다. 삼년상은 25개월(만 2년 1개월)이 되어 끝나는데, 애통의 정이 아직 다한 것이 아니고 사모하는 마음도 잊어 버린 것은 아니지만, 복상(服喪)의 기간을 여기에서 끝내는 것은 죽은 이를 보내는 데 끝남이 있어야 하고, 다시 생업으로 돌아오는 데 절도가 있어야 하

기 때문이다.」

(『禮記』<三年間>)

■ 공자께서 말씀하셨다. "배불리 먹고 하루종일 보내면서 다른 일에는 마음쓰는 것이 없다면, 이는 참으로 곤란하다. 장기나 바둑을 둘 수도 있지 않느냐? 그것이라도 두는 편이 오히려 아무것도 하지 않는 것보다 나으니라."

子曰: "飽食終日, 無所用心, 難矣哉! 不有博奕^①者乎? 爲之猶賢乎已^②。"

✤ 주(注)

① 博奕(박혁): 장기와 바둑. '博'을 지금은 주로 '도박'의 뜻으로 쓰지만, 본래는 지금의 '장기'와 비슷한 놀이였다.
② 猶賢乎已(유현호이): "오히려(猶) 그만두는 것(已) 보다는(乎) 낫다(賢)."

■ 자공(子貢)이 물었다. "군자도 역시 미워하는 일이 있습니까?"

공자께서 말씀하셨다. "미워하는 일이 있지. 남의 나쁜 점을 들추어 내는 자를 미워하고, 낮은 지위에 있으면서 윗 사람을 〔간(諫)하지는 않고〕 헐뜯는 자를 미워하고, 용감하면서 예(禮)가 없는 자를 미워하고, 과감하면서 꽉 막힌 자를 미워한다."

子貢曰: "君子亦有惡乎?" 子曰: "有惡; 惡稱人之惡①者, 惡居下流而訕上②者, 惡勇而無禮者, 惡果敢而窒③者."

주(注)

① 稱人之惡(칭인지악): "남의(人之) 나쁜 점을(惡) 들추어 내다(稱)."

공자는, "자신의 나쁜 점을 공격하되, 남의 나쁜 점은 공격하지 말라(攻其惡, 無攻人之惡)"고 했다. (『論語』<顔淵>)

그리고 맹자는, "남의 좋지 못한 점을 말하다가 그 후환을 어찌하려는가?(言人之不善, 當如後患何)"라고 했다. (『孟子』<離婁下>)

② **居下流而訕上**(거하류이산상): 여기서 '流'는 없는 편이 차라리 자연스러운 연문(衍文)이다. "남의 아래에 있고(居下) 그러면서도(而) 윗사람을(上) 헐뜯다(訕)."

"남의 신하된 자는 잘못을 보고 간(諫)하되 헐뜯거나 비방하지는(訕) 않는다."(『禮記』<少儀>)

③ **果敢而窒**(과감이질): 과감하면서도 두루 사리에 통달하지 못하고 꽉 막힌 사람은 결국에 가서는 제멋대로 일을 처리하여 일을 망치고 만다.

18. 微子(미자)

■ 미자(微子)는 왕을 떠나갔고, 기자(箕子)는 감옥에 갇힌 죄수가 되었고, 비간(比干)은 끝까지 간(諫)하다가 죽었다. 공자께서 말씀하셨다. "은(殷)나라에는 세 사람의 인자(仁者)가 있었다."

微子去之, 箕子爲之奴①, 比干諫而死。孔子曰:"殷有三仁焉。"

✿ 주(注)

① 爲之奴(위지노): "그에게(之: 곧 紂王) 죄수가(奴) 되다(爲)." 옛날에는 전쟁포로나 죄수를 노예로 삼았는데, 여기서 '奴'는 '죄수'란 뜻이다.

* (『史記』<殷本紀>와 <宋世家>, 『여씨춘추』(呂氏春秋), 『한시외전』(韓詩外傳) 등에 근거하여 은(殷)의 마지막 왕인 주(紂)와 미자, 기자, 비간 등 세 현인(賢人)들에 관한 고사(故事)를 간략히 정리하여 소개한다.)

「은(殷) 나라 왕 제을(帝乙)에게 한 첩(妾)이 있었는데, 그녀가 낳은 두 왕자가 미자계(微子啓)와 중연(仲衍)이다. 그 후 왕은 이 첩을 본처로 승격시켜 주었다. 왕비(王妃)로 승격된 후 그녀는 셋째 아들을 낳았는데, 그 이름을 수덕(受德)이라 했다. 후에 역사상 폭군으로 유명한 주왕(紂王)이 바로 이 사람이다.

처음에 왕 제을(帝乙)은 장자(長子)이자 성품이 어진 미자계를 태자로 삼고 싶어했으나, 태사(太史)가 법을 내세우면서 "처(妻)의 아들이 있는데 첩(妾)의 아들을 태자로 삼을 수 없다"(미자계는 어머니가 첩의 신분일 때 태어났다)고 주장하였으므로, 결국 셋째 아들 수덕(受德)이 태자가 되었고, 후에 그가 왕위를 계승하여 주왕(紂王)이 되었다.

왕이 된 후, 그는 황음무도한 폭군으로 변해 갔고, 온 나라 백성들은 포악한 정치로 고통을 당하게 되었다. 이를 보다 못한 형 미자계가 여러 차례 간했으나, 그는 형의 말을 듣지 않았다. 한편, 그때 서쪽의 제후국인 주(周) 나라는 훌륭한 정치로 민심을 얻어 흥성해가고 있었다. 이대로 가다가는 틀림없이 나라가 망하고 말 것이라고 걱정한 미자계는 자기 스승들과 상의하였다. 상의한 결과, 조상의 제사라도 끊어지지 않게 하려면 장자(長子)인 자신은 어떻게 해서든 살아 남아야 한다는 결론에 도달했다. 그래서 그는 슬그머니 초야로 은둔해 버리고 말았다.

한편, 주왕(紂王)에게는 기자(箕子)라는 숙부와 비간(比干)이라는 숙부가 있었는데, 이들은 모두 현인(賢人)들이었다. 기자도 여러 차례 주왕에게 악정(惡政)을 그만두라고 간했으나, 주왕은 여전히 기자의 말을 듣지 않았고, 도리어 죄 없는 백성들까지 잡아들여 그들을 벌겋게 달군 쇠기둥 위로 맨발로 걸어가게 하는〔이를 炮烙之刑(포락지형)이라 한다〕 등 더욱 포악무도한 정치를 해 갔다.

그러자 기자는 생각했다. "들어 주지 않을 줄 알면서도 계속 간(諫)하는 것은 바보같은 짓이다. 그리고 내 몸을 죽이면 왕의 악행(惡行)만 더욱 드러날 것이니, 이는 불충(不忠)이다"고. 그리하여 기자는 머리를 풀어헤치고 거짓 미친 체하고는 주왕의 폭정을 계속 비판했으므로, 주왕은 그를 감옥에 가두어 버렸다.

이러한 상황을 보고 비간은 생각했다. "신하된 자는 죽음을 각오하고 간(諫)하지 않을 수 없다. 임금은 폭정을 하는데도 간하지 않는다면 이는 불충(不忠)이고, 죽음이 두려워서 해야 할 말을 하지 않는다면 이는 용기가 없는 것이다. 잘못을 보고는 간해야 하고, 간해도 들어 주지 않으면 죽는 것, 이것이 지극한 충성(忠誠)이다."고. 그리고는 주왕 앞에 나아가 3일 동안이나 계속 간(諫)하면서 물러서지 않았다.

이에 화가 머리 끝까지 난 주왕이 말했다. "내가 듣기로는, 성인(聖人)의 심장에는 구멍이 일곱 개나 있다고 합디다. 어디 한 번 구경이나 해 봅시다." 그리고는 좌우 신하들에게 자기의 숙부인 비간을 붙들어 가슴을 갈라 심장을 드러내 보이라고 했다. 그리고는 비간의 심장을 자세히 들여다보며 구경했다고 한다.

이처럼 세 사람의 행동 방식은 모두 달랐으나, 그 동기는 모두 나라와 백성들을 걱정하고 자기 자신을 잊어 버렸다는 점에서 공통된다. 따라서, 이들 세 사람은 그 입장이 서로 바뀌었다면 모두 똑같이 행동했을 것이다. 만약 미자계가 떠나가지 않았다면 은(殷)의 종묘제사는 끊어져 버렸을 것이고, 만약 기자가 미친 체하지 않았다면 아무도 폭정을 계속 비판할 수 없었을 것이고, 만약 비간이 죽지 않았다면 후세에 신하로서의 절개를 밝힐 수 있는 사람이 없었을 것이다. 그래서 공자께서는 세 사람 모두에게 '인'(仁)을 인정하셨던 것이다.」

■ 제(齊) 나라에서 여자 악사(樂士)들을 보내 주자 노(魯) 나라의 실력자인 계환자(季桓子)가 그들을 받아들이고, 〔그들에게 정신이 팔려서〕 삼 일간이나 조회(朝會)에 나오지 않았다. 그러자 공자께서는 노(魯) 나라를 떠나가셨다.

齊人歸女樂①, 季桓子受之, 三日不朝, 孔子行。

✤ 주(注)

① **歸女樂**(귀녀악) : "여자(女) 악사들을(樂) 보내 주다(歸=饋)."

✤ 소(疏)

* 『한비자』(韓非子)에 나오는 당시의 고사(故事)를 소개하면 다음과 같다. 그러나 이 내용은 『사기』(史記)의 <孔子世家>에 나오는 것과는 차이가 있다.

① 「공자가 노(魯) 나라의 대사구(大司寇)로 있으면서 정치를 하자 제(齊) 경공(景公)은 노 나라가 장차 강성해질까봐 두려웠다. 그때 여차(黎且)란 신하가 경공에게 말했다. "군주께서는 어째서 많은 녹(祿)과 높은 지위로써 공자를 불러 오시지 않습니까? 노 나라의 애공(哀公)에게 미인 여자 악사들을 보내시어 그의 뜻이 교만해지도록 부추기신다면, 애공은 그것에 빠져서 반드시 정치를 태만히 할 것이고, 공자는 반드시 그러지 말라고 간(諫)할 것이며, 그가 간하는 말은 노 나라 왕으로부터 가볍게 거절당할 것입니다."

경공은 그 방법이 좋겠다고 생각하여 여차(黎且)에게 여자 악사 여섯 명을 골라 노 나라 애공에게 보내도록 했다. 애공은 그들을 받아들여 즐기느라 과연 정치를 태만히 했다. 공자가 간하였으나 듣지 않았으므로, 공자는 노 나라를 떠나 초(楚) 나라로 갔다.」

(『韓非子』<內儲說>)

■ 초(楚) 나라의 광인(狂人) 접여(接輿)가 노래를 부르면서 공자 곁을 지나가다가 말했다. "봉황새(鳳)야, 봉황새야! 어찌 덕(德)이 그리도 쇠(衰)하였나? 지나간 일은 탓해 봐야 소용없는 것, 앞으로 할 일이나 제대로 해야지. 그만 두오, 그만 두오! 지금 정치에 종사하고 있는 자들은 모두 위태롭다오."

공자께서 수레에서 내리시어 그와 더불어 이야기를 하고 싶어하셨으나, 그는 공자를 피해 달아나 버려서, 그와 더불어 말씀을 나눌 수가 없었다.

楚狂接輿歌而過孔子曰: "鳳兮鳳兮! 何德之衰? 往者不可諫; 來者猶可追。已而, 已而! 今之從政者殆而!" 孔子下, 欲與之言。趨而辟之, 不得與之言。

■ 초 나라의 장저(長沮)와 걸익(桀溺)이 나란히 밭을 갈고 있을 때, 공자께서 그곳을 지나가시다가 자로(子路)를 시켜서 나루터 있는 곳을 물어 보

18. 微子(미자) 407

도록 했다.

장저가 말했다. "저 수레를 몰고 있는 분은 뉘시오?"

자로가 말했다. "공구(孔丘)이십니다."

(장저): "저 사람이 노(魯) 나라의 공구요?"

(자로): "그분이십니다."

(장저): "그분이라면 〔스스로 모든 것을 알고 있는 체하는 사람이니〕 나루터도 알고 있을 거요."〔그리고는 대답해 주지 않았다.〕

자로가 다시 걸익에게 물어보자, 걸익이 말했다. "그대는 뉘시오?"

(자로): "저는 중유(仲由)라고 합니다."

(걸익): "그대도 노 나라 공구의 제자이시오?"

(자로): "그렇습니다."

(걸익): "도도히 흘러 가는 홍수물처럼 천하 모두가 그렇게 흘러가오. 그대는 누구와 더불어 이 물결을 바꾸려 하오? 차라리 그대는 사람을 피해 다니는 공구같은 인사(人士)를 따라다니기보다는 세상을 피해 사는 우리같은 사람을 따르는 게 더 낫지 않겠소?"

그리고 그는 밭에 곰방매질 하기를 멈추지 않았다.

자로가 돌아와서 그들의 말을 아뢰자, 공자께서는 실망하신 듯 말씀하셨다. "새나 짐승과 더불어 같은 무리를 이루어 살아갈 수는 없지. 내가 이 세상 사람들과 더불어 함께 살아가지 않고 누구와 더불어 함께 살아가겠느냐? 만약 천하에 올바른 도가 행해지고 있다면, 나 구(丘)는 자네들과 더불어 이 세상을 바꾸려고 하지 않을 것이다."

長沮, 桀溺耦而耕, 孔子過之, 使子路問津焉。長沮曰: "夫執輿者爲誰?" 子路曰: "爲孔丘。" 曰: "是魯孔丘與?" 曰: "是也。" 曰: "是知津矣①。" 問於桀溺。桀溺曰: "子爲誰?" 曰: "爲仲由。" 曰: "是魯孔丘之徒與?" 對曰: "然。" 曰: "滔滔者天下皆是也, 而誰以易之②? 且而與③從辟人之士④也, 豈若⑤從辟世之士哉?" 耰而不輟。子路行以告。夫子憮然曰: "鳥獸不可與同群⑤, 吾非斯人之徒與而誰與⑥? 天下有道, 丘不與易也⑦。"

- - - - - - - - - -

✤ 주(注)

① 是知津矣(시지진의): "그 사람은(是) 나루터를(津) 알고 있다(知…矣)." 여기 나오는 '是'는 모두 지시대사이다.
② 而誰以易之(이수이역지): "자네는(而) 누구와(誰) 더불어(以) 그것을(之) 바꾸려는가(易)." 여기서 '而'는 '爾,' '汝'의 뜻이고, '以'는 '與'의 뜻이며, '之'는 '도도한 물결,' 즉 '세상'을 가리킨다.

③ 與其Ⓐ豈若Ⓑ(여기…기약) : "與其Ⓐ豈若Ⓑ"는 두 가지를 서로 비교할 때 쓰는 문장형식으로, "Ⓐ보다는 차라리 Ⓑ가 낫다"는 뜻이다.
④ 辟人之士(피인지사) : "사람을(人) 피하는(辟) 인사(士)."
「당시 진(陳)과 채(蔡)의 대부들이 공자를 치려고 모의하고 있었으므로, 공자께서 사이길로 가시다가 길을 잃어서 나루터를 물었던 것이다. 그래서 그를 '사람을 피해 다니는 인사'라고 부른 것이고, 장저와 걸익은 세상을 피하여 시골에서 농사를 지으며 살고 있었으므로 자신들을 '세상을 피해 사는 사람'이라 불렀던 것이다.」(丁若鏞, 『論語古今注』)
⑤ 鳥獸不可與同群(조수불가여동군) : "새와(鳥) 짐승과(獸) 더불어(與) 같은(同) 무리를 이룰(群) 없다(不可)." 이것은 "不可與鳥獸同群"에서 개사(介詞)인 '與'의 빈어(목적어)를 전치시킨 것이며 본동사는 '群'(무리를 이루다)이다.
⑥ 吾非斯人之徒與誰與(오비사인지도여수여) : "내가(吾) 이(斯) 사람의 무리와(人之徒) 함께하지(與) 않으면(非) 누구와(誰) 함께하겠는가(與)." 여기서 '與'는 둘 다 '함께하다'는 뜻의 동사이다.
⑦ 丘不與易也(구불여역야) : 이것은 "丘不與(吾子)易(斯世)也"의 단축문이다. "나 공구는(丘) 자네들과(吾子) 더불어(與) 이 세상을(斯世) 바꾸려 하지(易) 않을 것이다(不)."

■ 주공(周公)이 아들인 노공(魯公) 백금(伯禽)에게 말했다. "군주는 자기의 부모형제를 버리지 않으며, 대신(大臣)들이 쓰이지 않음을 원망하는 일이 없도록 하며, 큰 잘못이 없는 한 오랫동안 함께 일해 왔던 사람들을 버리지 않으며, 한 사람이 모든 능력을 다 구비하고 있기를 요구하지 않는다."

周公謂魯公曰: "君子不施其親[1], 不使大臣怨乎不以。故舊無大故, 則不棄也。無求備於一人。"

주(注)

① 不施其親(불시기친): "자기의(其) 부모나 형제를(親) 버리지(施＝棄) 않는다(不)." 여기서 '施'는 '버리다(棄),' '소홀히 다루다'는 뜻이다.

소(疏)

① 「인(仁)이란 사람과 사람의 관계에 대한 것이다. 가까운 부모형제와 친하게 지내는 것이 그 중에서도 중대한 일이다(仁者, 人也。親親爲大).」

(『禮記』<中庸>)

② 「제(齊) 경공(景公)이 안자(晏子)에게 물었다. "옛날 왕

들은 사람에게 일을 맡길 때 어떻게 했습니까?"

안자가 대답했다. "땅마다 똑같은 식물을 키우는 것은 아닙니다. 그런데도 모든 땅에 한 가지 종자만을 심어 놓고는 모든 땅들이 그것을 다 잘 키우기를 바라더라도 되지 않습니다. 사람도 모두 똑같은 능력을 타고 태어나는 것이 아닙니다. 그런데도 모두에게 똑같은 일을 맡겨 놓고는, 모든 사람들이 그 일을 잘 해내지 못한다고 책망할 수는 없습니다. 한없이 책망한다면, 아무리 지혜로운 자도 할 수 없는 것이 있고, 한없이 요구한다면, 하늘과 땅조차도 공급해 줄 수 없는 것이 있습니다. 그러므로 명철한 왕이 사람에게 일을 맡길 때는 그 사람이 잘 할 수 있는 것을 취하여 맡기고, 그 사람이 잘 할 수 없는 것은 강요하지 않습니다. 이것이 사람에게 일을 맡기는 대략(大略)입니다."」

(『晏子春秋』<問上>)

③ 「주공(周公)에게는 동생을 죽였다는 허물이 있고, 제(齊) 환공(桓公)에게는 형제끼리 나라를 서로 차지하려고 싸웠다는 오명(汚名)이 있다. 그러나 주공은 의(義)로써 그 결점을 보완하였고, 환공은 큰 공(功)을 이루어 그 오점을 없애 버렸다. 그리하여 둘 다 현인(賢人)이 된 것이다.

요즘은 어떤 사람의 작은 잘못을 들어 그의 큰 미행(美行)을 덮어버리는데, 이렇게 한다면 천하에는 성왕(聖王)도 현상(賢相)도 있을 수 없다.

요즘의 군주들은 그 신하를 평할 때 그의 큰 공은 헤아리지 않고 작은 실수들만 모조리 열거하는데, 이것은 현자를 잃어버리는 수(數)이다. 그러므로 큰 덕을 지닌 사람에 대해서는 그 소절(小節)에 대해서 묻지 않고, 크게 칭찬받을 일이 있는 사람에 대해서는 작은 잘못을 가지고 헐뜯지 않는다. 자고(自古)로, 요순(堯舜)이든 삼왕(三王)이든 그 행위가 완전무결할 수 있었던 사람은 없었다. 그러므로 군자는 한 사람이 모든 것을 구비하고 있기를 요구하지 않는다.」

(劉安, 『淮南子』<氾論>)

④ 「자사(子思)가 위(衛) 나라에 있을 때, 위왕에게 구변(苟變)이란 자를 천거하면서 말했다. "그는 전차 오백 대를 지휘할 수 있는 장군감입니다. 왕께서 그를 등용하시어 군대를 맡겨 지휘하도록 하신다면, 그가 이끄는 부대는 천하무적의 군대가 될 것입니다."

위왕이 말했다. "나 역시 그가 장군감임을 잘 알고 있습니다. 그러나 그는 일찍이 하급관리로 있을 때 남의 집 달걀 두 개를 훔쳐 먹은 적이 있습니다. 그래서 쓰지 않고 있습니다."

자사가 말했다. "성인께서 사람을 관직에 임명하실 때는 큰 목수가 나무를 쓸 때와 같이 합니다. 그 좋은 부분은 취하고, 그 나쁜 부분은 버립니다. 소태나무와 가래나무와 같은 좋은 재목들이 몇 아름이나 되게 자라면, 거기에는 반드시 썩은 부분이 여러 자(尺)는 있게 마련입니다. 그런데도 훌륭한 목수들은 그 나무를 버리지 않는데, 그 이유가 무엇이겠습니까? 성한 부분이 상한 부분보다 크기 때문입니다. 지금과 같은 전국(戰國) 시대에 한 나라의 장수를 뽑으시겠다면서 계란 두 개 때문에 한 나라의 간성(干城)이 될 만한 장수를 버리시겠다니, 이런 말이 이웃 나라의 귀에 들어가게 해서는 안 됩니다."」

(孔鮒, 『孔叢子』<居衛>)

19. 子張(자장)

■ 자장(子張)이 말했다. "배우고 덕(德)을 닦는 사람은 나라가 위태로운 처지에 있음을 보고는 목숨을 바치고, 이득을 눈앞에 두고는 그것이 의(義)에 합당한지를 생각하고, 제사를 지낼 때에는 몸가짐을 공경스럽게 가지려고 생각하고, 상(喪)을 당해서는 진심으로 애통해 하려고 생각한다."

子張曰: "士見危致命, 見得思義, 祭思敬, 喪思哀."

❋ 소(疏)

① 「재물을 눈앞에 두고 구차스럽게 그것을 얻으려 하지 말

고, 환난을 눈앞에 두고 구차스럽게 그것을 면하려고 하지 말라.」

(『禮記』<曲禮>)

② 「효자가 부모를 섬기는 방식에 세 가지가 있다. 살아 계실 때에는 봉양(奉養)하고, 돌아가시면 상(喪)을 치르고, 상이 끝나면 제사를 모신다. 봉양할 때는 부모의 뜻에 순종하는 모습을 보이고, 상을 당했을 때는 애통해 하는 모습을 보이고, 제사를 모실 때에는 몸가짐을 공경스럽게 하고 그 때를 지킨다. 이 세 가지를 제대로 다하는 것이 효자의 행동이다.」

(『禮記』<祭統>)

●●●●●●●●●●

■ 자하(子夏)의 제자가 자장에게 사람 사귀는 방법에 관해 물었다. 자장이 말했다. "자네의 스승이신 자하께서는 뭐라고 말씀하시드냐?"

그가 대답하여 말했다. "저희 스승(子夏)께서는 말씀하시기를, '사귀어도 될 만한 사람과는 사귀고, 사귀어서 안 될 사람과는 사귀지 말고 거부하라'고 했습니다."

자장이 말했다. "내가 들은 것과는 다르구나.

군자는 현자(賢者)는 존경하고, 일반 사람들은 포용하며, 선한 자는 칭찬해 주되, 그렇지 못한 자는 불쌍히 여긴다. 만약 내가 크게 현(賢)하다면 남들에게 받아들여지지 않을 것이 무엇이고, 만약 내가 현(賢)하지 못하다면 남들이 장차 나를 거부할 터인데, 어찌 내가 남들을 거부하겠느냐?"

子夏之門人問交於子張。子張曰: "子夏云何?" 對曰: "子夏曰: '可者與之, 其不可者拒之。'" 子張曰: "異乎吾所聞; 君子尊賢而容衆, 嘉善而矜不能。我之大賢與①, 於人何所不容②? 我之不賢與, 人將拒我, 如之何其拒人也?"

❀ 주(注)

① **我之大賢與**(아지대현여): "내가(我) 곧(之=則) 크게(大) 어질다고(賢) 한다면(與)." 여기서 '之'는 어기를 강하게 하는 조사(助詞)로서 '則'(즉)의 뜻이고, '與'는 가정의 뜻을 나타내는 어기사(語氣詞)이다.
② **何所不容**(하소불용): 이는 본래 평서문 "所不容(주어) + 何(술어)"의 형식인데, 이것이 의문문이기 때문에 의문사 '何'가 문장 앞으로 나온 것이다. "받아들여지지(容) 않을(不) 바가(所) 무엇인가(何)."

✸ 소(疏)

① 「자하와 자장의 말은 모두 공자에게서 들은 말들이다. 자하는 성격이 관대하므로 공자께서는 "남을 거부하라"고 이르셨던 것이고, 자장은 성격이 치우침이 있으므로 "일반 사람들을 포용하라"고 이르셨던 것이다. 각자의 평소 행동에 따라서 바로잡아 주려고 하신 말씀이다.

그러나 일반적으로 사람들과 교제할 때의 정도(正道)는 "널리 일반 대중을 사랑하되, 특히 인(仁)의 덕이 있는 사람과 친하게 지내는 것"이다. 즉, 일반적인 대인관계에 있어서는 자장이 들은 것처럼 하고, 특히 가깝게 지낼 벗을 사귐에 있어서는 자하가 들은 것처럼 하는 것이다. 그런데 세속의 유가(儒家)들은 자장의 말만 따르고 자하의 말은 틀렸다고 하는데, "자기보다 못한 자를 벗으로 사귀지 말라(毋友不如己者)"고 한 공자의 말에 비추어 보면, 자하의 말이 틀렸다고만 할 수는 없다. 즉, 자하는 교제의 범위를 "친하게 지낼 벗을 골라서 사귈 때"로 생각하여 그럴 때의 자세를, 자장은 교제의 범위를 "일반적으로 많은 사람들과 교제할 때"로 생각하여 그럴 때의 자세를 말한 것이다.」

〔蔡邕, 『正交論』(劉寶楠의 『論語正義』에서 인용)〕

■ 자하(子夏)가 말했다. "날마다 자신이 모르고 있던 것을 알게 되고, 달마다 자신이 알고 있던 것을 잊어 버리지 않는다면, 배우기를 좋아한다고 말할 수 있다."

子夏曰: "日知其所亡①, 月無忘其所能②, 可謂好學也已矣."

주(注)

① 所亡(소망): 여기서 '亡'은 '無'의 뜻으로, '지금까지 알지 못했던 것'이다. '지금까지 알지 못했던 것'을 새로 알게 되는 것은 곧 '溫故知新'(온고지신)의 '知新'에 해당한다.
② 無忘其所能(무망기소능): "자신의(其) 할 수 있는 바를(所能) 잊어 버리는 일이(忘) 없다(無)." 자신이 할 수 있는 것이나 알고 있는 것을 잊어 버리지 않고 계속 간직해 가면서 그 의미를 깊이 터득해 나가는 것이 곧 '溫故知新'의 '溫故'에 해당한다.

소(疏)

① 『시경』의 <주송>(周頌)에서 "日就月將"(일취월장)이라고 했다. '就'란 곧 '나아가 취하는 것(進就)'이며 (따라서 이것은 '日知其所亡'에 해당한다), '將'은 '계속 지니는 것(承

持)'이다(따라서 이것은 '無忘其所能'에 해당한다). 따라서 이 장(章)의 내용은 다만 '日就月將'의 뜻을 말하고 있을 따름이다.」

(丁若鏞, 『論語古今注』)

■ 자하(子夏)가 말했다. "폭넓게 배우고 자신이 세운 바 뜻을 단단히 지키며, 간절히 알고자 하는 마음으로 묻고, 당면하고 있는 가까운 일들을 생각한다면, 인(仁)의 덕은 그런 가운데 있느니라."

子夏曰: "博學而篤志[1], 切問[2]而近思, 仁在其中矣。"

주(注)

[1] **篤志**(독지): "뜻을(志) 돈독히 하다(篤)." '志'를 ㉠ '기억하다'는 의미(識·記)로 해석하는 사람도 있고, ㉡ '의지,' '심지,' '지향'에서처럼 '뜻'이란 의미로 해석하는 사람도 있는데, 모두 타당한 면이 있으나, 여기서는 ㉡을 따른다.
[2] **切問**(절문): ㉠ "절실한 일을(切) 묻다(問)"고 하는 해석과, ㉡ "절실한 태도로(切) 묻다(問)"고 하는 해석 두 가지 모두

통하지만, ㉠으로 해석하면 뒤의 '近思'(근사)와 실제의 의미가 중복되는 측면이 있다. 따라서 ㉡을 따르는 것이 자연스럽다.

■ 자하가 말했다. "소인은 잘못을 저지르면 반드시 핑계를 댄다."

子夏曰: "小人之過也, 必文."

소(疏)

① 「예전의 군자는 잘못을 저지르면 즉시 그것을 고쳤는데, 지금의 군자들은 잘못을 저지르고도 고치기는커녕 그것을 계속 밀고 나가며, 계속 밀고 나갈 뿐만 아니라 그것에 핑계까지 갖다 댄다.」

(『孟子』<公孫丑下>)

② 「군자는 잘못을 저지르면 사실에 바탕해서 사과를 하지만, 소인은 잘못을 저지르면 온갖 핑계를 갖다 대면서 사과한다.」

(司馬遷, 『史記』<孔子世家>)

③ 「군자의 잘못은 해와 달과 같아서, 그가 잘못을 저지르

면 모든 사람들이 쳐다본다. 그러나 소인들은 잘못을 저지르면 반드시 핑계를 갖다 대는데, 그 때문에 그는 정말로 소인이 되고 만다. 우리가 정말로 군자가 되려고 결심한다면, 마땅히 자신의 잘못을 알고 그것을 고치는 일에서부터 출발해야 한다. 만약에 기꺼이 소인이 되고자 한다면야 잘못하고도 핑계를 대고 그른 것을 옳은 것처럼 꾸며 대더라도 상관이 없다.

정말로 못난 사람들은 잘못을 저지르고 나서 핑계를 갖다 댈 줄도 모른다. 핑계를 대는 자들은 영리하고 재주가 있는 소인들이다. 방자하고 거리낌이 없는 소인들도 핑계를 대지 않는다. 핑계를 대는 자들은 대부분 좋은 이름 얻기를 좋아하고(慕名), 의(義)를 도둑질하고, 가짜 군자 행세를 하는 소인들이다.

이런 자들은 평소에는 자신의 몸가짐을 단도리할 줄 모르다가, 일단 잘못을 저지르고 나서는 자기 이름이 더럽혀질까봐 이리저리 교묘한 거짓말을 꾸며대어 남을 속이는 일에만 힘을 쓴다. 그러나 끝까지 남을 속일 수는 없는 법, 결국은 공연히 자신만을 속이고 마는 셈이 되니, 어찌 유익함이 있으랴!」

(李顒, 『四書反身錄』)

■ 자하가 말했다. "군자는 백성들로부터 신뢰를 받고 난 다음에야 그들에게 노역(勞役)을 시킨다. 만약에 신뢰를 받지 못한 상태에서 노역을 시키게 되면, 백성들은 자기들을 괴롭히는 것으로 생각하게 된다. 군자는 윗사람으로부터 신임을 얻고 난 후에야 간(諫)한다. 만약에 신임을 얻지 못한 상태에서 간(諫)하게 되면, 윗사람은 자기를 비방하는 것으로 여기게 된다."

子夏曰 "君子信而後勞其民; 未信①, 則以爲厲己也。信而後諫; 未信①, 則以爲謗己也。"

주(注)

① 未信(미신): "신뢰, 신임을 얻지 못하다"는 뜻의 수동형이다. '信'의 행위 주체는 앞의 문장에서는 '其民'이고, 뒤의 문장에서는 표면상으로는 생략되고 없으나 '간(諫)한다'는 동사의 의미로 볼 때 '군주' 또는 '윗사람'이다.

소(疏)

① 「옛날 정(鄭) 무공(武公)이 호(胡)를 치고 싶어서, 먼저 자기 딸을 호왕(胡王)에게 시집보내어 그의 호감을 사 두었

다. 그리고는 여러 신하들이 있는 자리에서 물었다. "병력을 움직여 볼까 하는데, 어느 나라를 치는 게 좋겠는가?"

대부(大夫)인 관기사(關其思)가 대답했다. "호(胡)를 치는 게 좋겠습니다."

이 말을 듣고 무공은 버럭 화를 내면서 그를 꾸짖었다. "호(胡)는 우리와 형제 사이의 나라이다. 그런데도 당신은 호를 치라고 하다니, 도대체 무슨 말을 하고 있는 거냐?"

호왕은 이 말을 전해 듣고, 정(鄭) 나라가 자기를 친척으로 대우해 주는 것으로 생각하고는 정 나라에 대한 방비를 하지 않았다. 그 틈을 노려 정 나라 군대가 습격하여 호 나라를 빼앗고 말았다.

송(宋) 나라에 한 부자(富者)가 있었는데, 비가 많이 내려서 그 집 담장이 무너졌다. 그러자 그 집 아들이 말했다. "담을 빨리 쌓지 않으면 반드시 도둑이 들 겁니다." 그 이웃집 노인도 그 아들과 똑같은 말을 해 주었다.

그날 저녁, 과연 그 집에 도둑이 들어 많은 재물을 도둑맞고 말았다. 그러자 그 부자는 자기 아들이 매우 똑똑하다고 생각하며 좋아하였다. 그러나 똑같은 말을 해 준 이웃집 노인에 대해서는 혹시 그가 도둑질을 한 게 아닌가 하고 의심을 하였다.

이 두 사람은, 비록 그들이 한 말은 똑같고 맞는 말이었으나, 크게는 모욕을 당했고, 작게는 의심을 받았으니, 이는 알기가 어려운 것이 아니고 그에 대처하기가 어렵기 때문이다.」

(『韓非子』<說難>)

■ 자하가 말했다. "큰 덕(德)이 그 한계를 벗어나지 않는다면, 작은 덕은 조금 더하거나 덜하더라도 괜찮다."

子夏曰: "大德①不踰閑②, 小德出入可也。"

✤ 주(注)

① 德(덕): 여기서는 절조(節操), 예절(禮節), 법도(法度), 원칙(原則) 등의 뜻이다.
② 不踰閑(불유한): "문지방을(閑) 넘지(踰) 않다(不)." 즉, 한계나 경계를 벗어나지 않는다는 뜻이다.

✤ 소(疏)

①「제(齊) 나라의 재상인 안자(晏子)가 노(魯) 나라에 사신으로 갔을 때, 공자께서는 제자인 자공(子貢)을 불러서 안자와 노 왕과의 접견 장면을 가서 보고 오라고 하였다.

그가 돌아와서 공자께 보고하였다. "누가 '안자는 예(禮)에 밝다'고 말했지요? 예(禮)에서는, '계단을 오를 때는 층계를 건너뛰지 않고, 전당(殿堂) 위에서는 빨리 뛰지 않으며, 예물인 옥기(玉器)를 주고받을 때에는 무릎을 꿇지 않는다'고 되어 있는데, 지금 가서 보았더니, 안자는 이 세 가지를 모두 어겼습니다."

안자가 노 왕과의 접견 예를 마치고 궁궐에서 나와 공자를 찾아뵙자, 공자께서 말씀하셨다. "예에서는, '층계를 오를 때는 건너뛰지 않고, 당(堂) 위에서는 빨리 뛰지 않으며, 옥기를 주고받을 때에는 무릎을 꿇지 않는다'고 했는데, 선생께서는 이 세 가지를 모두 어기셨다면서요?"

안자가 말했다. "제가 들은 바로는, 전당 위의 동쪽 기둥과 서쪽 기둥 사이에 임금과 신하의 자리가 정해져 있는데, 임금이 한 발자욱 걷는 거리를 신하는 두 발자욱씩 걸어서 간다고 했습니다. 임금께서 빨리 오시므로 저는 층계도 건너뛰고 당상(堂上)에서는 뛰다시피 해서 겨우 때를 맞추어 제자리에 도착했습니다. 그리고 임금께서 옥기(玉器)를 받으실 때 자세를 너무 낮추셨으므로, 저는 그것에 맞추어 무릎을 꿇고 바쳤습니다. 그리고 저는 '큰 것(大者)에서 한계를 벗어나지 않는 한, 작은 것(小者)에서는 더하거나 덜해도 괜찮다'고 들었습니다."

안자가 나가자 공자께서는 그를 큰 손님(賓客)의 예로 보내신 후, 돌아와서 제자들에게 말씀하셨다. "예의 규정에 얽매이지 아니하고 예를 행할 수 있는 사람은 안자뿐일 것이다."」

(『晏子春秋』<雜上>)

② 「남을 평가할 때와 스스로 처신할 때는 서로 달라야 한다. 남을 살필 때에는 마땅히 그 대절(大節)만 보고, 그것이 만약 취할 만하다면 작은 잘못은 무시해야 한다. 그러나 스스로 처신함에 있어서는 대덕(大德)은 당연히 한계를 벗어날 수 없지만 소덕(小德) 또한 어찌 더하고 덜함이 있을 수 있겠느냐? 일단 더하고 덜함이 있게 되면 방심하게 되고, 세세한 부분(細行)에 조심하지 않게 되어, 결국에 가서는 대덕에까지 누를 끼치게 된다. 산을 쌓을 때 아홉 길 높이까지 쌓았으나 마지막 한 삼태기를 마저 채우지 못해 공(功)이 무너진다면, 이 또한 스스로 포기한 것이 된다(爲山九仞, 功虧一簣, 是自棄也).」

(李顒, 『四書反身錄』)

■ 자하가 말했다. "이미 관직에 나아간 자가 일을 훌륭하게 해 내려면 계속 배워야 하고, 배우는 자가 배움이 뛰어나면 관직에 나아간다."

子夏曰: "仕而優①則學, 學而優則仕."

❉ 주(注)

① 仕而優(사이우): 일반적으로 이 문장을 "벼슬살이를 하고(仕) 그리고도(而) 여력이 있으면(優)"이라고 해석해 오고 있으나, "벼슬살이를 하면서(仕) 만약에(而) 훌륭하게 해 내려면(優)"으로 해석하는 편이 좋을 것 같다.

한문에서 '而'가 연사(접속사)로 쓰일 때는 영어의 'and,' 'but,' 'if' 등에 해당하는 다양한 뜻을 나타내는데, 여기서는 'if'(가정)의 뜻을 나타낸다. 〔예: ① "管氏而知禮"(『논어』<팔일편>) → 관씨(즉, 관중)가 만약 예를 안다고 한다면, ② "人而無信"(『논어』<위정>) → 사람이 만약 신(信)이 없다면.〕

그리고 '優'는 여력(餘力)이나 여유(餘裕)의 뜻으로 해석하기보다는 '훌륭히 해 내다,' '남보다 뛰어나다' 등의 뜻으로 해석하는 편이 좋다. 〔예: ① "孟公綽爲趙魏老則優, 不可以爲滕薛大夫"(『논어』<헌문>) → 맹공작이 만약 조(趙)나라나 위(魏)나라의 원로대신이 된다면 잘 해낼 수 있겠지만, 등(滕)나라나 설(薛)나라의 대부가 될 수는 없다.〕

❉ 소(疏)

①「일단 관리가 되면 일상 사무에 얽매여 눈이 번쩍 뜨일 만한 훌륭한 계책을 들을 수 없게 되고, 그리하여 감정의 움직임에 따라 일을 처리할 수밖에 없게 된다. 그러나 배우게

되면 마음 속으로 키우는 바가 있게 되어, 일 처리에 골몰하지 않게 된다. 그리고 천하의 일들은 그 변화가 무궁한데 반해, 한 사람의 지식에는 한계가 있다. 그러므로 배움을 계속하면 이목(耳目)이 나날이 새로워지고 생각도 더욱 열려져서 천하의 좋은 점을 자기 것으로 삼고, 천하의 선(善)을 자기 것으로 삼을 수 있게 되어, 그 처리하는 일들은 정밀, 정확해지고 법도에 맞게 됨으로써 속리(俗吏)들과는 스스로 다르게 된다.

옛날 풍소허(馮少虛) 선생께서 관리로 발탁되어 떠나실 때 어떤 사람이 물었다. "선생께서는 이제 벼슬길에 오르시게 되셨는데, 앞으로도 배움을 계속하시겠습니까?"

그러자 선생께서 말씀하시기를, "배움이란 옷을 입거나 밥을 먹는 것과 같다. 집에 있을 때는 옷을 입고, 관직에 나가서는 옷을 입지 않겠는가? 집에 있을 때는 밥을 먹고 관직에 나가서는 밥을 먹지 않겠는가?" 라고 했다.

이를 볼 때, 이미 관직에 나아간 자가 배움을 그만두어서는 안 된다는 것을 알 수 있다.」

(李顒, 『四書反身錄』)

■ 노(魯)나라의 대부(大夫) 맹씨(孟氏)가 증자(曾子)의 제자 양부(陽膚)를 옥관(獄官)으로 삼자, 양부가 증자에게 옥관의 도(道)를 물었다.

증자가 말했다. "높은 자리에 있는 자들이 정도(正道)를 잃어버림으로써 백성들의 마음이 흩어져버린 지가 이미 오래 되었다. 만약 죄인을 붙잡아 그 죄상(罪狀)을 알게 되거든, 불쌍하고 가엾게 여기고, 〔죄인을 잡는 실적을 올렸다고〕 기뻐하지 말라."

孟氏使陽膚爲士師, 問於曾子。曾子曰: "上失其道, 民散久矣。如得其情, 則哀矜而勿喜!"

소(疏)

① 「백성들이 잘 다스려지지 않고 있음을 가슴아파 하지 않고 도리어 자기가 죄인을 붙잡을 수 있었음을 자랑하는 것은 마치 활을 쏘아 사냥을 하는 자가 새나 짐승이 그물에 걸려 있는 것을 보고 기뻐하는 것과 같다.」

(桓寬, 『鹽鐵論』<後刑>)

② 「공자께서 노(魯)의 사구(司寇: 지금의 법무장관)로 계실 때, 부자(父子) 간에 송사(訟事)를 벌인 자가 있어, 공자께

서 그들을 붙잡아 감옥에 가두어 두고 석 달이 지나도록 판결을 내리지 않으셨다. 그러자 그 아비되는 자가 송사를 취하하였으므로 공자께서는 그들을 석방해 주었다.

계손씨(季孫氏)가 이 사실을 알고 불쾌해 하면서 말했다. "이 늙은이가 나를 속였구나. 나에게는 말하기를, '나라를 다스림에 있어서는 반드시 효(孝)로써 해야 한다'고 말했었다. 그런데 지금 한 사람을 죽임으로써 불효한 자를 징벌할 좋은 기회가 주어졌는데, 그런 불효자를 석방해 주다니."

염자(冉子)가 이 말을 공자에게 전하자, 공자께서는 탄식하면서 말씀하셨다. "아! 군주가 도(道)를 잃으면 아랫사람들이 그를 죽이느냐? 자기 백성들을 가르치지는 않고 송사를 이유로 그들을 죽인다면, 이것은 곧 죄없는 사람을 죽이는 것이 된다. 삼군(三軍)이 전쟁에서 졌다고 그들을 모두 목벨 수는 없다. 법령이 제대로 정비되어 있지 않으면, 그것으로 백성들을 처벌할 수 없다. 죄가 백성들에게 있지 않기 때문이다. 정령(政令)은 느슨하게 해 놓고 처벌은 엄하게 한다면, 이는 곧 백성들을 해치는 것이다(賊). 생산에는 시기가 정해져 있는데 세금 거두어 들이는 일은 정해진 때가 없이 수시로 한다면, 이는 백성들에게 폭정(暴政)을 하는 것이다(暴). 백성들을 가르치지는 않고 그들이 각종 일들을 잘 해내도록 강요하는 것은 백성들을 학대하는 것이다(虐). 이 세 가지 일을 멈춘 다음에야 죄지은 자들을 처벌할 수 있다."」
(『荀子』<宥坐>)

■ 자공(子貢)이 말했다. "군자의 잘못은 일식(日食)이나 월식(月食)과 같다. 군자가 잘못을 저지르면 모든 사람들이 그것을 바라보고, 잘못을 고치면 모든 사람들이 그를 우러러본다."

子貢曰: "君子之過也, 如日月之食焉。過也, 人皆見之; 更也, 人皆仰之。"

소(疏)

①「달(月)이 태양(日)을 가리는 것이 일식(日食)이다. 태양은 하늘에서 윗 쪽에 있고, 달은 하늘에서 아랫 쪽에 있으면서 그믐 때가 되면 태양과 달이 만나는데, 이때 동서(東西)의 경도(經度)와 남북(南北)의 위도(緯度)가 서로 같아서 달이 태양을 가리게 된다. 이때는 반드시 태양과 달과 사람의 눈, 이 셋이 직선을 이루므로 달이 태양을 먹는 모습을 보게 되는 것이다.

지구가 태양과 달 사이를 갈라 놓는 경우에 월식(月食)이 나타난다. 본래 달은 그 자체로서는 빛을 내지 못하고 태양의 빛을 얻어서 밝게 빛난다. 그러나 보름 때는 달과 지구와 태양, 이 셋이 직선을 이루므로 지구가 태양의 빛을 가리게 되는데, 이때 사람은 지구와 태양을 등지고 있는 모양이 되면서 월식을 보게 되는 것이다.」

(丁若鏞, 『論語古今注』)

- - - - - - - - - - -

■ 위(衛) 나라의 공손조(公孫朝)가 자공(子貢)에게 물었다. "공자께서는 어디에서 배우셨나요?"

자공이 말했다. "문왕(文王)과 무왕(武王)의 도(道)는 땅에 떨어져 없어지지 않고 세상 사람들에게 남아 있습니다. 현자(賢者)는 그 중에서 중대한 것들을 기억하고 있고, 현자(賢者)가 못 되는 자들도 그 중에서 사소한 것들을 기억하고 있으니, 문왕과 무왕의 도를 자신의 몸에 지니고 있지 않은 자는 아무도 없습니다. 그러니 공자께서는 어디서든지 배우지 않으셨겠습니까? 그러니 어찌 일정한 스승이 있었겠습니까?"

衛公孫朝問於子貢曰: "仲尼焉學?" 子貢曰: "文武之道, 未墜於地, 在人. 賢者識其大者, 不賢者識其小者. 莫不有文武之道焉. 夫子焉不學? 而亦何常師之有[①]?"

✤ 주(注)

① **何常師之有**(하상사지유) : 이는 "何有常師"에서, 빈어(목적어)인 '常師'가 의문사가 있는 문(文)에서 동사 앞으로 도치(倒置)되고, 도치되었음을 나타내는 조사 '之'가 첨가된 형식이다. "어찌(何) 일정한(常) 스승이(師) 있겠는가(有)."

✤ 소(疏)

① 「공자께서 악사 사양자(師襄子)께 거문고(琴)를 배울 때, 열흘이 지나도록 한 곡만 익히고 다른 악곡으로 넘어가려 하시지 않았다. 사양자가 말했다. "이제 다른 곡을 배워도 되겠습니다."

공자께서 말했다. "저는 악곡은 이미 익혔으나 아직 그 이치(數)를 터득하지 못했습니다."

그리고 얼마 후 사양자가 말했다. "이미 이치(數)도 터득하셨으니 다른 곡으로 넘어가도 되겠습니다."

공자께서 말했다. "그 이치(數)는 터득했으나 아직 그 뜻(志)을 모르겠습니다."

다시 얼마 후, 사양자가 말했다. "이미 그 뜻(志)까지 익혔으니, 다른 곡으로 넘어가도 되겠습니다."

공자께서 말했다. "저는 아직 음악에서 묘사되고 있는 인물이 누구인지 모르겠습니다."

그리고 얼마 후 공자께서 말했다. "조용히 깊이 생각에 잠겨 있는 듯하고, 즐거운 마음으로 높이 바라보고, 멀리 뜻을 두고 있는 듯하군요." 그리고 이어서 말했다 : "저는 그 사람을 알겠습니다. 얼굴은 거무스레하고, 키는 훤칠하고, 눈은 마치 양떼를 바라보는 듯, 네 나라의 왕이 되신 듯하니, 문왕(文王)이 아니라면 그 누가 이런 모습일 수 있겠습니까?"

그러자 사양자는 앉았던 자리에서 일어나 공자에게 재배(再拜)하면서 말했다. "저의 스승께서도 이 악곡의 이름이 문왕조(文王操)라고 말씀하셨던 것 같습니다."」

(司馬遷, 『史記』<孔子世家>)

■ 숙손무숙(叔孫武叔)이 조정에서 대부(大夫)들에게 말했다. "자공(子貢)은 공자보다 더 훌륭하다."

자복경백(子服景伯)이 이 말을 자공에게 전해주자, 자공이 말했다. "담장에 비유한다면, 저의 담장은 그 높이가 어깨높이 정도 되는 서민들의 집 담장과 같아서, 키가 웬만한 사람이면 누구나 집 안의 좋은 것들을 다 들여다 볼 수 있습니다.

그러나 선생님의 담장은 그 높이가 여러 길이나 되는 대궐의 담장과 같아서, 그 문을 찾아서 들어가지 않고는 궁궐 안에 있는 멋있는 종묘 건물이나 각양각색의 관아(官衙)의 건물 모습을 볼 수 없습니다. 그러나 그 문을 찾아서 들어가 볼 수 있는 사람은 아마 얼마 되지 않을 겁니다. 그러니 숙손무숙께서 그렇게 말씀하시는 것도 당연하지 않습니까?"

叔孫武叔語大夫於朝曰: "子貢賢於仲尼." 子服景伯以告子貢. 子貢曰: "譬之宮牆, 賜之牆也及肩, 窺見室家之好. 夫子之牆數仞, 不得其門而入, 不見宗廟之美, 百官之富①. 得其門者或寡矣. 夫子之云, 不亦宜乎?"

✤ 주(注)

① **百官之富**(백관지부): "수많은(百) 각양각색의(富) 관청건물(官)." 여기서 '官'은 각종 관아의 건물을 가리킨다. 본문은, '宗廟'의 건물은 웅장하고 아름답게 지어져 있는 것으로 그 특색을 묘사하고, '官'의 건물은 그 수가 많고 다양한 것으로 그 특색을 묘사하고 있다.

■ 숙손무숙(叔孫武叔)이 공자를 헐뜯자, 자공이 말했다. "그래 봐야 소용없습니다. 공자는 헐뜯을 수 없는 분입니다. 다른 사람들은 훌륭하다고 해도 그 높이가 구릉(丘陵)과 같아서 오히려 넘을 수 있습니다. 그러나 공자께서는 해와 달처럼 높이 계시므로 도저히 넘을 수 없습니다. 사람들이 설령 스스로 해와 달과의 관계를 끊어버리고자 하더라도 그 때문에 해와 달의 밝음에 무슨 손상이 가겠습니까? 단지 스스로 분수 모르고 있음을 나타낼 따름입니다."

叔孫武叔毀仲尼。子貢曰: "無以爲也①! 仲尼不可毀也。他人之賢者, 丘陵也, 猶可踰也; 仲尼, 日月也, 無得而踰焉。人雖欲自絶, 其何傷於日月乎? 多見其不知量②也。"

✤ 주(注)

① **無以爲也**(무이위야): "소용없소!," "쓸데없소!" 여기서 '以'는 '用'(용)의 뜻이며, '爲也'는 구말(句末)에서 앞의 '毋·何·奚' 등과 배합되어 의문, 반문, 감탄 등의 뜻을 나타내는 조사(助詞)이다. 〔예: "毋入爲也"(무입위야) → 들어가지 마시오.〕

② **多見其不知量**(다견기부지량) : 여기서 '多'는 '祗'(지 : 다만), '適'(적 : 다만) 등의 뜻이고 '見'(견)의 빈어(목적어)는 '其不知量,' 즉 '己之不知量'(자신이 분수를 몰랐음)이다.

● ● ● ● ● ● ● ● ●

■ 진자금(陳子禽)이 자공(子貢)에게 말했다. "당신이 공자를 공경해서 그렇지, 공자가 어찌 당신보다 더 훌륭하겠소?"

자공이 말했다. "군자는 한 마디 말로 인해 지혜롭다고 평가받기도 하고, 한 마디 말로 인해 지혜롭지 못하다고 평가받기도 하므로, 말은 신중히 하지 않으면 안 됩니다. 저희가 도저히 선생님께 미칠 수 없는 것은 마치 하늘에 계단을 밟고 오를 수 없는 것과 같습니다. 만약 우리 선생님께서 봉지(封地)를 얻어 제후가 되시거나 채읍(采邑)을 얻어 대부(大夫)가 되시어 백성들을 다스리셨다면, 이른바 그들을 인의(仁義)의 도(道)에 서게 하면 그들은 곧바로 거기에 섰을 것이고, 그들을 선으로 이끌어 주면 그들은 곧바로 선을 행하게 되었을 것이며, 그들을 편안하게 해주면 그들은 곧 먼 곳으로부터 귀의해 왔을 것이며, 그들을 움직이려 하면 그들은 곧 그에 화답했을 것입니다. 살아 계실 때는 영광을 누리시고, 돌아가시면 모든 사람들이 애통해 했을 것입니다. 그러니 어찌 저희들이 선생님께 미칠 수 있겠습니까?"

陳子禽謂子貢曰: "子爲恭也, 仲尼豈賢於子乎?" 子貢曰: "君子一言以爲知①, 一言以爲不知, 言不可不愼也。 夫子之不可及也, 猶天之不可階而升也。 夫子之得邦家者②, 所謂立之斯立, 道之斯行, 綏之斯來, 動之斯和。 其生也榮, 其死也哀。 如之何其可及也?"

주(注)

① **爲知**(위지): 여기서 '知'는 '智'(지:지혜롭다)의 뜻으로도, '識'(식:유식하다)의 뜻으로도 해석할 수 있다. 그리고 '爲知'는 수동형으로 보아 '지혜롭다고 평가받는다'고 해석하는 편이, 능동형으로 보아 '지혜롭게 된다'고 해석하는 것보다 문맥상 자연스럽다.
② **得邦家者**(득방가자): '得邦'은 곧 봉지(封地:邦)를 얻어 제후가 된다는 뜻이고, '得家'는 곧 채읍(采邑:家)을 얻어 대부가 된다는 뜻이다. '者'는 구말(句末)에서 가정의 뜻을 나타내는 조사(助詞)이다. '…이라면,' '…한다면.'

❋ 소(疏)

① 「계강자(季康子)가 자유(子游)에게 말했다. "인자(仁者)도 사람들을 사랑합니까?"

자유: "그렇습니다."

(계강자): "사람들 역시 그를 사랑합니까?"

자유: "그렇습니다."

계강자: "정(鄭) 나라의 재상인 정자산(鄭子産)이 죽었을 때, 정 나라 사람들은 그의 죽음을 애통해 하느라 남자들은 옥(玉)으로 만든 장식을 벗어 던지고, 부녀자들은 옥구슬(珠玡)을 떼어 버리고는 부부들이 동네에 함께 모여 곡(哭)을 하였으며, 석 달 동안 악기 연주 소리가 일체 들리지 않았다고 합니다. 그런데 공자가 죽었을 때, 노(魯) 나라 사람들이 공자를 사랑하여 정 나라 사람들처럼 하였다는 소리를 나는 들어보지 못했는데, 그 이유가 무엇입니까?"

자유: "자산(子産)과 우리 선생님을 비유하자면, 그것은 마치 도랑물과 하늘에서 내리는 비와 같습니다. 도랑물이 흘러 와서 땅을 적셔 주는 곳에서는 곡식이 자라지만, 그것이 미치지 않으면 곡식은 죽어 버리고 맙니다.

 그러나 이 백성들이 살아 가려면 반드시 때 맞추어 비가 내려야 합니다. 그러나 일단 비가 내려서 살아 가고 있는 동안에는 아무도 하늘이 비를 내리는 것을 반가워하지 않습니다.

자산과 우리 선생님을 비유하자면, 이는 마치 도랑물과 하늘에서 내리는 비와 같습니다."」

(劉向,『說苑』<貴德>)

② 「제(齊) 경공(景公)이 자공(子貢)에게 말했다. "선생께서는 어느 분을 스승으로 모셨지요?"

자공이 대답했다. "노(魯) 나라의 중니(仲尼)십니다."

경공: "중니(仲尼)는 현자(賢者)였소?"

(자공): "성인(聖人)이셨습니다. 어찌 현자일 뿐이셨겠습니까!"

경공이 웃으면서 말했다. "성인이셨다니, 어떤 면이 그러하였소?"

자공: "모르겠습니다."

경공은 화가 나서 얼굴을 붉히면서 말했다. "처음에는 성인이라 하다가 지금은 모르겠다고 하니, 도대체 누구를 놀리는 거요?"

자공: "신(臣)은 평생 동안 하늘을 머리에 이고 살아 가지만 하늘이 얼마나 높은지 알지 못합니다. 평생 동안 땅을 밟고 살아 가지만, 땅이 얼마나 두터운지 알지 못합니다. 신(臣)이 중니(仲尼)를 스승으로 섬긴 것은, 비유하자면, 목이 말라서 병과 국자를 들고 강과 바다에 가서 그 물을 떠 마셨는데, 배가 부르자 떠나간 것과 같습니다. 그것으로 어찌 강과 바다의 깊이를 안다고 할 수 있겠습니까?"

경공: "선생의 중니(仲尼) 칭송이 너무 심하지 않소?"

자공: "신(臣)이 어찌 감히 심한 말을 할 수 있겠습니까? 오히려 미치지 못할까봐 걱정입니다. 신(臣)이 중니(仲尼)를 칭송하는 것은, 비유하자면, 두 손으로 흙을 떠받쳐 들고 태산에 갖다 붓는 것과 같으니, 그 때문에 태산의 흙이 더 늘어날 게 없음이 분명합니다. 만약 신이 중니를 헐뜯는다면, 그것은 마치 두 손으로 태산의 흙을 긁어내는 것과 같으니, 그 때문에 태산의 흙이 더 줄어들 게 없음도 분명합니다."

경공: "훌륭하신 말씀입니다."」

(『韓詩外傳』<卷八>)

20. 堯曰(요왈)

■ 요(堯) 임금께서 말씀하셨다. "아! 그대 순(舜)이여! 천운(天運)이 그대의 몸에 있으니, 정성스런 마음으로 중정(中正)의 도(道)를 붙잡고 실행해 나가오. 만약 천하의 인민들이 곤궁(困窮)해진다면, 하늘이 그대에게 내려 준 녹위(祿位)는 영원히 끊어져 버리고 말 것이오."

순(舜) 임금도 똑같은 말로써 천하를 우(禹) 임금에게 물려 주셨다.

堯曰: "咨①! 爾舜! 天之曆數②在爾躬, 允執其中③。四海困窮, 天祿永終④。" 舜亦以命禹。

❉ 주(注)

① 咨(자): 감탄사(感歎詞)로서, '아!'의 뜻이다.
② 歷數(역수): 제왕의 왕위가 계속 이어져 가는 순서. 여기서는 제왕이 될 천운(天運)으로 이해하면 된다.
③ 允執其中(윤집기중): "정성스런 마음으로(允) 그(其) 한 가운데를(中) 잡다(執)." 여기서 '中'은 양쪽 극단을 밝히 알고서도 그 '가운데'를 취하여 매사에 적용해 간다는 뜻으로, '中庸'의 사상은 여기에서 발단된다.
④ 天祿永終(천록영종): 이를 일반적으로는 "하늘의(天) 녹위가(祿) 영원히(永) 끊어지다(終)."라고 해석하지만, 고문에서는 대부분 '永終'이 '영원히 지속되다'는 뜻으로 쓰인다. 따라서 이 부분을, "정성스런 마음으로 그 중정(中正)의 도(道)를 붙잡아 실천하고, 항상 천하 인민들이 어려운 처지에 있음을 염두에 둔다면, 하늘이 내려 준 녹위는 영원히 지속될 것이다."라고 해석하는 것이 옳다.

●●●●●●●●●●

■ 상(商)의 탕(湯) 임금은 말했다: "저 소자(小子) 리(履)는 감히 검은 숫소를 제물로 바치면서, 감히 밝으시고 위대하신 하느님께 분명하게 고하나이다, 죄 있는 자를 감히 소자 맘대로 용서하지 않을 것임을. 하느님의 신하인 저는 [선(善)한 자

도 죄 있는 자도〕 감추지 아니할 터이온즉, 그들을 살펴 가려내는 일은 하느님의 마음에 달려 있사옵니다. 만약 저 자신의 몸에 죄가 있다면, 저로 인해 천하 만방(萬方)의 인민들이 죄받는 일이 없게 해 주시고, 만약 천하 만방의 인민들에게 죄가 있다면, 〔그 책임은 전적으로 저 한 몸에 있아오니〕 저 한 몸만 죄받게 해 주소서."

曰: "予小子履, 敢用玄牡, 敢昭告於皇皇后帝: 有罪不敢赦。帝臣不蔽, 簡在帝心①。朕躬有罪, 無以萬方②; 萬方有罪, 罪在朕躬。"

주(注)

① 簡在帝心(간재제심): "살펴서 가려내는 일은(簡) 하느님의(帝) 마음에(心) 있다(在)."
② 無以萬方(무이만방): "無以之及萬方"의 뜻이다. "그것으로써(以之) 만방에(萬方) 미치게(及) 하지 않다(無)." 여기서 '之'는 '朕躬之罪'를 가리킨다.

소(疏)

① 「옛날 탕(湯) 임금이 하(夏)의 걸왕(桀王)을 쳐서 이긴 후 천하를 바로 잡았다. 그러나 천하가 크게 가뭄이 들어 오

년 동안 큰 흉년이 들자, 탕 임금은 상림(桑林)에서 기우제를 지내면서 말했다. "저 한 사람에게 죄가 있으면(余一人有罪) 그 죄가 만백성에게 미치게 하지 마시고(無及萬夫), 만백성에게 죄가 있다면(萬夫有罪), 그 죄의 책임은 저 한 사람한테 있습니다(在余一人). 저 한 사람의 불민(不敏)함 때문에 하느님과 귀신들이 백성들의 목숨을 상하게 하는 일이 없게 해 주십시오."

그리고는 자기 머리카락을 자르고 두 손을 꽁꽁 묶어 자기 몸을 희생으로 삼아 하느님께 복을 빌었다.」

(『呂氏春秋』<季秋紀・順民>)

■ 자장(子張)이 공자께 물었다. "어떻게 해야 정치를 할 수 있습니까?"

공자께서 말씀하셨다. "다섯 가지의 미덕(美德)을 귀중히 여겨 실천하고, 네 가지의 악정(惡政)을 배제한다면 정치를 할 수 있느니라."

자장이 말했다. "다섯 가지의 미덕이란 무엇을 말합니까?"

공자께서 말씀하셨다. "군자는 백성들에게 혜택을 베풀되 비용을 들이지 않고, 백성들을 동원하여 일을 시키되 백성들이 원망하는 일이 없게 하며, 욕심을 부리되 탐욕(貪慾)스럽지 않으며, 태연하되 교만하지 않으며, 위엄이 있되 사납지 않은 것이다."

자장이 말했다. "어떻게 하는 것이 백성들에게 혜택을 베풀되 비용을 들이지 않는 것입니까?"

공자께서 말씀하셨다. "백성들이 스스로 이롭게 생각하는 것을 할 수 있도록 함으로써 그들에게 이익을 준다면, 이야말로 혜택을 베풀되 비용을 들이지 않는 것이 아니겠느냐? 백성들을 동원해서 일을 시키더라도 그들에게 이로운 일이나 그들의 생업에 지장이 없을 때를 택하여 일을 시킨다면, 그들이 누구를 원망하겠느냐? 인(仁)의 덕(德)을 욕심내어 인(仁)을 실천한다면, 그것이 어찌 탐욕이 되겠느냐? 군자가 사람을 대함에 있어서 상대가 다수이건 소수이건, 권력이 있는 자든 없는 자든 상관 없이 언제나 상대를 감히 업수이 여기지 않는다면, 이야말로 태연하되 교만하지 않은 것이 아니겠느냐? 군자가 자신의 몸가짐을 바르게 하고 엄숙한 마음으로 상대를 바라보고, 남들도 그를 엄숙하게 바라보고 두려워하게 한다면, 이야말로 위엄이 있되 사납지 않은 것이 아니겠느냐?"

자장이 말했다. "네 가지의 악정(惡政)이란 어

떤 것들입니까?"

공자께서 말씀하셨다. "가르쳐 주지는 않고 〔잘못하거나 죄를 지었다고〕 죽이는 것을 학(虐)이라 하고, 미리 타일러 주지 않고 속히 이루어 내기만 기대하는 것을 폭(暴)이라 하고, 일을 시작할 때는 애매하고 느긋하게 명령을 내려 놓고 완성을 재촉하는 것을 적(賊)이라 하고, 사람들에게 주는 것은 마찬가지인데 마지 못해 주는 것처럼 인색한 것을 유사(有司), 즉 말단 관리의 근성이라 한다."

子張問於孔子曰: "何如斯可以從政矣?" 子曰: "尊五美, 屛四惡, 斯可以從政矣." 子張曰: "何謂五美?" 子曰: "君子惠而不費, 勞而不怨, 欲而不貪①, 泰而不驕, 威而不猛." 子張曰: "何謂惠而不費?" 子曰: "因民之所利而利之②, 斯不亦惠而不費乎? 擇可勞而勞之, 又誰怨? 欲仁而得仁, 又焉貪? 君子無衆寡, 無小大, 無敢慢, 斯不亦泰而不驕乎? 君子正其衣冠, 尊其瞻視, 儼然人望③而畏之, 斯不亦威而不猛乎?" 子張曰: "何謂四惡?" 子曰: "不敎而殺謂之虐, 不戒視成謂之暴, 慢令致期謂之賊, 猶之④與人也, 出納之吝, 謂之有司."

🟡 주(注)

① 欲而不貪(욕이불탐) : "욕심은 내지만(欲) 그러나(而) 탐욕스럽지는(貪) 않다(不)." 여기서 '欲'은 다음에 '欲仁而得仁'이란 설명이 나오는 것으로써 알 수 있듯이, 선(善)한 목표를 세우고 그것을 실천하려는 의지나 의욕을 가리키는 것으로, 좋은 뜻으로 쓰인 것이다.

② 因民之所利而利之(인민지소리이리지) : "백성들이(民) 이롭게 여기는(利) 바에(所) 근거해서(因), 그들을(之) 이롭게 한다(利)."

　권력의 속성은 백성들의 자유로운 활동을 금지시키고 그것이 관철되는 것을 보는 데서 쾌감을 느끼면서 이런 저런 금령(禁令)을 많이 만들어 낸다. 이것이 요사이 말하는 정부의 온갖 '규제'이다. 백성들이 싫어하는 바 규제를 철폐하여 스스로 이익을 추구하게끔 하는 데는 비용이 들지 않는다. 그래서 "惠而不費"가 되는 것이다.

③ 儼然人望(엄연인망) : "사람들이(人) 그를(之) 엄연히(儼然) 바라본다(望)." 이것은 "(使)人儼然望(之)"에서 부사인 '儼然'이 주어 앞으로 前置된 것이다.

④ 猶之(유지) : "…와 같다." "…와 마찬가지다"는 뜻이다(＝均之).

🟡 소(疏)

①「맹자가 물었다. "목민(牧民)의 도(道)는 무엇을 우선합니까?"

　자사(子思)가 말했다. "우선 백성들을 이롭게 해 주는 것이다(先利之)."

맹자가 말했다. "군자가 백성들을 가르치는 데는 인(仁)과 의(義)로써 하면 그만인데 어째서 이(利)를 말씀하십니까?"

자사가 말했다. "인(仁)과 의(義)야말로 본래 백성들을 이롭게 해 주는 것이다. 윗사람이 인(仁)하지 못하면 백성들은 자신들이 원하는 곳에서 살 수 없고, 윗사람이 의(義)롭지 못하면 그들은 속이는 것을 즐기게 된다. 이것이야말로 크게 이롭지 못한 것이다."

그러므로 주역(周易)에서는 "이(利)란 의(義)가 조화(和)를 이룬 것이다"고 했고, 또한 "이(利)는 그로써 몸을 편안히 하고 덕(德)을 높이는 것이다"고 했으니, 이는 모두 이(利)의 중대한 면을 말한 것이다.」

(馬端臨, 『文獻通考』<二百八>)

●●●●●●●●●

■ 공자께서 말씀하셨다. "명(命)을 알지 못하면 군자가 될 수 없고, 예(禮)를 모르면 사회에 나가 설 수 없고, 말(言)을 알지 못하면 사람을 알 수 없다."

子曰: "不知命①, 無以爲君子也; 不知禮, 無以立也; 不知言, 無以知人也."

❖ 주(注)

① 命(명): 천명. 운명. 천명과 운명은 대체로 같은 뜻이지만, 운명은 주로 개인의 장수와 요절, 길흉과 화복 등의 운수를 가리키고, 천명은 주로 추구하는 일과 관련되거나 사회나 국가의 흥망성쇠와 관련되어 쓰이는 경우가 많다. 논어에서 '命'은 천명이란 뜻으로도, 운명이란 뜻으로도 쓰이고 있다.

❖ 소(疏)

① 「맹자가 말했다. "단명하든 장수하든 괘념치 않고 몸과 마음을 닦으면서 명을 기다리는 것, 이것이 곧 안신입명(安身立命)의 방법이다. 명(命) 아닌 것이 없으나, 순리대로 행동할 때에만 바른 명(正命)을 받을 수 있다. 그러므로 명(命)을 아는 자는 넘어질 위험이 있는 담장 밑에 서지 않는다.

그 도(道)를 다하고서 죽는 것이 바른 명(正命)이다. 죄를 지어 손발에 쇠고랑이나 차꼬를 차고 죽는 것은 바른 명(正命)이 아니다…」

「입이 좋은 맛을, 눈이 고운 색을, 귀가 아름다운 소리를, 코가 향기로운 냄새를, 몸이 편안함을 추구하는 것은 본성(性)이지만, (그러나 그것들을 얻을 수 있느냐 없느냐는) 명

(命)에 의해 결정되기도 하므로, 군자는 그것을 본성으로 여겨서 반드시 충족시키려 하지 않고, 명(命)으로 간주한다.

인(仁)이 부자간에, 의(義)가 군신간에, 예(禮)가 주빈(主賓)간에, 지(智)가 현자에게, 성인(聖人)이 천도(天道)의 실현에 대하여 갖는 관계는 명(命)에 의해 결정되는 것이지만(애써 추구한다고 꼭 이룰 수 있는 것은 아니고, 그 성사 여부가 하늘에 달려 있다), 이것은 인간의 본성(性)이기도 하므로, 군자는 이것을 명(命)으로 여기지 않는다(마치 본성을 충족시키려고 애쓰듯이 꾸준히 추구한다).」

(『孟子』<盡心下>)

* 仁·義·禮·智·天道는 득위(得位)하였을 때에만 천하에 시행할 수 있는바, 이것이 소위 도(道)가 장차 실행되느냐 않느냐는 명(命)에 달렸다고 한 것이다.

  군자는 도(道)를 행하여 천하를 편안하게 하려는 마음을 가지고 있으므로, 천하의 명(命)은 군자에게 달려 있다. 공자가 불가능한 줄 알면서도 천하를 구하려고 열심히 돌아다닌 것은 그것을 명(命)으로 간주하지 않고 그것의 실현을 자기의 본성(性)으로 자임했기 때문인바, 그래서 성인이 천도의 실현에 대하여 갖는 관계를 명(命)이라 하지 않았던 것이다.

② 「하늘의 명령(令)을 명(命)이라 하는데, 명(命)은 성인(聖人)이 아니면 행할 수 없고, 꾸밈이 없는 바탕(質樸)을 성(性)이라 하는데, 성(性)은 교화(敎化)가 아니면 완성할

수 없고, 사람의 욕망(人欲)을 정(情)이라 하는데, 정(情)은 제도가 아니면 절제할 수 없다.……

사람은 하늘로부터 명(命)을 받는바, 이는 본래 다른 무리의 생명(群生)들과는 뛰어나게 다르다. 집 안에서는 부자와 형제간의 친함(親)이 있고, 밖에 나가서는 군신과 상하간의 의(義)가 있고, 모임과 만남에 있어서는 노인과 어른과 아이간에 서로 베풂이 있으며, 서로 사귀고 서로 사랑함에는 아름다운 꾸밈과 즐거운 은혜가 있으니, 이야말로 사람이 귀한 이유(所以)이다. 오곡을 길러서 먹고, 뽕과 삼을 심어 옷을 해 입고, 여섯 가지 가축으로써 몸을 기르고, 소와 말을 부리고 타는 것은, 사람이 하늘의 영(靈)을 받아 기타 만물보다 귀하기 때문이다. 그래서 공자께서는 "천지간의 만물 중에서 사람이 가장 귀하다"고 했던 것이다.

천성(天性)에 밝아야 자기가 만물보다 귀함을 알고, 만물보다 귀함을 알고 난 후에야 인(仁)과 의(義)를 알게 된다. 인(仁)과 의(義)를 알고 난 후에야 예절을 중히 여기게 되고, 예절을 중히 여긴 후에야 선(善)을 행함에 편안함을 느끼게 되고, 그런 후에야 순리(循理)를 즐기게 되고, 순리(循理)를 즐기게 된 후에야 그를 군자(君子)라 할 수 있다. 그래서 공자께서는 "명(命)을 알지 못하면 군자가 될 수 없다"고 하셨던 것이다.

(班固, 『漢書』 <董仲舒傳>)

③「장차 모반하려는 자의 말에는 부끄러워하는 기색이 들

어 있고(慙), 마음에 의혹을 품고 있는 자의 말에는 나뭇가지 갈라지듯 갈래가 져서 두서가 없으며(枝), 길(吉)한 사람의 말은 진실하고 솔직하여 말수가 적고(寡), 조급한 자의 말은 경박하여 수다스러우며(多), 선량한 사람을 무함하는 자의 말은 그 심중에서 우러나오지 않은 것이어서 말이 왔다 갔다 하며(遊), 자신의 본분을 잃어 버린 자의 말은 구부러져서 펴지지 않는다(屈).」

(『周易』<繫辭下>)

④ 「공손추(公孫丑). "말을 안다(知言)는 것은 무엇을 말합니까?"

맹자. "공정하지 못하고 한 쪽으로 치우친 말(詖辭)을 들으면 그가 무엇을 감추고 있는지 알 수 있고, 허황된 말(淫辭)을 들으면 그의 마음이 어디에 빠져 있는지 알 수 있고, 부정한 말(邪辭)을 들으면 어떤 점이 정도에서 벗어나 있는지 알 수 있고, 변명의 말(遁辭)을 들으면 그가 어떤 궁지에 몰려 있는지 알 수 있다. 이 네 가지 말은 마음에서 생겨나 밖으로 나타나는 것으로 반드시 정사(政事)에 해를 끼치게 된다.」

(『孟子』<公孫丑上>)

논어 색인(문항, 내용)

〔ㄱ〕　　　　　　　(예: 가인(可忍)63⇒65)

가여공학, 가여적도(可與共學, 可與適道) / 221
가여언이불여지언, 실인(可與言而不與之言, 失人) / 329
가여적도, 가여립(可與適道, 可與立) / 221
가인(可忍) / 63
가위호학야의(可謂好學也矣) / 417
가자여지, 기불가자거지(可者與之, 其不可者拒之) / 415
간간여야(侃侃如也) / 225
간재제심(簡在帝心) / 443
강, 익(綱, 弋) / 175
거경이행간(居敬而行簡) / 136
거일우, 불이삼우반(擧一隅, 不以三隅反) / 164-5
거직조제왕(擧直錯諸枉) / 57
거직조제왕, 능사왕자직(擧直錯諸枉, 能使枉者直) / 279
격(格) / 38
견득사의(見得思義) / 369
견선여불급, 견불선여탐탕(見善如不及, 見不善如探湯) / 371
견소리, 즉대사불성(見小利, 則大事不成) / 295
견의불위, 무용야(見義不爲, 無勇也) / 60
견현사제언(見賢思齊焉) / 101
경사이신(敬事而信) / 19
경야, 뇌재기중의(耕也, 餒在其中矣) / 348
계손지우, 재소장지내야(季孫之憂, 在蕭牆之內也) / 358-9
계씨장벌전유(季氏將伐顓臾) / 357
고구무대고, 즉불기야(故舊無大故, 則不棄也) / 409
고기양단이갈언(叩其兩端而竭焉) / 207
고불고, 고재, 고재(觚不觚, 觚哉, 觚哉) / 155

고삭지희양(告朔之餼羊) / 75
고지재, 고지재(沽之哉, 沽之哉) / 210
곡(穀) / 308
곡굉이침지(曲肱而枕之) / 168
공기악, 무공인지악(攻己惡, 無攻人之惡) / 277, 398
공이무례즉로(恭而無禮則勞) / 182
공욕선기사, 필선리기기(工欲善其事, 必先利其器) / 333
공자질부언지과기행자(孔子疾夫言之過其行者) / 318
공호이단(攻乎異端) / 53
과소군(寡小君) / 375
과유불급(過猶不及) / 242
과이불개, 시위과의(過而不改, 是謂過矣) / 346
과즉물탄개(過則勿憚改) / 26
관(觀) / 385, 386
관기소유(觀其所由) / 46
교소천혜, 미목반혜(巧笑倩兮, 美目盼兮) / 71
교언란덕. 소불인, 즉란대모(巧言亂德 小不忍, 則亂大謀) / 344
교언영색, 선의인(巧言令色, 鮮矣仁) / 16
교지(教之) / 292
교학상장(教學相長) / 240
구급(口給) / 116
구릉학산, 이부지우산(丘陵學山, 而不至于山) / 147
구분(廄焚) / 230
구비언(求備焉) / 305
구신(具臣) / 252
구이(九夷) / 211
구이경지(久而敬之) / 126
구자지불욕(苟子之不欲) / 274
군거종일, 언불급의(群居終日, 言不及義) / 339
군군, 신신, 부부, 자자(君君, 臣臣, 父父, 子子) / 268

군려지사, 미지학야(軍旅之事, 未之學也) / 322
군명소, 불사가행의(君命召, 不俟駕行矣) / 232
거무구안(居無求安) / 31
군부인(君夫人) / 376
군사신이례, 신사군이충(君使臣以禮, 臣事君以忠) / 77
군자고궁, 소인궁사람의(君子固窮, 小人窮斯濫矣) / 324
군자구제기, 소인구제인(君子求諸己, 小人求諸人) / 340
군자거인, 오호성명(君子去仁, 惡乎成名) / 88
군자거지, 하루지유(君子居之, 何陋之有) / 211
군자모도불모식(君子謀道不謀食) / 348
군자무본, 본립이도생(君子務本, 本立而道生) / 15
군자무소쟁, 필야사호(君子無所爭, 必也射乎) / 69
군자무행이유불행(君子無幸而有不幸) / 150
군자불기(君子不器) / 49
군자불우불구(君子不憂不懼) / 259
군자불이언거인, 불이인폐언(君子不以言擧人, 不以人廢言) / 341
군자성인지미(君子成人之美) / 271
군자식무구포(君子食無求飽) / 31
군자신이후로기민, 신이후간(君子信而後勞其民, 信而後諫) / 421
군자어기소부지, 개궐여야(君子於己所不知, 蓋闕如也) / 287
군자역유오호(君子亦有惡乎) / 398
군자우도불우빈(君子憂道不憂貧) / 348
군자유구사(君子有九思) / 369
군자유삼계(君子有三戒) / 366
군자유어의, 소인유어리(君子喩於義, 小人喩於利) / 99
군자욕눌어언이민어행(君子欲訥於言而敏於行) / 105
군자이사이난열야(君子易事而難說也) / 305
군자일언이위지(君子一言以爲知) / 437
군자지거상(君子之居喪) / 395
군자지과야, 여일월지식언(君子之過也, 如日月之食焉) / 430

군자지덕풍, 소인지덕초(君子之德風, 小人之德草) / 275
군자혜이불비(君子惠而不費) / 446
군자화이부동(君子和而不同) / 300
궁자후이박책어인(躬自厚而薄責於人) / 336
권(權) / 222
극기복례위인(克己復禮爲仁) / 255
근자열, 원자래(近者說, 遠者來) / 293
금지효자, 시위능양(今之孝子, 是謂能養) / 42
급기노야, 혈기기쇄, 계지재득(及其老也, 血氣旣衰, 戒之在得) / 366
급기장야, 혈기방강, 계지재투(及其壯也, 血氣方剛, 戒之在, 鬪) / 366
기득지, 환실지(旣得之, 患失之) / 393
기래지, 즉안지(旣來之, 則安之) / 358
기불칭기력, 칭기덕(驥不稱其力, 稱其德) / 318
기생야영, 기사야애(其生也榮, 其死也哀) / 437
기서호. 기소불욕, 물시어인(其恕乎. 己所不欲, 勿施於人) / 342
기소불욕, 물시어인(己所不欲, 勿施於人) / 256, 257, 271, 342
기소욕달, 달인(己所欲達, 達人) / 256
기소욕립, 립인(己所欲立, 立人) / 256, 271
기신부정, 수령부종(其身不正, 雖令不從) / 289
기신정, 불령이행(其身正, 不令而行) / 289
기왕불구(旣往不咎) / 79
기욕달이달인(己欲達而達人) / 160
기욕립이립인(己欲立而立人) / 160
기위인야효제(其爲人也孝悌) / 15
기자위지노, 비간간이사(箕子爲之奴, 比干諫而死) / 400
기지(器之) / 305

〔ㄴ〕

남면(南面) /136

내성불구(內省不疚) / 259
내자송(內自訟) / 132
노자안지(老者安之) / 130
능근취비(能近取譬) / 160
능일일용기력어인호(能一日用其力於仁乎) / 90

〔ㄷ〕

다견궐태(多見闕殆) / 56
다견기부지량(多見其不知量) / 435, 436
다능비사(多能鄙事) / 205-6
다문궐의(多聞闕疑) / 56
다지어조수초목지명(多識於鳥獸草木之名) / 385
다학이지지(多學而識之) / 328
당인, 불양어사(當仁, 不讓於師) / 349
대거무예, 소거무월(大車無輗, 小車無軏) / 58
대덕불유한, 소덕출입가야(大德不踰閑, 小德出入可也) / 423
덕불고, 필유린(德不孤, 必有鄰) / 106
덕지불수, 학지불강(德之不修, 學之不講) / 163
덕행(德行) / 238, 239
도도자천하개시야(滔滔者天下皆是也) / 407
도부동, 불상위모(道不同, 不相爲謀) / 352
도불행, 승부부우해(道不行, 乘桴浮于海) / 117
도지이정, 제지이형(道之以政, 齊之以刑) / 38
도천승지국(道千乘之國) / 19, 20
도청이도설, 덕지기야(道聽而塗說, 德之棄也) / 391
동심상응, 동기상구(同心相應, 同氣相求) / 107
득방가자(得邦家者) / 437
득삼(得三) / 375

논어색인(문항, 내용) 459

[ㄹ]

락절예악(樂節禮樂) / 364
력부족자, 중도이폐(力不足者, 中道而廢) / 146
로오로, 이급인지로(老吾老, 以及人之老) / 131
로이불원(勞而不怨) / 446
리인위미(里仁爲美) / 83
리우지자성차각(犁牛之子騂且角) / 140

[ㅁ]

만방유죄, 죄재짐궁(萬方有罪, 罪在朕躬) / 443
맹지반불벌, 분이전(孟之反不伐, 奔而殿) / 148
맹씨사양부위사사, 문어증자(孟氏使陽膚爲士師, 問於曾子) / 428
명(命) / 449
명고이공지(鳴鼓而攻之) / 243
명부정, 즉언불순(名不正, 則言不順) / 287
명의(明衣) / 227
묘이불수자, 수이불실자(苗而不秀者, 秀而不實者) / 216
무구비어일인(無求備於一人) / 409
무내이시과여(無乃爾是過與) / 357, 358
무덕이칭언(無德而稱焉) / 373
무우불여기자(無友不如己者) / 26
무이위야, 중니불가훼야(無以爲也, 仲尼不可毁也) / 435
문무지도, 미추어지(文武之道, 未墜於地) / 431
문의불능사(聞義不能徙) / 163
문일득삼(問一得三) / 375
문학(文學) / 238, 239
물기야, 이범지(勿欺也, 而犯之) / 314
미견기과이내자송자(未見其過而內自訟者) / 132

미견안색이언위지고(未見顔色而言謂之瞽) / 365
미능사인, 언능사귀(未能事人, 焉能事鬼) / 240
미목반혜(美目盼兮) / 71
미자거지, 기자위지노(微子去之, 箕子爲之奴) / 400
미지생, 언지사(未知生, 焉知死) / 240
민어사이신어언(敏於事而愼於言) / 31
민이호학, 불치하문(敏而好學, 不恥下問) / 125

[ㅂ]

박시어민이능제중(博施於民而能濟衆) / 160
박아이문, 약아이례(博我以文, 約我以禮) / 208-9
박학어문, 약지이례(博學於文, 約之以禮) / 159
박학이독지, 절문이근사(博學而篤志, 切問而近思) / 418
박혁자(博奕者) / 397
반소사음수, 곡굉이침지(飯疏食飮水, 曲肱而枕之) / 168
발분망식, 락이망우(發憤忘食, 樂而忘憂) / 170
방무도, 곡, 치(邦無道, 穀, 恥) / 308
방무도, 부차귀언, 치야(邦無道, 富且貴焉, 恥也) / 198
방어리이행, 다원(放於利而行, 多怨) / 94
방유도, 곡(邦有道, 穀) / 308
방유도, 빈차천언, 치야(邦有道, 貧且賤焉, 恥也) / 198
백관지부(百官之富) / 434
백성족, 군숙여부족(百姓足, 君孰與不足) / 266
백이, 숙제 불념구악(伯夷,叔齊 不念舊惡) / 128, 129
백이숙제아우수양지하(伯夷叔齊餓于首陽之下) / 373
백천학해, 이지우해(百川學海, 而至于海) / 147
범이불교(犯而不校) / 188
변두지사(籩豆之事) / 187
복(腹) / 30

봉혜,봉혜(鳳兮, 鳳兮) / 405
부모유기질지우(父母唯其疾之憂) / 41
부모재, 불원유, 유필유방(父母在, 不遠遊, 遊必有方) / 102
부모지년, 불가부지야(父母之年, 不可不知也) / 103
부부, 자자(父父, 子子) / 268
부수지소(膚受之愬) / 260
부여귀, 시인지소욕야(富與貴, 是人之所欲也) / 88
부위자은, 자위부은(父爲子隱, 子爲父隱) / 297
부이가구야, 수집편지사(富而可求也, 雖執鞭之士) / 167
부이무교이(富而無驕易) / 312
분이전(奔而殿) / 148
부익지(附益之) / 243
부지노지장지(不知老之將至) / 170
부자지도, 충서이이의(夫子之道, 忠恕而已矣) / 97
부자지득방가자(夫子之得邦家者) / 437
부자지불가급야(夫子之不可及也) / 437
부자지장수인(夫子之牆數仞) / 434
부재, 관기지(父在, 觀其志) / 28
부지(富之) / 292
부지례, 무이립야(不知禮, 無以立也) / 449
부지명, 무이위군자야(不知命, 無以爲君子也) / 449
부지언, 무이지인야(不知言, 無以知人也) / 449
북신(北辰) / 35
분토지장불가오야(糞土之牆不可杇也) / 121
불가여언이여지언, 실언(不可與言而與之言, 失言) / 329
불가이작무의(不可以作巫醫) / 299
불감기우(不堪其憂) / 142
불개기락(不改其樂) / 142
불념구악(不念舊惡) / 128, 129
불분불계, 불비불발(不憤不啓, 不悱不發) / 164-5

불사가행의(不俟駕行矣) / 232
불사주야(不舍晝夜) / 212
불수명(不受命) / 245
불시기친(不施其親) / 409
불왈여지하,여지하자(不曰如之何, 如之何者) / 337
불의이부차귀, 어아여부운(不義而富且貴, 於我如浮雲) / 168
불이과(不貳過) / 138
불입어실(不入於室) / 247
불천노, 불이과(不遷怒, 不貳過) / 138
불치하문(不恥下問) / 125
불학례, 무이립(不學禮, 無以立) / 375
불학시, 무이언(不學詩, 無以言) / 375
불항기덕, 혹승지수(不恒其德, 或承之羞) / 299
불환과이환불안(不患寡而患不安) / 358-9
불환무위, 환소이립(不患無位, 患所以立) / 96
불환빈이환불균(不患貧而患不均) / 358-9
불환인지불기지(不患人之不己知) / 34
붕우사, 무소귀(朋友死, 無所歸) / 233
붕우신지(朋友信之) / 130
비간간이사(比干諫而死) / 400
비기귀이제지, 첨야(非其鬼而祭之, 諂也) / 60
비례물동(非禮勿動) / 255
비례물시, 비례물청(非禮勿視, 非禮勿聽) / 255
비부가여사군야여재(鄙夫可與事君也與哉) / 393
비여위산, 미성일궤(譬如爲山, 未成一簣) / 214
비여평지, 수복일궤(譬如平地, 雖覆一簣) / 214
비이불주(比而不周) / 51
비이소급(非爾所及) / 123
빈여천, 시인지소오야(貧與賤, 是人之所惡也) / 88
빈여천, 불이기도득지(貧與賤, 不以其道得之) / 88

빈이락, 부이호례(貧而樂, 富而好禮) / 33
빈이무원난, 부이무교이(貧而無怨難, 富而無驕易) / 312
빈이무첨, 부이무교(貧而無諂, 富而無驕) / 33

〔ㅅ〕

사견위치명, 견득사의(士見危致命, 見得思義) / 413
사군삭, 사욕의(事君數, 斯辱矣) / 108
사귀신(事鬼神) / 240
사기대부지현자, 우기사지인자(事其大夫之賢者, 友其士之仁者) / 333
사면(師冕) / 353
사무사(思無邪) / 37
사민여승대제(使民如承大祭) / 257
사민이시(使民以時) / 19
사부주피(射不主皮) / 73
사불가이불홍의(士不可以不弘毅) / 189
사불성, 즉 예악불흥(事不成, 則禮樂不興) / 287
사불수명, 이화식언(賜不受命, 而貨殖焉) / 245
사불염정(食不厭精) / 228, 229
사십오십이무문언(四十五十而無聞焉) / 217
사십이불혹(四十而不惑) / 40
사악(四惡) / 446
사이불학즉태(思而不學則殆) / 52
사이우즉학, 학이우즉사(仕而優則學, 學而優則仕) / 426
사이회거, 부족이위사의(士而懷居, 不足而爲士矣) / 310
사즉불손, 검즉고(奢則不孫, 儉則固) / 179
사지어도, 이치악의악식자(士志於道, 而恥惡衣惡食者) / 93
사직지신야(社稷之臣也) / 358
사해곤궁, 천록영종(四海困窮, 天祿永終) / 441
살신이성인(殺身以成仁) / 330

삼가자이옹철(三家者以雍徹) / 64
삼군가탈수야(三軍可奪帥也) / 218
삼년무개어부지도(三年無改於父之道) / 28
삼년지상, 천하지통상야(三年之喪, 天下之通喪也) / 395
삼십이립(三十而立) / 40
삼월불위인(三月不違仁) / 141
삼인행, 필유아사언(三人行, 必有我師焉) / 173
삼일부조, 공자행(三日不朝, 孔子行) / 403
삼후이작(三嗅而作) / 235
상, 여기이야, 녕척(喪, 與其易也, 寧戚) / 66
상사지도(相師之道) / 353
상실기도, 민산구의(上失其道, 民散久矣) / 428
색난(色難) / 44
색려이내임(色厲而內荏) / 388
색사거의(色斯擧矣) / 235
생이지지(生而知之) / 172
세불아여(歲不我與) / 378
서의재(庶矣哉) / 292
서자여사부, 불사주야(逝者如斯夫, 不舍晝夜) / 212
선고(善賈) / 210
선사후득, 비숭덕여(先事後得, 非崇德與) / 277
선유사, 사소과, 거현재(先有司, 赦小過, 擧賢才) / 285
선지로지(先之勞之) / 283
선진어예악(先進於禮樂) / 237
선행기언이후종지(先行其言而後從之) / 50
성사불설(成事不說) / 79
성상근야, 습상원야(性相近也, 習相遠也) / 381
성어악(成於樂) / 190-1
성차각(騂且角) / 140
소동(小童) / 375

소불인, 즉란대모(小不忍, 則亂大謀) / 344
소이위현(素以爲絢) / 71, 72
소인난사이이열야(小人難事而易說也) / 305
소인동이불화(小人同而不和) / 300
소인유행이무불행(小人有幸而無不幸) / 150
소인지과야, 필문(小人之過也, 必文) / 419
소자명고이공지, 가야(小子鳴鼓而攻之, 可也) / 243
소자회지(少者懷之) / 130
소지시, 혈기미정, 계지재색(少之時, 血氣未定, 戒之在色) / 366
송백지후조(松柏之後彫) / 219
수사불간, 기왕불구(遂事不諫, 旣往不咎) / 79
수상지부절(雖賞之不竊) / 274
수욕정이풍부지(樹欲靜而風不止) / 103
수유속, 오득이식제(雖有粟, 吾得而食諸) / 268
수이불실자(秀而不實者) / 216
숙량흘(叔梁紇) / 73
숙손무숙어대부(叔孫武叔語大夫) / 434
숙손무숙훼중니(叔孫武叔毁仲尼) / 435
순순여야(恂恂如也) / 224
술이부작, 신이호고(述而不作, 信而好古) / 162
승부부우해(乘桴浮于海) / 117
시기소이(視其所以) / 46
시삼백, 일언이폐지(詩三百, 一言而蔽之) / 37
시어군자유삼건(侍於君子有三愆) / 365
시, 가이흥, 가이관, 가이군(詩, 可以興, 可以觀, 可以群) / 385
식불어, 침불언(食不語, 寢不言) / 228, 229
신체발부, 수지부모(身體髮膚, 受之父母) / 184
신근어의(信近於義) / 30
신이무례즉사(愼而無禮則葸) / 182
신이호고(信而好古) / 162

십실지읍, 필유충신(十室之邑, 必有忠信) / 133

〔ㅇ〕

아미견력부족자(我未見力不足者) / 90
아지대현여(我之大賢與) / 415
악(樂) / 80, 81
악기가지야(樂其可知也) / 80
악운악운, 종고운호재(樂云樂云, 鐘鼓云乎哉) / 387
안평중선여인교(晏平仲善與人交) / 126
안회(顔回) / 45
앙지미고, 찬지미견(仰之彌高, 鑽之彌堅) / 208
약아이례(約我以禮) / 208-9
애인(愛人) / 279
애지, 능물로호(愛之, 能勿勞乎) / 311
어아여부운(於我如浮雲) / 168
어인이구급루증어인(禦人以口給屢憎於人) / 116
억즉루중(億則屢中) / 245, 246
언미급지이언위지조(言未及之而言謂之躁) / 365
언불순, 즉사불성(言不順, 則事不成) / 287
언어(言語) / 238, 239
언인지불선, 당여후환하(言人之不善, 當如後患何) / 398
여기불손야, 영고(與其不遜也, 寧固) / 179
여리박빙(如履薄氷) / 184, 195
여림심연, 여리박빙(如臨深淵, 如履薄氷) / 184, 195
여사언지도여(與師言之道與) / 353
여여회야숙유(女與回也孰愈) / 119
여유주공지재지미(如有周公之才之美) / 196
여절여차, 여탁여마(如切如磋, 如琢如磨) / 33
역부족자(力不足者) / 90

영윤자문삼사위영윤(令尹子文三仕爲令尹) / 127
예, 여기사야, 녕검(禮, 與其奢也, 寧儉) / 66
예, 월(輗, 軏) / 58
예악불흥, 즉 형벌부중(禮樂不興, 則刑罰不中) / 287
예운예운, 옥백운호재(禮云禮云, 玉帛云乎哉) / 387
예지용, 화위귀(禮之用, 和爲貴) / 29
오거하류이산상자(惡居下流而訕上者) / 398
오과감이질자(惡果敢而窒者) / 398
오당유직궁자(吾黨有直躬者) / 297
오미(五美) / 446
오미지여지하야(吾未如之何也) / 337
오비사인지도여수여(吾非斯人之徒與誰與) / 407, 408
오상종일불식, 종야불침(吾嘗終日不食, 終夜不寢) / 347
오소야천, 고다능비사(吾少也賤, 故多能鄙事) / 206
오십이지천명(五十而知天命) / 40
오여회언종일(吾與回言終日) / 45
오용이무례자(惡勇而無禮者) / 398
오이자위이지문(吾以子爲異之問) / 251
오일삼성오신(吾日三省吾身) / 18
오칭인지악자(惡稱人之惡者) / 398
온고이지신(溫故而知新) / 48
옹철(雍徹) / 64
왕자불가간, 래자유가추(往者不可諫, 來者猶可追) / 405
욕속, 즉부달(欲速, 則不達) / 295
욕이불탐(欲而不貪) / 446
용이무례즉란(勇而無禮則亂) / 182
용·화(用·和) / 29
용자불구(勇者不懼) / 220
우량, 우다문(友諒, 友多聞) / 361
우선유, 우편영(友善柔, 友便佞) / 361

우직, 우량, 우다문(友直, 友諒, 友多聞) / 361
우편벽, 우선유, 우편영(友便辟, 友善柔, 友便佞) / 361
운독이장제(韞匵而藏諸) / 210
원려, 근우(遠慮, 近憂) / 335
원유, 필유방(遠遊, 必有方) / 102
원인불복, 즉수문덕이래지(遠人不服, 則修文德以來之) / 358
위공손조문어자공(衛公孫朝問於子貢) / 431
위력부동과(爲力不同科) / 73
위이불맹(威而不猛) / 446
위인유기(爲仁由己) / 255
위정이덕, 비여북신…(爲政以德, 譬如北辰…) / 35
위지불염, 회인불권(爲之不厭, 誨人不倦) / 177
유교무류(有敎無類) / 350
유미옥어사(有美玉於斯) / 210
유붕자원방래(有朋自遠方來) / 11, 12
유사존(有司存) / 187
유살신이성인(有殺身以成仁) / 330
유소립탁이(有所立卓爾) / 208, 209
유오유, 이급인지유(幼吾幼, 以及人之幼) / 131
유인자능호인(惟仁者能好人) / 87
유일언이가이종신행지자호(有一言而可以終身行之者乎) / 342
유주식, 선생찬(有酒食, 先生饌) / 44
유치차격(有恥且格) / 38
유필유방(遊必有方) / 102
육십이이순(六十而耳順) / 40
육언육폐(六言六蔽) / 383
육폐(六蔽) / 383
윤집기중(允執其中) / 441
은거이구기지(隱居以求其志) / 371
은유삼인언(殷有三仁焉) / 400

이기기(利其器) / 333
이능문어불능(以能問於不能) / 187
이다문어과(以多問於寡) / 187
이덕보원(以德報怨) / 319
이불교민전, 시위기지(以不敎民戰, 是謂棄之) / 307
이사, 무익, 불여학야(以思, 無益, 不如學也) / 347
이소부지, 인기사제(爾所不知, 人其舍諸) / 285
이약실지자선의(以約失之者鮮矣) / 104
이윤(伊尹) / 279
이적지유군(夷狄之有君) / 68
이직보원, 이덕보덕(以直報怨, 以德報德) / 319
익자삼락, 손자삼락(益者三樂, 損者三樂) / 364
익자삼우, 손자삼우(益者三友, 損者三友) / 361
인(仁) / 98, 256, 279
인(忍) / 344
인무원려, 필유근우(人無遠慮, 必有近憂) / 335
인민지소리이리지(因民之所利而利之) / 446
인부지이불온(人不知而不慍) / 11, 13
인이무신, 부지기가(人而無信, 不知其可) / 58
인이무항, 불가이작무의(人而無恒, 不可以作巫醫) / 299
인이불인, 여례하(人而不仁, 如禮何) / 65
인이위기임(仁以爲其任) / 189
인언수재(人焉廋哉) / 46
인자, 기욕달이달인(仁者, 己欲達而達人) / 160
인자불우, 용자불구(仁者不憂, 勇者不懼) / 220
인자요산(仁者樂山) / 152-4
인자안인, 지자리인(仁者安仁, 知者利仁) / 85
인자정(仁者靜) / 152-5
인지과야, 각어기당(人之過也, 各於其黨) / 91
인지생야직(人之生也直) / 149

인지장사, 기언야선(人之將死, 其言也善) / 186
일단사, 일표음, 재누항(一簞食, 一瓢飮, 在陋巷) / 142
일언이위부지(一言以爲不知) / 437
일언이폐지(一言而蔽之) / 37
일월서의, 세불아여(日月逝矣, 歲不我與) / 378
일이관지(一以貫之) / 97, 328
일지기소망, 월무망기소능(日知其所亡, 月無忘其所能) / 417
임중이도원(任重而道遠) / 189
입어례(立於禮) / 190-1
입태묘, 매사문(入太廟, 每事問) / 232

〔ㅈ〕

자고개유사(自古皆有死) / 262
자공욕거고삭지희양(子貢欲去告朔之餼羊) / 75
자공현어중니(子貢賢於仲尼) / 434
자로문사군(子路問事君) / 314
자상백자(子桑伯子) / 136
자수이정, 숙감부정(子帥以正, 孰敢不正) / 272
자식어유상자측(子食於有喪者側) / 166
자어노태사악(子語魯太師樂) / 80
자여인가이선(子與人歌而善) / 176
자외어광(子畏於匡) / 204
자욕거구이(子欲居九夷) / 211
자욕선이민선의(子欲善而民善矣) / 275
자욕양이친부대야(子欲養而親不待也) / 103
자위정, 언용살(子爲政, 焉用殺) / 275
자입태묘, 매사문(子入太廟, 每事問) / 72
자하(子夏) / 24, 44
자하지문인문교어자장(子夏之門人問交於子張) / 415

논어색인(문항, 내용)   471

자한언리여명여인(子罕言利與命與仁) / 202-3
자행속수이상, 오미상회언(自行束脩以上, 吾未嘗誨焉) / 351
장저, 걸익우이경, 공자과지(長沮, 桀溺耦而耕, 孔子過之) / 407
재, 필유명의(齋, 必有明衣) / 227
재가무원(在家無怨) / 257
재방무원, 재가무원(在邦無怨, 在家無怨) / 257
재여주침(宰予晝寢) / 121
재진절량, 종자병, 막능흥(在陳絶糧, 從者病, 莫能興) / 324
제경공유마천사(齊景公有馬千駟) / 373
제사경, 상사애(祭思敬, 喪思哀) / 413
제인귀여악, 계환자수지(齊人歸女樂, 季桓子受之) / 403
제자, 입즉효(弟子, 入則孝) / 23
제자숙위호학(弟子孰爲好學) / 137
전불습호(傳不習乎) / 18
전전긍긍(戰戰兢兢) / 184, 195
절문이근사(切問而近思) / 418
절용이애인(節用而愛人) / 19
절차탁마(切磋琢磨) / 33
정유인언(井有仁焉) / 157
정자, 정야(政者, 正也) / 272
조두지사, 상문지의(俎豆之事, 嘗聞之矣) / 320
조문도, 석사가의(朝聞道, 夕死可矣) / 92
조수불가여동군(鳥獸不可與同群) / 407
조이불강, 익불사숙(釣而不綱, 弋不射宿) / 175
조지장사, 기명야쇠(鳥之將死, 其鳴也哀) / 186
족식, 족병, 민신지의(足食, 足兵, 民信之矣) / 262
존현이용중, 가선이긍불능(尊賢而容衆, 嘉善而矜不能) / 415
주공(周公) / 196
주급불계부(周急不繼富) / 139
주이불비(周而不比) / 51

중니, 일월야(仲尼, 日月也) / 435
중니언학(仲尼焉學) / 431
중도이폐(中道而廢) / 146
중성공지(衆星共之) / 35
중오지, 필찰언(衆惡之, 必察焉) / 345
중호지, 필찰언(衆好之, 必察焉) / 345
지, 오지야(止, 吾止也) / 214
지사인인무구생이해인(志士仁人無求生而害仁) / 330
지어견마, 개능유양(至於犬馬, 皆能有養) / 42, 43
지인(知人) / 279
지자동, 인자정(知者動, 仁者靜) / 152-5
지자리인(知者利仁) / 85
지자불실인, 역불실언(知者不失人, 亦不失言) / 329
지자불혹, 인자불우(知者不惑, 仁者不憂) / 220
지자요수, 인자요산(知者樂水, 仁者樂山) / 152-4
지지위지지(知之爲知之) / 54
지지자, 불여호지자(知之者, 不如好之者) / 150-51
지화이화, 불이예절지(知和而和, 不以禮節之) / 29
직궁자(直躬者) / 297
직이무례즉교(直而無禮則絞) / 182
진자금위자공왈(陳子禽謂子貢曰) / 437
진항문어백어(陳亢問於伯魚) / 375
질부사왈욕지이필위지사(疾夫舍曰欲之而必爲之辭) / 358-9
짐궁유죄, 무이만방(朕躬有罪, 無以萬方) / 443
집편지사(執鞭之士) / 167

[ㅊ]

찬수개화(鑽燧改火) / 395
찰기소안(察其所安) / 46

천록영종(天祿永終) / 441, 442
천유지도(穿窬之盜) / 388
천지역수재이궁(天之曆數在爾躬) / 441
천지장상사문야(天之將喪斯文也) / 204
천하가운어장(天下可運於掌) / 131
천하귀인(天下歸仁) / 255
철(徹) / 266
청기언이관기행(聽其言而觀其行) / 121
청송, 오유인야(聽訟, 吾猶人也) / 270
초, 상지풍, 필언(草, 上之風, 必偃) / 275
초광접여가이과공자왈(楚狂接輿歌而過孔子曰) / 405
추기급인(推己及人) / 161
추인지자(鄒人之子) / 72, 73
충고이선도지, 불가즉지(忠告而善道之, 不可則止) / 281
충서(忠恕) / 97-99
충언, 능물회호(忠焉, 能勿誨乎) / 311
취유도이정언(就有道而正焉) / 31
치기언이과기행(恥其言而過其行) / 317
칠십이종심소욕불유구(七十而從心所欲不踰矩) / 40
침윤지참, 부수지소(浸潤之譖, 膚受之愬) / 260
칭기덕(稱其德) / 318

〔ㅋ〕

타인지현자, 구릉야(他人之賢者, 丘陵也) / 435
탐탕(探湯) / 371
태이불교(泰而不驕) / 446

[ㅍ]

팔일무어정(八佾舞於庭) / 62
포식종일, 무소용심, 난의재(飽食終日, 無所用心, 難矣哉) / 397
피인지사(辟人之士) / 407, 408
필부(匹夫) / 218
필야사무송호(必也使無訟乎) / 270
필야정명호(必也正名乎) / 287

[ㅎ]

하상사지유(何常師之有) / 431, 432
학야, 녹재기중의(學也, 祿在其中矣) / 348
학여불급, 유공실지(學如不及, 猶恐失之) / 200
학연후지부족(學然後知不足) / 133
학이불사즉망(學而不思則罔) / 52
학이시습지(學而時習之) / 11, 12
학지불강(學之不講) / 163
합철호(盍徹乎) / 266
향원, 덕지적야(鄉愿, 德之賊也) / 389, 390
향인개호지(鄉人皆好之) / 303
향인지선자호지(鄉人之善者好之) / 303
행속수(行束脩) / 351
행유여력, 즉이학문(行有餘力, 則以學文) / 23
행의이달기도(行義以達其道) / 371
현현역색(賢賢易色) / 24, 25
혈기기쇄, 계지재득(血氣旣衰, 戒之在得) / 366
혈기미정, 계지재색(血氣未定, 戒之在色) / 366
혈기방강, 계지재투(血氣方剛, 戒之在鬪) / 366
형벌부중, 즉민무소조수족(刑罰不中, 則民無所錯手足) / 287

호련(瑚璉) / 114, 115
호범상자(好犯上者) / 15
호시출어합, 귀옥훼어궤중(虎兕出於柙, 龜玉毀於櫝中) / 358
호용불호학(好勇不好學) / 383
호용질빈, 난야(好勇疾貧, 亂也) / 194-5
호인불호학(好仁不好學) / 383
호종사이극실시(好從事而亟失時) / 378
호지자, 불여락지자(好之者, 不如樂之者) / 150-51
호직불호학(好直不好學) / 383
호학(好學) / 133, 137
호행소혜, 난의재(好行小慧, 難矣哉) / 339
홍의(弘毅) / 189
화이부동, 동이불화(和而不同, 同而不和) / 300
후목불가조야(朽木不可雕也) / 121
회거(懷居) / 310
회기보이미기방(懷其寶而迷其邦) / 378
회보미방(懷寶迷邦) / 379
회사후소(繪事後素) / 71, 72
회야, 누공(回也, 屢空) / 245
회야문일이지십(回也聞一以知十) / 119
회야불우(回也不愚) / 45
효제야자, 기위인지본여(孝悌也者, 其爲人之本與) / 15
후생가외(後生可畏) / 217
흥(興) / 385
흥어시(興於詩) / 190-1

인명(人名)·서명(書名) 색인

〔ㄱ〕

가자(賈子) / 348
곡량전(穀梁傳) <소공(昭公)19년> / 286
공부(孔鮒) / 412
공영달(孔穎達) / 143
공자가어(孔子家語) <형정(刑政)> / 39, 154
공총자(孔叢子) <거위(居衛)> / 412
관자(管子) <명법(明法)> / 342, 345
관자(管子) <치국(治國)> / 293
국어(國語) <정어(鄭語)> / 301

〔ㄴ〕

노자(老子) <28장(章)> / 104
논어계구(論語稽求) / 380
논어고금주(論語古今注) / 15, 89, 92, 100, 216, 258, 418, 431
논어보소(論語補疏) / 207, 258
논어소증(論語疏證) / 95, 157
논어의소(論語義疏) / 92, 112, 151, 220, 298
논어장구(論語章句) / 154
논어정의(論語正義) / 143, 200, 205, 339, 352
논어주(論語注) / 218
논어차기(論語劄記) / 296
논어해(論語解) / 147
논어혹문(論語或問) / 158
논어후안(論語後案) / 150
논형(論衡) <자기(自紀)> / 141

논형(論衡) <행우(幸偶)> / 150

〔ㄷ〕

담원제(談苑醍) / 143
대대례기(大戴禮記) <관인(官人)> / 47
대대례기(大戴禮記) <성덕(盛德)> / 199
대대례기(大戴禮記) <자장문입관(子張問入官)> / 284
대대례기(大戴禮記) <증자대효(曾子大孝)> / 185
대대례기(大戴禮記) <증자립사(曾子立事)> / 23, 31, 56
대대례기(大戴禮記) <증자제언(曾子制言)> / 334
대대례기(大戴禮記) <증자질병(曾子疾病)> / 362
대대례기(大戴禮記) <오제덕(五帝德)> / 122
독사서대전설(讀四書大全說) / 107, 143
독사서총설(讀四書叢說) / 367
동중서(董仲舒) / 155, 213, 277, 280, 338, 350, 361, 388

〔ㅁ〕

마단림(馬端臨) / 448
맹자(孟子) <고자(告子)> / 32, 94, 332
맹자(孟子) <공손추(公孫丑)> / 36, 84, 134, 170, 178, 221, 232, 314, 340, 419, 452
맹자(孟子) <등문공(滕文公)> / 168, 267, 292
맹자(孟子) <만장(萬章)> / 13, 158, 161, 252, 365, 372
맹자(孟子) <양혜왕(梁惠王)> / 131, 161, 175, 292, 345
맹자(孟子) <이루(離婁)> / 47, 84, 214, 223, 244, 273, 398
맹자(孟子) <진심(盡心)> / 23, 330, 336, 390, 391, 450
모기령(毛奇齡) / 380
문헌통고(文獻通考) <이백팔(二百八)> / 448

〔ㅂ〕

반고(班固) / 66, 234, 246, 261, 269, 298, 382, 384, 386, 451
백호통(白虎通) <간쟁(諫諍)> / 298
백호통(白虎通) <삼강육기(三綱六紀)> / 234
법언(法言) <학행(學行)> / 145, 147

〔ㅅ〕

사기(史記) <공자세가(孔子世家)> / 326, 419, 433
사기(史記) <백이전(伯夷傳)> / 229
사기(史記) <전단전(田單傳)> / 333
사마천(司馬遷) / 229, 326, 333, 419, 433
사서근지(四書近指) / 77
사서반신록(四書反身錄) / 171, 265, 295, 363, 420, 425, 427
사서변의(四書辨疑) / 168, 313, 389
사서의사록(四書疑思錄) / 304
사서집주(四書集注) / 65, 145, 152, 154, 161, 164, 176, 304, 312, 320, 338
상서대전(尙書大全) / 154
서간(徐幹) / 27, 188, 337
설문해자(說文解字) / 118, 211
설원(說苑) <건본(建本)> / 44
설원(說苑) <경신(敬愼)> / 198
설원(說苑) <군도(君道)> / 276
설원(說苑) <귀덕(貴德)> / 439
설원(說苑) <수문(脩文)> / 137
설원(說苑) <신술(臣術)> / 78
설원(說苑) <잡언(雜言)> / 330, 362
설원(說苑) <정간(正諫)> / 253

설원(說苑) <정리(政理)> / 250, 267
세요론(世要論) <간쟁(諫爭)> / 360
손기봉(孫奇逢) / 77
순자(荀子) <비십이자(非十二子)> / 14
순자(荀子) <권학(勸學)> / 19, 85, 215, 347, 366
순자(荀子) <법행(法行)> / 351
순자(荀子) <부국(富國)> / 263
순자(荀子) <불구(不苟)> / 107
순자(荀子) <자도(子道)> / 55
순자(荀子) <군도(君道)> / 22
순자(荀子) <대략(大略)> / 96, 164, 220, 232, 330
순자(荀子) <수신(修身)> / 201
순자(荀子) <신도(臣道)> / 196
순자(荀子) <애공(哀公)> / 334
순자(荀子) <영욕(榮辱)> / 368
순자(荀子) <유좌(宥坐)> / 327, 429
시경(詩經) <노송(魯頌)> / 37
시경(詩經) <주송(周頌)> / 64, 417
시경(詩經) <위풍(衛風)> / 33
신서(新書) <수정어상(修政語上)> / 348

[ㅇ]

안자춘추(晏子春秋) <문상(問上)> / 410
안자춘추(晏子春秋) <잡상(雜上)> / 78, 425
안자춘추(晏子春秋) <잡하(雜下)> / 291, 313
안평중(晏平仲) / 126
양명시(楊名時) / 296
양수달(楊樹達) / 95, 157
양신(楊愼) / 143

양웅(楊雄) / 145, 147
여씨춘추(呂氏春秋) <계추기(季秋紀)> / 444
여씨춘추(呂氏春秋) <교자(驕恣)> / 174
여씨춘추(呂氏春秋) <심람 리위(審覽 離謂)> / 17
여씨춘추(呂氏春秋) <심분람(審分覽)> / 289
여씨춘추(呂氏春秋) <찰미(察微)> / 321
여씨춘추(呂氏春秋) <효행람 효행(孝行覽 孝行)> / 16
염철론(鹽鐵論) <논비(論誹)> / 107, 393
염철론(鹽鐵論) <논추(論鄒)> / 241
염철론(鹽鐵論) <형덕(刑德)> / 231
염철론(鹽鐵論) <후형(後刑)> / 428
예기(禮記) <곡례(曲禮)> / 61, 102, 166, 376, 414
예기(禮記) <단궁(檀弓)> / 67, 179, 315
예기(禮記) <사의(射儀)> / 311
예기(禮記) <삼년문(三年問)> / 397
예기(禮記) <소의(少儀)> / 354, 399
예기(禮記) <악기(樂記)> / 194, 387
예기(禮記) <예운(禮運)> / 131
예기(禮記) <잡기(雜記)> / 124
예기(禮記) <제의(祭儀)> / 185
예기(禮記) <제통(祭統)> / 414
예기(禮記) <중용(中庸)> / 53, 99, 169, 173, 242, 340, 409
예기(禮記) <표기(表記)> / 17, 86, 92, 172, 190
예기(禮記) <학기(學記)> / 13, 49, 217
왕부(王符) / 318, 349
왕부지(王夫之) / 107, 143
왕충(王充) / 141, 150
유보남(劉寶楠) / 200, 205, 339, 352
유안(劉安) / 152, 281, 306, 335, 341, 381, 411
유향(劉向) / 44, 78, 137, 198, 250, 253, 267, 276, 330, 362, 439

의례(儀禮) <대사의(大射儀)> / 69, 71
이옹(李顒) / 171, 265, 295, 363, 420, 425, 427

[ㅈ]

잠부론(潛夫論) <교제(交際)> / 318
잠부론(潛夫論) <찬학(讚學)> / 349
장식(張栻) / 147
장자(莊子) <인간세(人間世)> / 227
정교론(正交論) / 416
정약용(丁若鏞) / 15, 89, 92, 100, 216, 258, 418, 431
정현(鄭玄) / 113, 218
좌전(左傳) <문공(文公)18년> / 317
좌전(左傳) <소공(昭公) 7년> / 192
좌전(左傳) <소공(昭公)12년> / 255
좌전(左傳) <소공(昭公)21년> / 303
좌전(左傳) <양공(襄公)31년> / 174
좌전(左傳) <애공(哀公)11년> / 149, 323
좌전(左傳) <애공(哀公)12년> / 244
주공단(周公旦) / 73
주례(周禮) <추관(秋官)> / 112, 113
주역(周易) <계사하(繫辭下)> / 335, 452
주역(周易) <몽괘단전(蒙卦彖傳)> / 165
주역(周易) <서괘전(序卦傳)> / 25
주자(朱子) / 12, 65, 145, 152, 154, 158, 161, 164, 176, 304, 312, 320, 338
주자어류(朱子語類) / 67, 93
중론(中論) <귀험(貴驗)> / 27
중론(中論) <수본(修本)> / 337
중론(中論) <허도(虛道)> / 188

진천상(陳天祥) / 168, 313, 389

〔ㅊ〕

채옹(蔡邕) / 416
초순(焦循) / 207, 258
초씨필승(焦氏筆乘) / 171
초횡(焦竑) / 171
춘추번로(春秋繁路) <순천지도(循天之道)> / 155
춘추번로(春秋繁路) <산천송(山川頌)> / 213
춘추번로(春秋繁路) <옥배(玉杯)> / 388
춘추번로(春秋繁路) <인의법(仁義法)> / 277, 280
춘추번로(春秋繁路) <제도(制度)> / 361
춘추번로(春秋繁路) <죽림(竹林)> / 350
춘추번로(春秋繁路) <집지(執贄)> / 338

〔ㅍ〕

포함(包咸) / 154
풍종오(馮從吾) / 304

〔ㅎ〕

효경(孝經) / 16, 184
한비자(韓非子) <난삼(難三)> / 250, 294
한비자(韓非子) <내저설(內儲說)> / 404
한비자(韓非子) <설난(說難)> / 423
한비자(韓非子) <설림상(說林上)> / 370
한비자(韓非子) <십과(十過)> / 296
한비자(韓非子) <외저설좌상(外儲說左上)> / 21, 60

한시외전(韓詩外傳) / 50, 59, 99, 103, 133, 144, 153, 192, 198, 270, 288, 343, 346, 440
한영(韓嬰) / 50, 59, 99, 103, 133, 144, 153, 192, 198, 270, 288, 343, 346, 440
한서(漢書) <가의전(賈誼傳)> / 382
한서(漢書) <동중서전(董仲舒傳)> / 451
한서(漢書) <무오자전(武五子傳)> / 269
한서(漢書) <예문지(藝文誌)> / 386
한서(漢書) <유평전(劉平傳)> / 384
한서(漢書) <유향전(劉向傳)> / 261
한서(漢書) <화식전(貨殖傳)> / 246
한서(漢書) <적방진전(翟方進傳)> / 66
허겸(許謙) / 367
허신(許愼) / 118, 211
환관(桓寬) / 107, 231, 393, 428
환범(桓範) / 360
황간(皇侃) / 92, 112, 151, 220, 298
황식삼(黃式三) / 150
회남자(淮南子) <무칭(繆稱)> / 152, 381
회남자(淮南子) <범론(汜論)> / 411
회남자(淮南子) <인간(人間)> / 335
회남자(淮南子) <주술(主術)> / 306, 341
회남자(淮南子) <태족(泰族)> / 28

비봉의 고전다이제스트

교양으로 읽는 맹자

66

　현재 우리 사회는 맹자의 가르침이 받아들여지기 어려운 분위기이다. 모든 사람들의 가치판단 기준이 옳음이 아니라 이익에 있고, 극단적인 경우이긴 해도, "불의는 참아도 불리는 못 참겠다"는 말까지 등장하는 시대상황이다. 돈을 버는 방법을 설명한 책은 잘 팔려도, 옳바르게 사는 법을 이야기한 책은 잘 팔리지 않는다. 여기에다 정신을 돈에 팔아먹은 일부 무지한 식자들이 나서서 "공자가, 맹자가 죽어야 나라가 산다"는 넋나간 소리까지 하고들 있다. 이런 세태를 생각할 때마다 나는 구한말의 큰 선비셨던 박은식 선생께서 하신 말씀을 곱씹어 보게 된다.

　"만약 우리나라가 맹자의 학문사상을 좀더 깊이 연구하고 존숭하고 넓혀갔더라면 결코 나라 망하는 지경에 이르지는 않았을 것이다." — 역자서문에서

99

박기봉 역주
2001년 / 4·6판 / 438면 / 9,000원

역주자 약력

경북고등학교 졸업
서울대학교 상과대학 경제학과 졸업
비봉출판사 대표(現)
한국출판협동조합 이사장(前)

〈저서〉
214 한자 부수자 해설(1995)
비봉한자학습법(1998)

〈역서〉
孟子(1992)   漢字正解(1994)
교양으로 읽는 논어(2000)
교양으로 읽는 맹자(2001)
성경과 대비해 읽는 코란(2001)
을지문덕전(2006)   조선상고사(2006)
충무공 이순신 전서 전4권(2006)

교양으로 읽는 논어

초   판 발행 | 2000년 6월 30일
개 정 판 발행 | 2003년 10월 15일
개정중판 발행 | 2008년 2월 15일

역주자 | 박기봉
펴낸이 | 박기봉
펴낸곳 | **비봉출판사**

주 소 | 서울 금천구 가산동 550-1. IT캐슬 2동 808호
전 화 | (02)2082-7444
팩 스 | (02)2082-7449
E-mail | bbongbooks@hanmail.net / beebooks@hitel.net
등록번호 | 2-301 (1980년 5월 23일)
ISBN | 978-89-376-0312-9 02150

값 10,000원